日本古代の牧と馬政官司

佐藤健太郎著

塙書房刊

序　文

本書は日本古代の馬牛・牧・馬政官司について、基本的に文献史学の手法を用いて考察したものである。

国家の基幹である交通・軍事において、人を乗せ物を載せて走る馬や車などを牽く牛は貴重な存在であった。国家は交通・軍事において重要な役割を果たす馬牛を確保するために、様々な馬牛に関する政策（馬政）を打ち出した。具体的には諸国に牧を設置し馬牛を生産して軍事や交通で使用し、また中央にも貢上させた。そして国家は、貢上された馬牛を飼育するための官司や全国の馬牛を帳簿で管理する官司などの馬政官司を設置した。このように馬牛・牧・馬政官司は密接な関係にあり、本書で馬牛・牧・馬政官司をとりあげたのはそのためである。

まず第一編では古代の牧の性格を再検討し、日本と唐の比較を通して日本古代の牧の特質を考察した。次に第二編では北宋天聖令を用いた唐の焼印研究や考古学からの日本古代焼印研究の成果・新出史料を用い、日本古代の焼印制度の機能・特質を論じた。第三編では牧で生産された馬・乳製品を用いた儀式を検討し、最後に第四編では八・九世紀の馬政官司を個別的にとりあげてその機能を考察し、大同三年（八〇八）の馬政官司再編の背景やその後の影響などを論じた。

日本古代の牧・馬政官司研究の端緒となった西岡虎之助氏の研究論文「武士階級結成の一要因として観たる『牧』の発展」（『史学雑誌』四〇―二・三・五・七・八、一九二五年）は公表後九〇年余を経過したが、その内容は今なお色あせていない。その理由の一つには、西岡氏が馬牛・牧・馬政官司を関連づけて研究されたことがあげられ

る。馬牛・牧・馬政官司は個別研究に陥りがちであるが、西岡氏の古代社会における馬の利用実態に即して牧・馬政官司を関連づけ総合的に研究するという視点は、本書をまとめるにあたり、今後も継承すべきであると再認識した。

私は大学三回生時に西岡氏の研究論文を初めて読んだが、牧・馬政官司の研究を進めていけばいくほど西岡氏の考察の深さに驚かされる。西岡氏がとりあげられた範囲に比べて、本書でとりあげた範囲は狭く慚愧に堪えないが、本書ではまず古代社会における馬の利用実態に即して牧・馬政官司をとらえ、新出史料などを用いてこれまで不明であった点について考察を加えることで、通説にとらわれずに新たな牧・馬政官司に関する考えを示した。

牧・馬政官司の研究は西岡氏の研究以来、森田悌氏・亀田隆之氏・山口英男氏・吉川敏子氏・川尻秋生氏らによって継続して行われてきたが、近年では牧に関連する遺跡・遺物の増加に伴い考古学からの牧研究が進展し、文献史学・考古学が協業して日本古代の牧研究を進められる環境が整いつつある。私のこれまでの乏しい研究成果のなかに、今後の文献史学・考古学による牧研究に資するものが一つでもあるとすれば幸甚である。

目次

目　　次

第二編　日本古代の焼印制度

目　次

第四編　日本古代の馬政官司

日本古代の牧と馬政官司

第一編　日本古代の牧制度

第一章　内廐寮と勅旨牧の成立について

はじめに

内廐寮は天平神護元年（七六五）二月甲子（三日）に設置された官司である。[1]同日には授刀衛が近衛府に改称され、新たに外衛府が設置されており、武官官司の整備が行われた。近衛府に改称された授刀衛は天平宝字三年（七五九）一二月甲午（二日）に孝謙太上天皇を警護するために置かれ、天平宝字八年（七六四）の藤原仲麻呂の乱において大きな戦功をあげ、孝謙太上天皇に勝利をもたらした。[2]そのような授刀衛が近衛府に改称した同日に内廐寮が設置されたことから、設置の目的については藤原仲麻呂没落後の軍事制度における仲麻呂色の払拭をねらった政治的措置とも、[3]騎兵重視にもとづく軍事強化策とも考えられている。[4]また内廐寮には所管牧が置かれており、このことから内廐寮が果たした役割は中央軍事機構への騎用馬の供給であったと指摘されている。[5]

内廐寮は所管牧（勅旨牧）から貢上される馬を飼養したり天皇の廐である閑廐を管理し、また諸衛府をはじめとする諸司の求めに応じて馬を支給する官司であり、内廐寮の運営・活動を大きく支えたのが馬を貢上した勅旨牧であったと考えられる。牧は大量の馬を飼養して貢上することから、馬の供給機関と評価されてきた。この評価について異論はないが、牧は広大な土地を囲い込んで設定されるものであり、ただ単に馬を供給する機関であったと限定して考えることには疑問がある。

本章では牧の成立や役割について考察し、「勅旨」によって設定される勅旨牧の成立や勅旨牧を所管した内厩寮の設置などについて再検討したい。

一　八・九世紀における馬政官司の変遷

内厩寮と勅旨牧の成立について考える前に、まず八世紀から九世紀初頭にかけての馬政官司の変遷を確認しておきたい。

日本に律令制が導入され、馬政を担う官司として兵部省被官の兵馬司と左右馬寮が置かれた。兵馬司と左右馬寮は同じ馬政官司であったが、兵馬司は文書を通して諸国の馬牛の状況を把握し、(6)左右馬寮は直接馬牛を飼養する(7)という大きな違いがあり、それぞれの役割が明確に分かれていた。なお諸国に置かれた公的牧は兵馬司に所属していたが、(8)次の史料からは天平勝宝六年（七五四）頃に兵馬司以外の官司で独自に牧を所有していたことがしられる。

【史料1】天平勝宝六年一一月一一日「知牧事吉野百嶋解(9)」

一牧裏事

右、依去八月三日大風雨、河水高漲、河辺竹葉被漂仆埋、但以外竹原并野山之草甚好盛、

一牧子六人長一人丁五人事

右、率常件人、令見妨守并上下御馬以次裕承、望請、於国司誂給牒書、而如常止役、欲得駈使、

一給二衣服一而欲レ令二仕奉一事
　右、件牧子等、為二貧乏民一、其無二衣服一、率仕奉醜、
以前事条、具録如レ件、仍謹請レ裁、以謹解、
　　天平勝宝六年十一月十一日
　　　　　　　　　　　　知牧事擬少領外従八位下吉野百嶋

【史料1】にみえる牧はその牧名を欠いているために、この牧がどのような名称であったのか、どこに置かれていたかは不明である。【史料1】を分析された西山良平氏は、【史料1】の提出先が紫微中台であったことを指摘された[10]。西山氏の指摘をふまえて、山口英男氏はこの牧が兵馬司に属す公的牧とは異なり、私的性格の強い牧であるとされている[11]。また紫微中台の牧は、藤原仲麻呂の武力的基盤である中衛府への騎用馬供給機関であったと評されている。

紫微中台が牧を独自に有していたことは、天平勝宝六年（七五四）以前に諸国に置かれた公的牧は兵馬司に属すという、令制当初からの方針が崩れていたことを意味し、この方針が完全に放棄されたのが所管牧を有する内廐寮の設置である。内廐寮は天平神護元年二月甲子に設置されたが、次の史料から内廐寮には所管牧が置かれていたことがしられる。

【史料2】神護景雲二年（七六八）正月二八日格[12]

去神護景雲二年正月廿八日格偁、内廐寮解偁、信濃国牧主当伊那郡大領外従五位下勲六等金刺舎人八麻呂解偁、課欠駒者計レ数応レ決、而免レ罪徴レ価者、依レ律科レ罪、不レ合レ徴レ価者、右大臣宣、奉レ勅、雖二行来年久一、然為レ姦日甚、自レ非二功徴一、何遏二巧詐一、宜下科レ罪徴レ馬一莫上所レ免者、

【史料2】の内容は牧で飼養する駒の課欠に対する科罪や弁済方法に関するものであり、神護景雲二年正月二八日格には「内廐寮解」と「信濃国牧主当伊那郡大領外従五位下勲六等金刺舎人八麻呂解」がひかれている。この「内廐寮解」は「牧主当」の「金刺舎人八麻呂解」を受けて出されたものである。「牧主当」の金刺舎人八麻呂が信濃国司を介さずに直接内廐寮に申上していることから、八麻呂が牧主当として管理している信濃国の牧が内廐寮の所管牧であったことがしられる。

亀田隆之氏は、内廐寮の設置目的が藤原仲麻呂没落後の仲麻呂色を払拭するための軍事制度改編の一環であったと述べられた[13]。薗田香融氏は内廐寮が設置された目的を勅旨牧の成立と関連づけて、騎兵重視にもとづく純粋な軍事強化策と論じられた[14]。山口英男氏は内廐寮の設置目的を中央軍事機構から仲麻呂色を払拭するための政治的措置と評価され、「内廐寮の設置とは中央軍事機構への他から独立した騎用馬供給機関の設置であった」と述べられている[15]。また吉川敏子氏は、内廐寮の設置当初の目的が近衛府への騎馬供給であったとされた[16]。

内廐寮は次第に左右馬寮を凌駕していき[17]、左右馬寮は宝亀一〇年（七七九）九月から天応元年（七八一）五月までの間に左右を統合して主馬寮となった[18]。主馬寮に関する史料はほとんどなく、そのために不明な点が少なくないが、吉川氏は主馬寮が造営関係の職掌に重点が置かれた上で設置されたと指摘されている[19]。

八世紀に以上のような馬政官司の設置・統合が行われたが、大同三年（八〇八）正月に兵馬司が廃止されて内廐寮・主馬寮に併合され、内廐寮・主馬寮は令制にならって左右馬寮に改称された。また兵馬司の職掌の一部は兵部省にも併合されていたことが、弘仁四年（八一三）七月一六日太政官符所引兵部省解にみえる[20]。

馬政官司は兵部省と復置された左右馬寮とになった。兵部省のもとには主に旧兵馬司が所管した牧が移管されて諸国牧に再編され、左右馬寮のもとには主に旧内廐寮の所管牧が移管されて勅旨牧（御牧）に再編された。兵

部省は兵馬司を併合したことによって馬政官司となったが、諸国牧から貢上される馬牛を飼養することはせず[21]、兵馬司と同様に帳簿を通して諸国の駅伝制や諸国牧の馬牛の状況を把握し、駅伝制や諸国牧の維持を最大の目的としていたと思われる。一方の左右馬寮は勅旨牧から貢上される馬だけではなく諸国牧から貢上される馬牛も飼養しており[22]、左右馬寮のみが直接馬牛を飼養する官司であった。延喜馬寮式からしられる大同三年（八〇八）に復置された左右馬寮の機能・構造は、その系譜をすでに内厩寮のなかにみることができ、復置された左右馬寮は内厩寮をもとにして設置された官司であったとみなすことができる[23]。

以上、八・九世紀における馬政官司の変遷をみてきたが、所管牧をもつ内厩寮の設置はそれ以前の公的牧が兵馬司に所属するという令制当初からの方針が完全に転換されたことを示し、また大同三年に復置された左右馬寮の機能・構造のもとになったのは内厩寮の機能・構造であった。したがって内厩寮の設置は馬政官司の変遷における転換点であったと評価できる。

二　所領としての牧

牧は大量の馬牛を飼養して調教する機関である。その規模についてはそれぞれの牧によって異なるが、『日本後紀』延暦二三年（八〇四）正月乙巳（二九日）条に「安芸国野三百町賜二甘南備内親王一以為二牧地一」とあり、『続日本後紀』承和八年（八四一）一二月丁卯（二日）条には「摂津国地三百町為二後院牧一」とあり、牧が三〇〇町に及ぶものであったことがしられる。この広大な土地をもって設定される牧について、一志茂樹氏は馬を放つ放牧地域、厩舎で馬を繋ぎ飼う繋飼地域、牧の運営に携わる牧司居住地域からなっていたと指摘された[24]。山口英男氏

は限定放牧のための施設と地域、繋飼のための諸施設、その他牧馬飼育のために必要となる特殊施設、管理運営のための諸施設、自由放牧地域、牧運営集団の居住地域、耕作地域などから牧がなっていたと想定されている[25]。

このような施設を有する牧は文武天皇四年（七〇〇）三月丙寅（一七日）に諸国に設置されたが[26]、その後牧が廃止される例が史料にみえるようになる。牧の停廃に関する記事をまとめたのが【表1】である。

【表1】廃止された牧

	年　月　日	廃止された牧名	廃止された理由	出　典
1	霊亀二年（七一六）二月己酉（二日）	摂津国大隅牧・媛嶋牧	不明。	『続日本紀』
2	延暦三年（七八四）一〇月庚午（三日）	備前国小豆嶋牧	放牧中の牛が民業に被害を与えるため。	『続日本紀』
3	延暦一八年（七九九）七月庚午（二八日）	大和国肥伊牧	牧が民居に接して田園を損なうため。	『日本後紀』
4	大同三年（八〇八）七月甲申（四日）	摂津国畝野牧	牧馬が逸出して民稼に被害を与えるため。	『日本後紀』
5	貞観二年（八六〇）一〇月八日	大隅国吉多牧・野神牧	馬が多く蕃息して百姓の作業を害するため。	『日本三代実録』
6	貞観六年（八六四）一一月四日	肥後国大宅牧	不明。	『日本三代実録』
7	貞観七年（八六五）一二月九日	讃岐国託磨牧	不明。	『日本三代実録』

西岡虎之助氏は牧の荘園化を論じられたなかで、牧の停廃について全く廃止される場合と旧牧を廃止して新牧を別の土地に経営する場合に分類されている[27]。これらの牧のなかで注目したいのが、牧が廃止された後の土地の利用方法である。摂津国大隅牧・媛嶋牧や備前国小豆嶋牧の土地は、牧が廃止された後に開発され耕作されていたことがしられる。このことは牧に設定された土地のなかには開墾が行える土地が十分に存在していたことを示している。

そのことを考える上で興味深いのが大和国肥伊牧である。(28)

【史料3】『日本後紀』延暦一八年（七九九）七月庚午（二八日）条

停二大和国宇陀肥伊牧一、以下接二民居一損中田園上也、

大和国宇陀郡肥伊牧が停廃され、その理由を牧が民居に接して田園に損害を与えているためとする。肥伊牧の所在地については次の史料にみえる。

【史料4】「県仲子桧牧地充行状(29)」

充行処分事

一処字桧牧地、四至、限二東焼峯一、限二西比曽口一、　限二南轡峯一、限二北下津尾一、

在二于陀郡上県二条肥伊里一、

右、二男僧快秀処分、永所二充行一如レ件、

貞元三年三月一日　県（花押）

件地、僧快秀充行已

平（花押）

平（花押）

本史料から肥伊牧が肥伊里のなかにあったことがわかる。このことから堀池春峰氏は、肥伊牧が廃止される理由に牧が民居に接していた点をあげられていることについて、すでに肥伊里が成立していたか、あるいは牧場に携わる牧子等の住宅が接していたかと考えられ、「十世紀後半の貞元頃には肥伊牧は既に牧としての機能を停止していたし、肥伊里の中に包含せられ桧牧と転称せられるに至った」と述べられている。(30)

次の史料には停廃された肥伊牧のその後の様子がみえる。

【史料5】「七条院庁下文案[31]」

七条院庁下　大和国桧牧庄官等

可下任二権律師長厳寄文一為中御領上事

在管宇陀郡

四至　東限二焼峯一　南限二轡峯一
西限二比曽口一　北限二下津尾一

右、今年八月日彼長厳寄文偁、件庄者、県清理開発私領也、清理譲二県仲子一、仲子処二分子息僧快秀一、……

建久九年十月日

肥伊牧は延暦一八年に停止されたが、【史料5】からは肥伊牧の跡地がその後当地の豪族である県首氏によって開発されていたことがしられる。このことから牧が停廃された後には、旧牧の土地が在地豪族によって開発されていた可能性を見出せる。旧牧の土地の開発に在地豪族が関わっていたことから、牧の成立および運営に在地豪族が果たした役割が大きかったと推測されよう。【史料2】にみえた牧主当の金刺舎人氏も在地豪族であり、牧の成立に大きく関わったと指摘されている[32]。このことからみると、【史料1】にみえる紫微中台の牧の所在地は文書の上からでは不明であるが、知牧事をつとめた吉野氏に注目することによって、その所在地もある程度推定できる。吉野氏は大和国吉野郡の在地豪族であり、【史料1】にみえた牧は吉野郡内に置かれていた可能性があると思われる[33]。

また寛平二年（八九〇）八月五日に、藤原菅根が興福寺に上総国藻原庄を施入する際に作成した施入帳に、次のような記述がみられる。

【史料6】『朝野群載』巻一七、仏事下、施入帳(34)

藻原庄壱処

地四至 東限二清水野一　南限二緑野一
西限二巨堤葦原一　北限二小竹河一

東西壱仟弐拾丈　南北肆佰捌拾漆丈

田代庄 壱処在二長柄郡一
壱処在二天羽郡一　開田参拾余町、畠等 員在二券文一

右庄田等、副二図券公験等書一、奉レ入如レ件、就レ中藻原庄、曽祖父故従四位上黒麻呂朝臣之牧也、墾闢為二治田一也、田代庄、始自二曽祖父一、至二于祖父故従五位下春継朝臣一、其間往々買得以為二私業一也、先考故従四位上良尚朝臣相承管領也、菅根等、先人生平被二過庭之訓一云、件両箇庄、先君有レ命、可レ施二入興福寺一、……

寛平二年歳次庚戌八月五日　蔭子　藤原朝臣敏樹

……

因幡掾藤原朝臣菅根

……

施入帳によれば、藻原庄のもとになったのは菅根の曽祖父の従四位下藤原黒麻呂の牧であったという。黒麻呂がその牧を入手した時期は不明であるが、黒麻呂は宝亀五年（七七四）三月甲辰（五日）に上総介に、宝亀八年（七七七）正月戊寅（二五日）には上総守に任ぜられ、宝亀一一年（七八〇）四月甲寅（二〇日）に治部大輔に遷っていることが確認できる。以上の国司在任中に藤原黒麻呂は藻原庄のもとになった牧を獲得したものと推測されている。(35)黒麻呂が獲得した牧はその後開墾が進んで水田が蓄積され、牧は次第に荘園へと転化していった。

このように牧から荘園へと転化した例は他にもあるが、[36] 牧が荘園に転化していく過程について、島田次郎氏は次のように述べられている。[37]

「牧地」を確保して放牧その他牧本来の役割を果たしつつ、周辺の住民を牧人・牧寄人として、個別的人身的に私牧領主の下に従属せしめ、他方ではその外延にある未開地・荒廃田あるいは、むしろ墾田・口分田等の公田を、牧内の田畠として囲いこんでゆくことが必然であった。

島田氏の指摘をふまえて改めて牧が停廃された様子をみると、「令下三摂津国一罷中大隅媛嶋二牧上、聴三佰姓佃二食之一」（『続日本紀』霊亀二年二月己酉条）・「勅、備前国児島郡小豆嶋所レ放官牛、有レ損二民産一、宜レ遷二長嶋一、其小豆嶋者住レ民耕作之」（『続日本紀』延暦三年一〇月庚午条）とあり、牧が停廃された後にはその土地が開墾される場合が多かったのではないかと推測される。また牧には牧の運営を支える牧田が附属していた。[38] 牧田は牧の運営を支える上で重要な役割を果たし、一方で牧の内部における開発を支える財政的な基盤でもあった。広大な土地を囲んで設定される牧にはすでに牧の運営を支える牧田があり、その広大な土地のなかには開墾可能な土地が多数あり、荘園に転化する可能性を内在するものであったと評価できるように思われる。

藻原庄が牧から荘園に転じた時期は不明であるが、このように牧は代々伝領されており、牧は荘園と同様に所領の一つとみなすことができると思われる。また『範国記』長元九年（一〇三六）一二月二二日条に、

後一条院
　奉二度御領所等一事
　　朱雀院
　　冷泉院

石原院
五条院
福地御牧
会賀御荘(39)
神崎御荘
庶〔鹿〕忍御荘
右奉レ度如レ件
年　号
別当民部卿藤原
内蔵頭美作守大江朝臣　依レ無二判官代一不レ注二署所一

とあり、「代々のわたり物」とされるなかに院・庄と並んで「福地御牧」がみえる。『兵範記』保元三年（一一五八）八月一一日条にみえる「荘牧渡文」にも、佐保殿・鹿田庄・万上庄と並んで楠葉牧が確認される。

このように牧が庄園と並ぶ所領の一つであることは代々伝領されてきたことから確認できたが、そのように考えてよければ、皇親に牧が与えられた意味についてもふれておきたい。延暦年間から弘仁年間までに皇親へ牧が支給された例をまとめたのが【表2】である。

『日本後紀』延暦一八年九月丁巳条に「近江国小神旧牧賜レ諱、嵯峨太上天皇」とあり、神野親王に近江国小神旧牧が賜与されている。旧牧の利用に関する例を考慮すれば牧として与えられたのではなく、牧の跡地の開発を考慮した上での賜与であったと思われる。

【表2】皇親に賜与された牧・皇親が所有していた牧

	年月日	賜与された・所有した皇親名	牧名	出典
1	延暦一八年（七九九）九月丁巳（一六日）	神野親王（桓武天皇皇子）	近江国小神旧牧が賜与される。	『日本後紀』
2	延暦二三年（八〇四）正月乙巳（二九日）	甘南備内親王（桓武天皇皇女）	安芸国の野三〇〇町が賜与され、牧とする。	『日本後紀』
3	弘仁二年（八一一）一〇月丙寅（五日）	葛原親王（桓武天皇皇子）	上野国長野牧が賜与される。	『日本後紀』
4	弘仁一四年（八二三）三月二〇日以前	酒人内親王（光仁天皇皇女）	遺産処分の際に「牧」がみえる。	『性霊集』

また牧は酒人内親王・甘南備内親王・葛原親王にも支給されている。弘仁一四年（八二三）三月二〇日に作成された酒人内親王の遺言状である『性霊集』巻四、「為二酒人内公主一遺言、一首」には、酒人内親王が遺産処分について述べる部分に「所有田宅林牧類」とあり、酒人内親王が牧を所有していたことがわかる。甘南備内親王は延暦二三年正月乙巳に安芸国の野三〇〇町を賜り牧としている。[40] また甘南備内親王は延暦二三年一一月戊子（一七日）に山城国乙訓郡白田六町を賜り、[41] 弘仁二年八月壬申（一〇日）には山城国乙訓郡地二町・田一〇町・池一処・栗林一町を賜っており、甘南備内親王家の所領の成立過程が具体的にしられる。[42] 甘南備内親王家の所領と酒人内親王家の所領の構成がほとんど一致しており、このことはこの二人の内親王家に限ったことではないと思われる。『日本後紀』弘仁二年一〇月丙寅条に「上野国利根郡長野牧賜二三品葛原親王一」とあり、葛原親王に牧が賜与されたことが確認される。この葛原親王への牧の賜与も、馬を支給するためであったというよりは所領の一つとして支給されたとみなした方がよいように思われる。[43]

以上、西岡氏が論じられたように牧が単に馬を供給する機関であったのではなく、牧内の広大な土地が開墾されると荘園に転化してゆく可能性をもち、荘園と並ぶ所領の一つでもあったと評価できることを述べてきた。た

だ島田氏が指摘されたように、すべての牧が荘園に転化するものではなく、牧が馬牛の生産に重点を置けばそのまま牧として存続し、一方では牧内部の開発が進むことによって牧が荘園としての性格を強めていき、荘園へと転化するものがあったことについては注意しなければならないと思われる。

三　内廐寮の設置――勅旨牧の成立との関わり――

牧を所領の一つであったと考えてよければ、紫微中台が所管する牧や内廐寮が所管する勅旨牧の意味についても考え直すことができる。

内廐寮が所管牧（勅旨牧）を有していたことについては先述した通りである。勅旨牧の設置について、西岡虎之助氏は皇室の料馬を潤沢にするためであったとされた[44]。薗田香融氏は国家が馬の軍事的価値を重視し、王臣家などによる蓄馬への国家的統制の強化と表裏をなす措置であったと指摘された[45]。山口英男氏は所管牧の発生が内廐寮の創設の契機となり、紫微中台の牧の形態を前提としたものであったと論じられた[46]。

西岡氏・薗田氏の指摘は、天皇の意志である「勅旨」によって設置された勅旨牧の目的が国家もしくは天皇家への馬の貢上にあったと理解でき、山口氏は藤原仲麻呂勢力下の紫微中台が有する牧を仲麻呂の武力的基盤である中衛府への騎用馬の供給機関と指摘している。しかし馬を供給する機関である左右馬寮も藤原仲麻呂の勢力下にあったと考えられており[47]、あえて紫微中台のもとに置く必要はないと思われる。

また紫微中台は光明皇太后の家政機関であり、軍事組織ではなかったことについて注意を払うべきではないだろうか。紫微中台は天平勝宝元年（七四九）に聖武天皇が譲位し孝謙天皇が即位した後に、光明皇后の家政機関

であった皇后宮職を改称したものである。(48)鬼頭清明氏は皇后宮職が皇后の命令を伝達する機関であり、皇后宮職のもとにはいくつかの「司」・「所」などの下級官司が置かれ、皇后宮の日常生活を支える家政機関であったと指摘された。(49)また皇后宮職は封戸の他に宮庄・山口庄・櫟本庄などの庄を所有し、私的な経済基盤を有していたことを明らかにされている。

先述した通り皇后宮職はその後紫微中台に改称されるが、改称された後の紫微中台も皇后宮職と同様に光明皇太后の命令を伝達する機能を有し、光明皇太后の家政機関としての役割を担い続けた。(50)その後天平宝字二年（七五八）に官司の名称が唐風化されると紫微中台は坤宮官に改称され、(51)天平宝字四年（七六〇）に光明皇太后が崩御すると、(52)その後しばらくして廃止された。

やや紫微中台が所有した牧から話がそれたが、皇后宮職が独自に所領として庄を有していたことについて注目したい。皇后宮職から改称した紫微中台が牧を有していたことも、庄と同様に所領として有していたとみなすことができるように思われる。したがって、紫微中台の牧を中衛府への騎用馬の供給機関であったとみなす必要はないのである。

紫微中台の牧がその後どのようになったかは不明であるが、紫微中台が管理した家産は光明皇太后崩御後には孝謙太上天皇に引き継がれたとみられている。天平宝字六年（七六二）頃に孝謙太上天皇の命令を伝達し、光明皇太后の家産を受け継いだ孝謙太上天皇の家産を管理する官司として勅旨省が設置された。(53)勅旨省は「勅旨」を迅速に下達し天皇家の家産を管理する官司であり、その機能や構造が紫微中台などに類似していることから、勅旨省は紫微中台をもとにして作られた官司と考えられてきた。

ところが、勅旨省には前身官司の勅旨所の存在が明らかになった。春名宏昭氏は正倉院に伝来した木簡(54)にみえ

る「勅立物所」に注目され、木簡にみられる物品が勅旨省で取り扱う物品と一致することからみて、「勅立物所」が勅旨省と何らかの関係をもち、「勅立物所」が天平宝字六年頃に成立した勅旨省の前身官司であり、孝謙太上天皇の家政機関とされた。(55)鷺森浩幸氏は仁平三年（一一五三）四月二九日「東大寺諸荘園文書目録」(56)に「山城国玉井荘、／一巻一枚、天平宝字四年勅□、／□□□枚、同年勅旨所文……」（／は改行を示す）とあることに注目されて、勅旨省の前身官司である勅旨所の成立が天平宝字四年（七六〇）にまで遡ることを指摘された。(57)また勅旨所が所領の施人に関わっていることから、勅旨所が紫微中台・坤宮官の職掌を継承し、光明皇太后の崩御後に坤宮官の機能を引き継いで成立したと論じられた。

田島公氏は、天平勝宝八歳（七五六）に東大寺に美濃国大井庄が施入されたことを示す天平勝宝八歳七月一二日「大井庄勅施入文案」(58)を詳細に検討された上で、勅旨所が天平勝宝八歳以前に成立していたことを指摘された。田島氏の研究によって勅旨所の成立した時期は天平勝宝八歳以前となり、従来勅旨所（省）は紫微中台・坤宮官をもとにして設置されたとも、光明皇太后崩御後に坤宮官の機能を引き継いで成立したとも考えられてきたが、その考えは成立しがたくなった。田島氏は勅旨田の初見記事である天平勝宝八歳正月一一日「美濃国司移案」(59)の内容から、天平勝宝六年（七五四）には美濃国に勅旨田が設置されていた可能性を併せて考えられ、「「勅旨所」は遅くとも聖武天皇没後から、或いは既に聖武の生前から太上天皇の私領（勅旨田や庄・所、離宮など）の管理・経営するために成立していた可能性がでてきた」と述べられている。(60)

田島氏は勅旨所が管理した私領のなかに牧を含めていないが、今まで検討してきたことや天平勝宝六年（七五四）に紫微中台が牧を独自に有していたことなどを考慮すれば、天平勝宝八歳以前に成立していた勅旨所が管理した私領のなかに牧が含まれる可能性は十分にあるように思われる。

次に内廐寮の所管牧について考えるにあたり、その設置目的について従来の見解をまとめておく。内廐寮は天平神護元年（七六五）二月甲子（三日）に設置された官司であるが、その設置目的や背景については史料に記されていない。そのため内廐寮の設置目的については先述した通り、藤原仲麻呂没落後の仲麻呂色の払拭を目的とした軍事制度の改編とも、騎兵重視にもとづく純粋な軍事強化策であったともされている。しかし、そのように考える上で次の二点が問題になるように思われる。

①左右馬寮を存続させた上での左右馬寮と同じ職掌を有する内廐寮を設置した点。

②光仁朝において称徳朝で設置された官司がことごとく廃止されてゆくなかで内廐寮が廃止されなかった点。

左右馬寮も藤原仲麻呂の影響下に置かれた官司であったとすでに指摘されており[61]、後に内廐寮が左右馬寮を凌駕していったことをみると、左右馬寮とほぼ同様の職掌をもつ内廐寮を設置したことは軍事制度からの仲麻呂色の払拭であったと評価することは可能かもしれない。しかし内廐寮の設置が軍事における藤原仲麻呂色の払拭を主眼に置いた措置であったとすれば、左右馬寮を廃止した上で内廐寮の設置が行われるように思われる。左右馬寮を存続させた上で、同様の職掌をもつ内廐寮が設置された背景には、職掌が左右馬寮と同様であっても内廐寮が左右馬寮とは異なる目的のもとに設置され、異なる機能があったとみるべきであろう。

このことは、②称徳朝に設置された官司が光仁朝にことごとく廃止されてゆくなかでも、内廐寮が存続できた背景になるように思われる。内廐寮と左右馬寮との大きな違いは内廐寮が所管牧の勅旨牧を有していた点である。勅旨牧の存在は【史料2】神護景雲二年（七六八）正月二八日格からしられ、神護景雲二年以前に成立していたことが確認される。第二節を通じて牧が所領の一つであり、家政機関に管理される可能性を指摘したが、この時期に天皇家の家産を管理する官司として成立したのが勅旨省である。

勅旨省のもとには天皇家の私領である勅旨田・勅旨庄が置かれていた。勅旨田・勅旨庄の設定・入手の際には勅旨省から中務省を経由せずに迅速に勅旨が発給され、勅旨省のもとに勅旨田・勅旨庄が集積されていった。注意すべき点は勅旨省が勅旨田・勅旨庄を直接運営したのではなく、内蔵寮によって行われていた点である[62]。つまり、勅旨田・勅旨庄の入手・設定などは勅旨省が行い、その運営・管理は内蔵寮が行うというように役割が明確に分かれていたのである。

私は、勅旨田・勅旨庄における内蔵寮との関わりを勅旨牧と内廐寮との関わりにあてはめることができるように思う。勅旨田と同様に勅旨所・勅旨省を通じて出された勅旨によって勅旨牧が設定され、次第に集積されていったと想定される。勅旨田における内蔵寮と同様の役割、つまり勅旨牧を運営する官司が必要になったと考えられるが、天皇家の所領である勅旨牧の管理・運営は、文書によって牧を管理する兵馬司や馬を飼養することを担う左右馬寮などの既存の馬政官司では対応できなかった。また宮内省の官田と内蔵寮の勅旨田が区別されて管理されたように、勅旨牧は他の牧とは区別して管理されなければならなかったと思われる。

このことについては、平安時代の勅旨牧と諸国牧が同じ牧でありながら、兵部省と左右馬寮に管理されていたことが参考になる。勅旨牧の設置目的は中央への馬の安定的な貢上であり、一方の諸国牧の設置目的は諸国の駅伝制を支えるものであった[63]。二系統の牧にはその役割にも違いがあるが、馬の逓送においても明確な違いがみられる。馬寮の勅旨牧の御馬が中央に貢上される際には、御馬が通過する諸国は秣蒭・牽夫を支給することになっていた[64]。一方の兵部省の諸国牧の馬牛が貢上される場合には、馬牛が通過する諸国は馬牛に秣蒭・牽夫を支給することはなかった[65]。このような差異の根本には諸国牧は旧兵馬司が管理していた牧をもとにし、勅旨牧は旧内廐寮の所管牧をもとにしていたからと考えられる可能性がある。このような牧の性格の違いなどからみても、この

二系統の牧を一つの官司のもとに置くということはできなかったと考えられる。以上のことから、勅旨牧を管理する専当官司として、新たに内厩寮が設置されたのではないだろうか。したがって内厩寮は天皇家の私領の勅旨牧を管理する官司として、勅旨省（所）などが整備されるなかで成立した官司であったと考えられる。

もしそのように考えてよければ、称徳朝以降に内厩寮が存続することができたことについても説明がつくように思われる。内厩寮が天皇家の所領の牧である勅旨牧を管理・運営する官司であり、称徳天皇や道鏡にのみ奉仕する官司ではなかったからこそ光仁朝以降もその存続が可能であったし、内厩寮が直接勅旨牧を管轄下に置いたことによって、中央への馬の貢上がより安定的に行われるようになったと考えられる。

おわりに

本章の要旨をまとめると次の五点になる。

①令制当初、諸国に置かれた公的牧は兵部省被官官司の兵馬司のもとに所属させる方針であったが、天平勝宝六年（七五四）以前に紫微中台が牧を所管することによりその方針が揺らぎはじめ、天平神護元年（七六五）に所管牧の勅旨牧を有する内廐寮の設置によってその方針が完全に放棄された。

②勅旨牧を有する内廐寮は次第に左右馬寮を凌いでいき、左右馬寮の役割を奪っていった。左右馬寮は宝亀一〇年（七七九）から天応元年（七八二）の間に左右を統合して主馬寮となった。大同三年（八〇八）の馬政官司の再編によって復置された左右馬寮の機能・構造は内廐寮のそれらを基本にして作られたものであり、その系譜を内廐寮のなかに確認できる。内廐寮の設置は八世紀から九世紀初頭にかけての馬政官司の再編におい

て最大の転換点であった。

③牧は馬牛を飼養・調教し供給する施設としてのみ考えられてきたが、牧は広大な土地を囲い込んで設定されるものであり、そのなかには開墾可能な土地も含まれており、それらの土地が開墾されることによって荘園に転化することがあった。牧は代々伝領される荘園と並ぶ所領の一つでもあった。

④従来の研究では牧は馬を供給する施設としてしかみなされてこなかったために、紫微中台・内廐寮が所管する牧は騎用馬を供給した機関と理解されてきた。しかし紫微中台は家政機関であり、軍事組織ではない。紫微中台が牧を所有していたのは中衛府への騎用馬を供給するためではなく、荘園と同様に所領の一つとして有していたと考えられる。

⑤天皇家の私領を管理する官司として勅旨所が天平勝宝八歳（七五六）以前に、勅旨省が天平宝字六年（七六二）頃に設置された。勅旨牧の入手の際には、勅旨田と同様に勅旨省（所）から勅旨が発給されて設定されたと思われる。官田と勅旨田が区別されて内蔵寮・宮内省に管理されていたように、勅旨牧も他の牧と区別されて管理される必要があり、そのために勅旨牧を管理する専当の官司として内廐寮が設置されたと考えられる。

本章では内廐寮の設置や勅旨牧の成立について検討を加えた。牧は馬牛を飼養・調教し他に供給する施設としてみなされる傾向があるが、西岡虎之助氏が論じられたように牧は単にそのような存在ではなく、牧の内部の土地が開墾されることによって荘園に転化する可能性をもつ荘園と並ぶ所領の一つでもあることを述べた。

註

（1）『続日本紀』天平神護元年二月甲子条。
（2）笹山晴生「中衛府の研究」（『古代学』六―三、一九五七年。のち『日本古代衛府制度の研究』、東京大学出版会、一九八五年に再録）一二一～一二七頁。
（3）亀田隆之「内厩寮考」（『続日本紀研究』五―五、一九五八年。のち「内廐寮」と改題して『日本古代制度史論』、吉川弘文館、一九八〇年に再録）一二頁。
（4）薗田香融「わが上代の騎兵隊」（『史泉』二三・二四、一九六二年。のち『日本古代の貴族と地方豪族』、塙書房、一九九一年に再録）一一四・一一五頁。
（5）山口英男「八・九世紀の牧について」（『史学雑誌』九五―一、一九八六年）一〇頁。
（6）佐藤健太郎「兵馬司の基礎的考察」（『続日本紀研究』三三六、二〇〇二年。本書第四編第一章）。
（7）養老職員令63左馬寮条など。
（8）養老職員令25兵馬司条・70大国条。
（9）『大日本古文書』（編年）四―三一頁、天平勝宝六年一一月一一日「知牧事吉野百嶋解」については、吉田孝「律令時代の交易」（弥永貞三編『日本経済史大系』一、東京大学出版会、一九六五年。のち『律令国家と古代の社会』、岩波書店、一九八三年に再録）、西山良平「家牒・家符・家使」（『日本史研究』二一六、一九八〇年）、山口英男註（5）論文などの研究がある。
（10）西山良平註（9）論文一二・一三頁。
（11）山口英男註（5）論文二一・二二頁。
（12）『類聚三代格』巻一八、国飼并牧馬牛事、弘仁三年一二月八日太政官符所引。神護景雲二年正月二八日格を所引する弘仁三年一二月八日太政官符については、田島公氏によって詳細な検討がなされている（田島公「古代信濃国の牧の管理・経営と金刺舎人八麻呂の申請」『市誌研究ながの』四、一九九七年）。
（13）亀田隆之註（3）論文一二頁。

(14) 薗田香融註(4)論文一一四・一一五頁。
(15) 山口英男註(5)論文一〇頁。
(16) 吉川敏子「古代国家における馬の利用と牧の変遷」(『史林』七四―四、一九九一年)三四・三五頁。
(17) 十巻本『伊呂波字類抄』世、人事節会所引『本朝事始』に「光仁天皇宝亀六年正月七日、天皇御二楊梅院安殿一設二宴於五位已上一、既而内廐進二青御馬一、兵部省進二五位已上装馬一」とあり、正月七日節会(白馬節会)で用いられる白馬を内廐寮のみが牽いており、このような儀式面にも内廐寮が進出していたことがしられる。
(18) 主馬寮がいつ設置されたかについて記された史料はなく、左右馬寮官人と主馬寮官人の補任から、主馬寮は宝亀一〇年九月から天応元年五月までの間に設置されたと考えられている。
(19) 吉川敏子註(16)論文三八～四〇頁。
(20) 『類聚三代格』巻四、加減廃置諸司官員并廃置事。
(21) 延喜兵部式諸国牧条。
(22) 延喜馬寮式繋飼条。
(23) 佐藤健太郎「平安前期の左右馬寮に関する一考察」(『ヒストリア』一八九、二〇〇四年。本書第四編第三章)。
(24) 一志茂樹「官牧考―埴原牧(長野県東筑摩郡中山村)を中心として―」(『信濃』二―四・五、一九五〇年)。
(25) 山口英男「文献から見た古代牧馬の飼育形態」(『山梨県史研究』二、一九九四年)四三・四四頁。
(26) 『続日本紀』文武天皇四年三月丙寅条。
(27) 西岡虎之助「武士階級結成の一要因として観たる『牧』の発展」(『史学雑誌』四〇―二・三・五・七・八、一九二五年。のち「武士階級結成の一要因としての『牧』の発展」と改題して『荘園史の研究』上、岩波書店、一九五三年に再録)三一五～三一九頁。
(28) 肥伊牧・桧牧庄の成立・伝領については、西岡虎之助註(27)論文四二八頁、竹内理三『寺領荘園の研究』(畝傍書房、一九四二年)四六五・四六六頁、堀池春峰「古代の榛原」(榛原町史編集委員会編『榛原町史』、榛原町、一九五八年)七九～九三

頁を参照した。また、桧牧庄の相伝に関する文書ついては、橋本初子「大和国桧牧庄の相伝文書」（『古文書研究』一二、一九七八年）がある。考古学の成果をもとに肥伊牧を検討されたものとして、小泉俊夫「宇陀榛原の古代牧について」（『橿原考古学研究所論集』一〇、吉川弘文館、一九八八年）がある。

(29)『平安遺文』三一一号。

(30)堀池春峰註(28)論文五七頁。

(31)『鎌倉遺文』一〇〇八号。

(32)山口英男「駒と信濃布」（長野県編『長野県史』通史編一、長野県、一九八九年）六三〇頁。田島公註(12)論文四九頁。

(33)佐伯有清『新撰姓氏録』考証篇四（吉川弘文館、一九八二年）五三頁。

(34)「藤原良尚蔭子菅根等連署庄園施入帳」については、西岡虎之助註(27)論文や戸田芳実「九世紀東国荘園とその交通形態」（『政治経済史学』一一〇、一九七五年。のち『初期中世社会史の研究』、東京大学出版会、一九九一年に再録）、加藤友康「上総国藻原荘について」（『千葉県史研究』三、一九九五年）などを参照。

(35)藤原黒麻呂の国司在任期間について、西岡氏・戸田氏は上総守就任の宝亀八年以降とされた（西岡虎之助註(27)論文四二六頁、戸田芳実註(34)論文四〇頁）。加藤氏は上総介就任の宝亀五年から治部大輔遷任の宝亀一一年までの六年間とされている（加藤友康註(34)論文三頁）。

(36)西岡虎之助註(27)論文三九六～四三八頁。また西岡氏以外に、牧の荘園化について述べた研究には安田初雄「古代における日本の放牧に関する歴史地理的考察」（『福島大学文芸部論集』一〇―一、一九五九年）、島田次郎「垂水西牧榎坂郷地域の歴史地理的考察」（島田次郎編『日本中世村落史の研究』、吉川弘文館、一九六六年）などがある。

(37)島田次郎註(36)論文一一二頁。

(38)『類聚国史』天長八年九月丙午条に「駿河国荒廃田卅町令㆓墾開㆒、為㆓大野牧田㆒」とあり、駿河国荒廃田四〇町が開墾されて大野牧の牧田とされている。信濃国にも『類聚三代格』巻一五、職田位田公廨事、延暦一六年六月七日太政官符から埴原牧田があったことがしられる。信濃国には馬寮田が一八四町置かれ、それらの馬寮田は牧に附属する牧田からなっていた。山口英

男氏は牧田が馬寮の所領となった結果、鎌倉時代の初め頃には信濃国の御牧が左馬寮の荘園として扱われたと指摘されている（山口英男註（32）論文六三四頁）。

（39）会賀庄は河内国に置かれた後院の所領であった。『範国記』長元九年一二月二二日条では「会賀御荘」とみえるが、史料によっては「会賀御牧」（『醍醐雑事記』巻一二、仁平二年八月二六日「河内国司下文案」、『平安遺文』二七六八号）とみえる。このことについて宮川満氏は、会賀牧の一部が開墾されて荘園化し会賀荘と呼ばれたものとされている。また『醍醐雑事記』巻一四、「醍醐寺文書目録」（『鎌倉遺文』八三号）に「冷泉院会賀御庄牒一枚、志紀渋河等流害田事、長保六年三月一日」とみえることから、「会賀荘は嵯峨天皇の後院であった冷泉院の所領として成立したものと考えられる。」と述べられている（宮川満「平安中期の丹比地方」松原市史編さん委員会編『松原市史』一、松原市、一九八五年、二〇七・二〇八頁）。会賀地域について考古学の成果をもとに検討されたものとして、京嶋覚「古代・中世の会賀と長原」（『大阪の歴史と文化財』二、一九九九年）がある。

（40）『日本後紀』延暦二三年正月乙巳条。

（41）『日本後紀』延暦二三年一一月戊子条。

（42）『日本後紀』弘仁二年八月壬申条。

（43）弘仁二年に上野国長野牧が葛原親王に賜与されたことについて、前沢和之氏は承和五年に葛原親王が上野太守に任じられたことから、親王任国制との関わりを賜与の要因にあげられている（前沢和之「上野国の馬と牧」群馬県史編さん委員会編『群馬県史』通史編二、群馬県、一九九一年、六〇四頁）。しかし、長野牧が葛原親王に賜与された時点では葛原親王は上野太守ではなく、上野太守就任は一七年後のことである。長野牧の賜与と葛原親王の上野太守就任との関連性はあまりないと思われる。

（44）西岡虎之助註（27）論文三三七頁。

（45）薗田香融註（4）論文一一四頁。

（46）山口英男註（5）論文二二頁。

（47）亀田隆之註（3）論文一二頁。

(48) 皇后宮職については、鬼頭清明「皇后宮職論」(『奈良国立文化財研究所研究論集』Ⅱ、奈良国立文化財研究所、一九七四年。のち『古代木簡と都城の研究』、塙書房、二〇〇〇年に再録)、中林隆之「律令制下の皇后宮職」(『新潟史学』三一・三二、一九九四年)などを参照。
(49) 鬼頭清明註(48)論文二四四・二四五頁。
(50) 瀧川政次郎「紫微中台考」(『法制史研究』四、一九五四年。のち『律令諸制及び令外官の研究』、角川書店、一九六七年に再録)、中村順昭「光明皇太后没後の坤宮官」(笹山晴生編『日本律令制の展開』、吉川弘文館、二〇〇三年)。
(51) 『続日本紀』天平宝字二年八月甲子条。
(52) 『続日本紀』天平宝字四年六月乙丑条。
(53) 勅旨省については、角田文衛「勅旨省と勅旨所」(『古代学』一〇―二・三・四、一九六二年。のち『律令国家の展開』、塙書房、一九六五年に再録)、米田雄介「勅旨省と道鏡」(『古代学』一二―一、一九六五年)の研究によって、勅旨省の創設時期や機能について検討された。その後に春名宏昭「太上天皇制の成立」(『史学雑誌』九九―二、一九九〇年)、鷺森浩幸「八世紀の王家の家産」(『日本史研究』四〇五、一九九六年。のち『日本古代の王家・寺院と所領』、塙書房、二〇〇一年に再録)、中村順昭註(50)論文、田島公「美濃国東大寺領大井荘の成立事情」(『ぐんしょ』六〇・六一、二〇〇三年)などの研究がある。
(54) 正倉院中倉二〇二雑札第一号。松嶋順正・木村法光「正倉院宝物残存調査報告」(『書陵部紀要』二九、一九七八年)四三頁、宮内庁正倉院事務所編『正倉院宝物』(中倉Ⅲ、毎日新聞社、一九九六年)二六八頁。
(55) 春名宏昭註(53)論文三七頁。
(56) 『平安遺文』二七八三号。
(57) 鷺森浩幸註(53)論文七七頁。
(58) 遠藤基郎「(史料探訪)京都大学文学部日本史研究室所蔵「西尾種熊氏文書」の調査」(『東京大学史料編纂所報』三六、二〇〇一年)六〇・六一頁。
(59) 『寧楽遺文』中―六六一頁。勅旨田については河内祥輔「勅旨田について」(土田直鎮先生還暦記念会編『奈良平安時代史論

集』下、吉川弘文館、一九八四年)、渡辺奈穂子「勅旨交易について」(『延喜式研究』五、一九九一年)、鷺森浩幸註(53)論文、古尾谷知浩「美濃国厚見荘の成立」(長岡篤編『日本古代社会と荘園図』東京堂出版、二〇〇一年。のち『律令国家と天皇家産機構』、塙書房、二〇〇六年に再録)などを参照した。

(60) 田島公註(53)論文四頁。

(61) 亀田隆之註(3)論文一二頁。

(62) 角田文衛註(53)論文三六一・三六二頁。また内蔵寮が勅旨田などを集積していたことについて、具体的に論じられた研究に、古尾谷知浩「平安初期における天皇家産機構の土地集積」(笹山晴生編『日本律令制の展開』吉川弘文館、二〇〇三年。のち『律令国家と天皇家産機構』、塙書房、二〇〇六年に再録)がある。

(63) 佐藤健太郎註(6)論文(本書第四編第一章)。

(64) 延喜馬寮式御牧条。

(65) 延喜馬寮式繋飼条。

第二章　古代日本と唐の牧制度

はじめに

その背に人を乗せ物を載せて運ぶ馬は古代の軍事・交通において貴重な存在であった。馬を大量に生産・保有するための機関が牧であり、牧は官民を問わずに設置された。

日本古代の公的牧の運営などは廐牧令に規定されており、先行研究は廐牧令などをもとに公的牧を研究し成果をあげてきたが、一つの課題が残されている。それは、日本の牧制度の成立・特質を考える上で重要な意味をもつ唐の牧制度との比較である。日本古代の牧制度研究の礎を築いた西岡虎之助氏がその重要性を指摘されつつも、[1]これまでは唐の廐牧令の逸失のために十分に研究することができなかったが、北宋天聖令の発見・公開によってこの状況が大きく変わった。[2]天一閣所蔵の天聖令の写本は残欠本であったが、そのなかに廐牧令（以下、天聖廐牧令）が存し、天聖廐牧令には唐令（不行唐令）・唐令の復原に資する宋令が収載されていたことから、これまでに比べて唐の廐牧令が詳細にわかるようになったのである。これにより日本・唐の廐牧令を用いての牧制度の比較検討が行える環境が整ったといえる。すでに日本・中国の研究者が天聖廐牧令を用いて駅伝制・焼印（馬印）を検討し、研究が大いに進展している。[3]

本章ではこれまでの牧制度の研究に加え天聖令を用いた駅伝制・焼印に関する研究に学びつつ、まず公的牧の

運営上での重要な〔A〕牧と官吏〔B〕牧の官吏の賞罰〔C〕簿籍の作成・管理〔D〕牧馬の用途の四点から日本・唐の牧制度をそれぞれ考察し、その上で古代日本・唐の牧制度の比較を通し日本古代の牧制度の特質を検討する。

一　唐の牧制度（監牧制）

唐の公的牧である監牧は太僕寺に所属したが、監牧は廐牧令に次のように規定されている。(4)

【史料1】天聖廐牧令唐18条

諸牧細馬次馬監称二左監一、麁馬監称二右監一、仍各起レ弟、一以レ次為レ名、馬満二五千疋以上一為レ上、数外二孳生一、計二草父三歳以上一、満二五千疋一、即申二所司一、別置レ監、三千疋以上為レ中、不レ満二三千疋一為レ下、其雑畜牧、皆同二下監一、其監仍以二土地一為レ名、即応二別置レ監、官牧監与二私牧一相妨者、並移二私牧於諸処一給レ替、其有二屋宇一、勿レ令二毀剔一、即給二在レ牧人一坐、仍令三州県量酬二功力及価直一、

監牧のうち良質の馬（細馬・次馬）を収容する監牧を左監、他の馬（麁馬）・馬以外の雑畜を収容する監牧を右監とし、監牧を馬の収容数によって上監（五千疋以上）・中監（五千疋以下三千疋以上）・下監（三千疋以下）の三等に分けた。これらの監牧のうち、上監・中監には監牧の設置順序に従ってふられた数字が名称（左二監・右一七監など）に用いられ、下監と羊などの雑畜を飼養する監牧には所在する土地の名称（蘭池監・玉亭監など）が用いられた。(5)

それでは唐の公的牧である監牧を上記の〔A〕～〔D〕の四点からみていく。

〔A〕牧と官吏

監牧には牧の管理・運営を担う監官と馬牛などの世話を行う牧官が置かれ、監官が牧官を管理する体制が敷かれた。まず監官からみると、次のような構成であった[6]。

上監（馬五千疋以上）…監一人（従五品下）・副監二人（正六品下）・丞二人（正八品上）・主簿一人（正九品下）・録事一人・府三人・史六人・典事八人・掌固四人

中監（馬三千疋以上）…監一人（正六品下）・副監一人（従六品下）・丞二人（従八品上）・主簿一人（従九品上）・府二人・史四人・典事六人

下監（馬三千疋以下）…監一人（従六品下）・副監一人（正七品下）・丞一人（正九品上）・主簿一人（従九品下）・典事五人・掌固一人

監官は監・副監・丞・主簿・録事・府・史・典事・掌固からなる。監は監牧の長官で運営の責任者で副監は次官で監を補佐し、丞は判官、府・史は主典で主簿・録事は検勾官であった。監官のうち監・副監・丞・主簿は流内官で課役が免除され俸禄が支給された[7]。録事・府・史・典事・掌固は流外官で録事・府・史は課役が免除されたが、典事・掌固は雑徭のみが免除された[8]。

次に牧官は牧尉・牧史・牧長・牧子・獣医からなり、その任用・配置基準は廐牧令に次のようにみえる。

【史料2】天聖廐牧令唐1条

諸牧馬牛皆以百二十為レ群、駝騾驢各以二七十頭一為レ群、羊六百二十口為レ群、別配二牧子四人一、二以レ丁充、二以二戸奴一充、其有二数少不レ成レ群一者、均入二諸長一、

【史料3】天聖廏牧令唐2条

諸牧畜、群別置二長一人一、率二十五長一置二尉一人史一人一、尉、取二八品以下散官一充、考第年労並同二職事一、仍給二仗身一人一、長、取二六品以下勲官三品以下子白丁雑色人等一、簡下堪二牧養一者上為レ之、品子経二八考一、白丁等経二十考一、各随二文武一依二出身法一叙、品子得二五上考一、白丁等得二六上考一者、量二書判一授二職事一、其白丁等、年満無二一上考一者、各送二還本色一、其以レ理解者、並聴二続労一

牧官のうち諸畜の世話を行ったのは牧長・牧子であった。牧長は一群（馬の場合は一二〇疋）ごとに一人が置かれ、六品以下勲官三品以下の子弟・白丁・雑色人から牧養に堪える者が採用された。三橋広延氏は牧長に勲階を有する者の子弟・白丁らが採用された背景に、諸畜の飼育には多くの人手が必要であったためとされる[9]。牧長は課役が免除され四人分の食糧も支給された[10]。牧長が品子で任期を全うすると散官が授与され、その上で好成績を収めた場合には職事官選考を受験できる資格も与えられたが、白丁は任期中に二上考の成績を収められない場合はその任を解かれた。

牧子は一群ごとに四人置かれ、牧子には白丁・官戸・官奴が充てられた[11]。なお牧戸・奴の中男は牧において牧畜に関して教習するようにされたり、官戸・官奴で射に通じる者には諸畜を襲う狼などの駆除が課せられたりしている[12]。官戸・官奴は牧の労働力で、官戸・官奴で牧に一〇年間従事してしきりに賞された者は賤民の身分から放免されて良民となり、牧戸になることができた[13]。

牧長・牧子と並んで牧畜に携わったのが諸畜の治療などを担当する獣医であった。獣医には百姓・軍人のなかから諸畜の医術を解する者が採られた[14]。獣医には四番制が採られ、上番日には食糧が支給されて課役が免除された[15]。

牧長・牧子らを管理したのが牧尉・牧史である。牧尉は牧長一五人を束ねる上位官で、八品以下の散官より採

られた。牧史の採用身分・職掌は廄牧令になく不明であるが、その職掌は文書処理であったと推測されている[16]。なお牧史は課役が免除された[17]。

以上が監牧に置かれた官吏であるが、監牧制は貞観年間（六二七〜六五〇）に隋の遺馬三千疋と突厥馬二千疋を赤岸沢から隴西地域に移したことからはじまり、麟徳年間（六六四〜六六六）には監牧の数は四八に達し、飼養される馬の数は七〇万疋に及んだ[18]。増加した監牧を管理するために複数の監牧を監督する監牧使が置かれ、儀鳳三年（六七八）には隴西地域一帯の監牧を統括する隴西諸牧監使（隴西群牧使）が設置された。監牧使が牧の官吏の賞罰に関わっていたことは後述する。

〔B〕牧の官吏の賞罰

監牧には次のような増殖率の責課があった。

【史料4】天聖廄牧令唐7条

諸牧牝馬一百匹、牝牛驢各一百頭、毎レ年課二駒犢各六十一、其二十歳以上、不レ在二課限一、三歳遊牝而生レ駒者、仍別レ簿申レ省、騾駒減半、馬従二外蕃一新来者、課二駒四十一、第二年五十、第三年同二旧課一、牝駝一百頭、三年内課二駒七十一、白羊一百口、毎年課二羔七十口一、羖羊一百口、課二羔八十口一

本条には監牧に課せられた増殖率が細かく規定されているが、そのなかから一例をあげると牝馬一〇〇疋に対して駒六〇疋を得るというものであった。これが責課であり監牧には責課の遵守が求められた。もし責課に一疋でも足りない場合には、牧長・牧子は笞三〇に処せられるほど厳しいものであった[19]。また牧馬などが失踪して牧官が一〇〇日の間に見つけ出せない場合は、牧長・牧子は失踪時の牧畜の時価を銭納し、その際には牧長・牧子

が半分ずつ負担した[20]。また不当な理由によって牧畜を死失させた場合には物納した[21]。

上記の場合の牧尉・牧史・監官への処罰は【史料4】などにみえないが、『唐律疏議』廐庫律1牧畜産課不充条に「繫飼死者、各加㆓一等㆒、失者、又加㆓二等㆒、牧尉及監、各随㆓所㆑管牧多少㆒、通計為㆑罪、仍以㆓長官㆒為㆑首、佐職為㆑従、余官有㆓管㆑牧㆒者、亦準㆑此」とあり、牧尉・監官は管する群によって罰せられた。

一方で責課を満たしてより多くの牧畜を増殖させると、監官・牧官らは賞されて次のような賞物が与えられる。

【史料5】天聖廐牧令唐8条

諸牧馬賸㆓駒一匹㆒、賞㆓絹一疋㆒、駝騾賸㆓駒二頭㆒、賞㆓絹一疋㆒、牛驢賸㆓駒犢三頭㆒、賞㆓絹一疋㆒、白羊賸㆓羔七口㆒、賞㆓絹一疋㆒、羖羊剰㆓羔十口㆒、賞㆓絹一疋㆒、毎㆑有㆑所㆑賸、各依㆓上法㆒累加、其賞物、二分入㆑長、一分入㆓牧子㆒、牧子、謂長上専当者、其監官及牧尉、各統㆓計所管㆒長尉賞㆑之、統計、謂管㆓十五長㆒者、賸㆓駒十五匹㆒、賞㆓絹一疋㆒、監官管㆓尉五㆒者、賸㆓駒七十五匹㆒、賞㆓絹一疋之類㆒、計加亦准㆑此、若一長一尉不㆑充、余長尉有㆑賸、亦聴㆓准㆑折賞㆒㆑之、其監官尉長等闕及行用無㆑功不㆑合㆑賞者、其物悉入㆓兼検校合㆑賞之人㆒、物出㆓随近州㆒、若無、出㆓京庫㆒、応㆑賞者、皆准㆓印後定数㆒、先填㆓死耗㆒足外、然後計㆑酬、

責課よりも一疋超過するごとに、賞物として絹一疋が牧長・牧子に与えられる。牧尉・監官は牧長・牧子とは異なり、管する群数に応じて賞物が与えられた。

このように責課をもとにして監官・牧官への賞罰が厳格に定められていたのは、監牧での馬の生産を安定させるためであったと考えられる。そのような重要な目的をもつ監官・牧官への賞罰が決定する時期については、【史料5】の末尾に「応㆑賞者、皆准㆓印後定数㆒、先填㆓死耗㆒足外、然後計㆑酬」とみえる。この「印」とは八月の監牧における焼印の押印のことであり[22]、したがって牧官の賞罰が行われるのは八月以後になる。また『唐六典』巻一七、太僕寺条には「毎㆓年終㆒監牧使処㆓按孳課之数㆒、以㆓功過㆒相除、為㆓之考課㆒焉」とある。このことから

賞罰を決定するのは監牧使で、その時期は八月以後年終以前と考えられる。

〔C〕簿籍の作成・管理

中央で監牧の運営状況や監牧で飼養される諸畜の数を把握する上で不可欠なものが、監牧で作成される簿籍である。廐牧令には簿籍に関する条文が二条ある。『唐六典』にも簿籍に関する記述があるので、次にあわせて引用する。

【史料6】天聖廐牧令唐15条

諸在レ牧駒犢及羊、毎年遣下使共二牧監官司一対上印、駒犢八月印、羔春秋二時印及割レ耳、仍言二牝牡一入レ帳、其馬具録二毛色歯歳印記一、為二簿両道一、一道在レ監案記、一道長尉自収、以擬二校勘一

【史料7】天聖廐牧令唐29条

諸官畜及私馬帳、毎年附二朝集使一送レ省、其諸王府官馬、亦准レ此、太僕寺官畜帳、十一月上旬送レ省、其馬帳勘校、訖至二来年三月一

【史料8】『唐六典』巻一七、諸牧監条

凡馬各以二年名一籍レ之、毎レ歳季夏造、至二孟秋一、群牧使以二諸監之籍一合為レ一、諸群牧、別立二南使北使西使東使一以分統之、常以二仲秋一上二於寺一、

【史料9】『唐六典』巻一七、太僕寺条

太僕卿之職……凡監牧処レ通羊馬籍帳、毎歳則受而会レ之、以上二於尚書駕部一以議二其官吏之考課一、……

八月に監牧使・監官・牧官の立会のもとで、駒・犢に焼印（小官字印・年辰印）が押される。[23] その後に牡牝・

毛色・歯歳・印記（焼印の文字・印文）を記録した簿籍が二通作成されて、一通は監牧に、もう一通は牧尉・牧長のもとに置かれた。そのうちの一通は監牧を統括する監牧使によって集約されて、仲秋に監牧を所管する太僕寺に届けられた。太僕寺はこれを勘校した上で尚書省駕部に送付する。また官畜及私馬帳・諸王府官馬帳は毎年朝集使によって中央に届けられ、これらも駕部に送付されたと思われる。

【史料6】によると、監牧が作成する簿籍には諸畜の特徴である毛色・歯歳・印記（印文）が一疋ずつ記されていた。諸畜に関する簿籍は最終的には駕部で保管された。その駕部は輿輦・車乗・伝駅・廐牧・官私馬牛の諸畜などを簿籍によって管理する官司で[24]、駕部はこれらの簿籍を用いて、監牧などで飼養される諸畜を厳格に管理していたと考えられる。【史料9】からは簿籍が官吏の考課に用いられる材料でもあり、簿籍には監牧の諸畜の増加・減少がわかるような記述もあったと想定される。

〔D〕牧馬の用途

監牧で飼養された馬の用途は諸畜の焼印に関する天聖廐牧令唐11条から、①進上馬②兵馬③駅馬・伝送馬であったと考えられる。

①進上馬については監牧からは毎年細馬五〇疋・敦馬一〇〇疋が太僕寺に納められている。細馬は尚乗局の祥麟・鳳苑廐に送られ、四歳以下の驫馬は諸衛に送られて官馬として用いられた[25]。これらとは別に尚乗局に敦馬一〇〇疋が進上されている[26]。

②兵馬については折衝府で飼養される馬の「官馬」などのことで、監牧から支給された馬のことと考えられる[27]。

③駅馬・伝送馬については、天聖廐牧令唐21条に官馬のうち五歳以上一〇歳以下の筋骨強壮なものが充てられ

るとみえ、監牧で飼養されるものが充てられたと思われる。

以上、唐の牧制度を四点から検討してきた。唐では多くの馬を確保するために監牧が設置され、監牧に監官・牧官が所属し監官・牧官に責課を遵守させた。監官・牧官が責課を遵守できない場合には懲罰を加え、責課よりも多くの馬を繁殖させた場合には褒賞することを通して、馬を大量に安定的に確保することにつとめていたと考えられる。それでは節を改めて日本の牧制度を考えたい。

二　古代日本の牧制度（令制の牧制度）

日本古代の公的牧は兵馬司に所属した。その設置時期は不明であるが、文武天皇四年（七〇〇）三月丙寅（一七日）に諸国に牧地を定めて馬牛を放し、慶雲四年（七〇七）三月甲子（二六日）に摂津・伊勢などの二三か国に鉄印を支給して駒犢に押させたことが『続日本紀』にみえる。大宝律令のうち令は文武天皇四年にはほぼ完成していたと考えられ[28]、慶雲四年に二三か国に鉄印が支給され駒犢に押印されたことは廐牧令10駒犢条の内容に一致する。廐牧令に規定される公的牧の設置は大宝律令制定に伴うもので、その設置時期は慶雲四年とみて差し支えないと思われる。それでは日本の公的牧を前節と同様に〔A〕～〔D〕の四点からみることにする。

〔A〕牧と官吏

公的牧には官吏として牧長・牧帳・牧子が所属した。廐牧令にみえるそれぞれの職掌・任用基準・配置は次の通りである。

【史料10】養老廐牧令5牧毎牧条

凡牧、毎㆑牧置㆓長一人、帳一人㆒、毎㆑群牧子二人、其牧馬牛、皆以㆑百為㆑群、

【史料11】養老廐牧令4牧馬帳条

凡牧馬長帳者、取㆘庶人清幹、堪㆓検校㆒者㆖為之、其外六位及勲位、亦聴㆓通取㆒、

まず牧長・牧帳は牧で飼養される馬牛の数に関係なく牧ごとに各一人置かれ、牧長は牧の運営を担い牧帳は文書の管理を行ったとされる[29]。牧長・牧帳には庶人で清廉・剛健で馬牛の鑑識を行うのに堪える者や初位以上外六位以下・勲七等以下の者が採用され、在任中は徭役が免除された[30]。

次に牧子は一〇〇疋からなる群ごとに二人置かれた。二人の牧子の関係は牧子らが褒賞される際に下される賞物が首従法によって分与されたり[31]、天平勝宝六年（七五四）に知牧事吉野百嶋が管理していた牧の六人の牧子が長一人と丁五人に組織化されたりしているから[32]、必ずしも対等なものでなかったようである。牧子の職務・任用基準は廐牧令に規定されていないが、その職務は牧内の監視や馬牛の世話や馬牛の移動時の追従であった。牧子は白丁から充てられ、その在任中には徭役が免除された[33]。

以上が廐牧令に規定された牧官であるが、山口英男氏は牧長・牧帳・牧子だけで牧の運営に関わるあらゆる実務が遂行できたとは考えにくいとし、牧の周辺には牧馬の飼育を主たる生業とする集団が居住し、その構成員が総体として牧の経営を担っていたと想定されている[34]。その上で牧長とは牧経営集団を代表ないし統率する者で、牧帳はその補佐役、牧子は単なる牧馬飼育係ではなく実務の中心者で、牧長・牧帳に次ぐ集団内の有力者であったと考えられている[35]。

公的牧の運営は牧長を中心とする人びとによって担われたが、国司もその責任を負う存在であった。国司と

牧・牧官との関わりについては後述する。

〔B〕牧の官吏の賞罰

牧官には毎年牝馬一〇〇疋に対して駒六〇疋を、牝牛一〇〇頭に対して犢六〇頭を蓄やすという責課があった。もし牧官が責課を満たせない場合や不当な理由で馬牛を死失させた場合、牧官は罰せられた(36)。また牧に所在する馬牛が失踪し、一〇〇日の間に牧官が失踪した馬牛を見つけ出せなかった場合、牧官が馬牛の失踪時の価格を銭納する。その内訳は牧長・牧帳が三割、牧子が七割を負担する(37)。不当な理由で牧の馬牛を死損させた場合には牧官は物納する。

一方で牧官が責課を満たし、責課よりも多くの馬牛を蕃殖させた場合に牧官は賞される。牧子には駒二疋・犢三頭を超すごとに賞物の稲二〇束が支給される。牧子は一群に二人置かれることから、古記は賞物を三分して二分を首に一分を従に与えるとする。なお牧長・牧帳は管する群数などに応じて賞物が支給される(38)。

このように廐牧令には責課をもとにした牧官への賞罰が規定されているが、賞罰を決定する主体や行われる時期については廐牧令に記されておらず不明である。私はこのことについて以下のように推測する。

まず賞罰の決定時期から考える。『令集解』廐牧令8死耗条所引古記が引用する一云に「賞罰共当年検印時了、唯以㆓乗課㆒折㆓死耗㆒者聴耳」とあり、「検印」時に乗課分と死耗分を折して牧長・牧帳・牧子の賞罰が行われるとする。「検印」とはどのようなものでいつ行われるのだろうか。「検印」の語句は廐牧令の本文にはないが、延喜馬寮式御牧条に「右諸牧駒者、毎年九月十日国司与㆓牧監若別当人等㆒〈甲斐、信濃、上野三国任㆓牧監㆒、武蔵国任㆓別当㆒〉臨㆑牧検印、共署㆓其帳㆒」とみえる。その内容・表現が類似するのが、養老廐牧令10駒犢条「凡在㆑牧駒犢、至㆓二歳㆒者、毎年九月、

国司共二牧長一対、以二官字印一、印二左髀上一、犢印二右髀上一、並印訖、具録二毛色歯歳一、為二簿両通一、一通留レ国為レ案、一通附二朝集使一申二太政官一」である。

これらの史料をもとにすると、「検印」とは国家所有の馬牛であることを示すために「馬牛に官字印を押す」行為や、すでに焼印が押されている馬の焼印の状態を確認する行為を意味すると考えられる。また養老廐牧令12須校印条には「凡須レ校二印牧馬一者、先尽二牧子一、不レ足、国司量二須多少一、取二随近者一充」とみえる。朱記は「須レ校二印牧馬一、謂上条為レ印、此条為二用人一立耳」と述べるから、「検印」と「校印」は同じことを指していると思われる。したがって牧官の賞罰が決定する時期は九月に求められる。

次に牧官の賞罰を行う主体を考えると史料を欠くが、それは国司であったと思われる。国司は諸国に置かれた公的牧の最高責任者で[39]、国司は九月の検印時に牧を訪れる。牧馬の焼印の検印と牧官の賞罰との関わりは不明であるが、牧に所在する駒犢に焼印を押す作業の過程を考えると、検印後に牧官の賞罰が行われるとする理由がわかる。

二歳の駒犢に新たに焼印を押すためには、まず牧に所在するすべての馬牛を一か所に集めなければならない。次に馬牛を実見して、すでに官字印の焼印を押されている馬牛と二歳になっていない駒犢と新たに焼印を押す二歳の駒犢に分ける必要がある。そのためこの一連の作業は「校印」・「検印」と呼ばれるのだろう。駒犢に焼印を押した後には毛色・歯歳を記した簿籍が作成されるが、これが新たに官字印の焼印を押した駒犢のみを記したものか、それとも牧に所在する全馬牛を記したものかは判然としないが、最終的には牧に所在する全馬牛に関するものが作成されたと思われる。

以上の作業を経て、現時点での牧に所在する馬牛の総数が判明する。次に昨年の帳簿と比較することによって、

牧官が本年度の責課を満たしたのか、満たさなかったのかが判明する。そして死亡した馬牛についての審査を経て、牧官の賞罰が決定するという過程が考えられる。九月に国司が牧の馬牛に押された焼印の検印と駒犢への押印に立ち会うためのみに牧を訪れるのではなく、牧の最高責任者として牧官の賞罰を行うためにも牧を訪れたと考えられる。

〔C〕簿籍の作成・管理

先に引用した養老廐牧令10駒犢条によれば、牧に所在する馬牛に焼印を検印し駒犢にも押印した後には馬牛の帳簿（簿籍）が作成される。その帳簿には馬牛一疋ごとの毛色・歯歳を記して二通が作成され、一通は国にもう一通は朝集使に付して太政官に送られた。養老廐牧令25官私馬牛条によると、国家所有の馬牛を記録した帳簿・民間所有の馬牛を記録した帳簿もあわせて太政官に送付され、太政官から兵部省を経て兵馬司に送られる[40]。令制の公的牧は兵馬司の所管牧で、牧の運営状況が把握できる帳簿が兵馬司に送られるのは理解されるが、兵馬司がその他の馬牛に関する帳簿を管理していたのは軍事・交通などにおける馬牛の臨時的な徴発に備えるためであったと考えられる[41]。

〔D〕牧馬の用途

公的牧で飼養された馬牛の用途は①進上馬②兵馬③駅馬・伝馬であった。まず①進上馬についてみると、廐牧令には中央への牧馬の進上規定はみられないが、『令集解』廐牧令13牧馬応堪条所引古記に「皆付二軍団一、謂此名二兵馬一、今行事、毎レ年簡試進上、不レ留三於二軍団一也」、『続日本紀』天平四年（七三二）八月壬辰（二二日）条に

「勅、東海東山二道及山陰道等国兵器牛馬並不レ得レ売レ与二他処一、一切禁断勿レ令レ出レ界、其常進公牧繋飼牛馬者、不レ在二禁限一、但西海道依二恒法一……」とみえることから、牧馬が中央に進上されていたことが確認される。

次に②兵馬については、養老廐牧令13牧馬応堪条に「凡牧馬応レ堪二乗用一者、皆付二軍団一、於二当団兵士内一簡二家富堪レ養一者充、免二其上番及雑駆使一」とある。西岡虎之助氏は、牧設置の全目的は牧馬を兵馬に供給することにあったとし、乗用に堪える牧馬は軍団に送られて兵馬となったとされた(42)。これに対して山口英男氏は同条が記す牧馬を軍団に送るのは軍団で調教を施すためであり、本条から牧馬が兵馬のみに充てられるということではないとされた(43)。

③駅馬・伝馬については養老廐牧令16置駅馬条に駅馬は筋骨強壮な馬を、伝馬には官馬を充てると規定する。本条の「皆用官馬若無者」には次の註がふされている。

【史料12】『令集解』廐牧令16置駅馬条

謂、以二軍団馬一充之也、其駅馬亦同也、釈云、牧馬堪二乗用一者、先充二伝馬一、所レ残為二兵馬一耳、古記云、問、伝馬皆用二官馬一、未レ知、何処在レ馬、答、牧馬応レ堪二乗用一者、皆付二軍団一令レ養、是除レ充二伝馬一以外、名二兵馬一、其小路国有二官馬一者、用二官馬一充、若无者、以二駅稲一買充也、一云、諸国有二官馬一者、先以二官馬一充、若大中路、不レ得下以二官馬一充上者、小路亦同也、跡云、大中小路、路別駅伝馬、皆用二官馬一是、朱云、額同　穴云、皆、謂駅伝並用二官馬一也、

古記・跡記・穴記は、駅馬・伝馬には官馬を充てるとする。義解は牧から乗用に堪える馬として送られて調教を施された軍団馬を駅馬・伝馬に充てるとする。令意の上では、牧馬は軍団で調教されて駅馬・伝馬、兵馬に充てられると理解される。

以上、本節では日本の牧制度についてみてきた。本節の検討から日本の牧制度が唐の牧制度をもとにして作られていたと考えられるが、異なる部分も少なくないように思われる。次節では唐と日本の牧制度を比較する。

三　古代日本の牧制度の特質――日唐の牧制度の比較――

二節を通じて〔A〕～〔D〕の四点から唐と日本の牧制度をみてきた。本節ではその四点をもとに唐・日本の牧制度を比較して、日本の牧制度の特質を考えたい。

〔A〕牧と官吏

唐の監牧には収容する馬数によって等級（上監・中監・下監）があり、官吏として監牧の運営を担う監官と諸畜の飼養を担う牧官が置かれた。監官は監牧の等級に応じて配置されて、牧官は牧で飼養する群（馬：一二〇疋）ごとに牧長が一人と牧子が四人置かれ、牧長一五人ごとに牧尉・牧史が各一人配置された。日本の公的牧には等級はなく官吏は牧官のみで、牧長・牧帳・牧子が置かれた。牧の責任者の牧長と牧の文書の管理もしくは牧長を補佐する牧帳は、牧で飼養する馬牛の群の数（一〇〇疋）に関係なく各一人が任じられ、馬牛の世話をする牧子は一群ごとに二人が配置された。日本の公的牧の官吏は唐の監牧の官吏の監官・牧官のうち牧官をもとに作られたが、唐の牧官で牧長よりも上位官の牧尉・牧史を配置していない。牧尉・牧史は一五群以上（馬一八〇〇疋以上）を有する監牧に置かれるものであり、日本の公的牧は唐の監牧に比べて多くの馬を飼養していないため、その規模にあわせて牧尉・牧史らは省かれたものと考えられる。[44]その結果、同じ名称でありながら唐の牧長は牧

子とともに牧畜の世話に関わるが、日本の牧長は牧の運営に関わる責任を担った。

なお日本と唐の牧子は諸畜の飼育に関わることは同じであるが、唐の牧子には馬一二〇疋に対して白丁と官戸・官奴から各二人計四人が充てられた。日本の牧子には馬一〇〇疋に対して白丁二人が充てられた。日本では官戸・官奴を牧の労働力としなかったため、唐の牧子四人のうちの官戸・官奴から充てられる二人分を除いたと思われる。

〔B〕牧の官吏の賞罰

唐の監牧の官吏の賞罰方法は、牧畜の世話をする牧官の牧長・牧子とそれらを統括する牧尉・牧史、監官とでは異なる。日本はそれにならって諸畜の世話を行う牧子と牧子を統括する牧長・牧帳とでは異なる賞罰方法を採っているが、異なる点もある。まず唐では褒賞の賞物が絹であるのに対して、日本は稲である。次に唐では諸畜の世話を行う牧長・牧子を褒賞する際には賞物を三分し、一分が牧子に二分が牧長にそれぞれ支給されるが、日本では賞物として牧子に稲二〇束が支給される。牧子を統括する牧長・牧帳には管する群に応じて支給される。牧官が諸畜を放失し弁償する場合、唐では牧子・牧長が銭価を半分ずつ負担するが、日本は牧子が七割を牧長・牧帳が残り三割を負担する。日本は唐に比べて馬牛の世話を行う牧子が牧子を統括する牧長よりも重い責任を課せられている(45)。

賞罰を行う時期は唐・日本ともに、諸畜の焼印の検印後と考えられる。それは牧馬の検印、駒犢などへの押印、簿籍の作成などの一連の作業によって牧で所在する諸畜数が判明し、責課をもとにした賞罰が決定されるからである。

〔C〕簿籍の作成・管理

唐の監牧は馬などの毛色・歯歳・印記（印文）を記入した簿籍を作成し、まず所管官司の太僕寺に提出し、その後駕部に送られる。駕部はそれらの簿籍をもとに諸国の諸畜を管理した。日本の公的牧は馬牛の毛色・歯歳を記入した帳簿を作成してまず太政官に提出し、兵部省を経て兵馬司に送られる。兵馬司はそれらの帳簿をもとに諸国の馬牛を管理した。以上のことから、日本の公的牧に関する帳簿の作成と兵馬司による帳簿の管理体制は、唐の監牧に関する簿籍の作成と駕部による簿籍の管理体制をもとにして作られたことがわかる。

なお駕部が管理した簿籍は諸畜などの管理に加えて官吏の考課にも用いられたとするが、日本の公的牧の帳簿が考課に用いられたとする史料などはない。ただ廐庫律牧馬牛死失課不充条に「凡牧馬牛、准レ所レ除外死失、及課不レ充者、一牧子笞廿、……牧長帳及国郡官司、各随二所管牧郡多少一、通計為レ罪、……」とあり、牧が責課を満たせない場合には国司も罰せられるという。国司を罰することができるのは太政官しかなく、考課を判断する材料には公的牧で作成された帳簿が用いられた可能性はあるように思われる。

〔D〕牧馬の用途

唐の監牧・日本の公的牧の牧馬の用途は①進上馬②兵馬③【唐】駅馬・伝送馬【日本】駅馬・伝馬であった。日本の公的牧が中央に牧馬を進上していたことは『続日本紀』や大宝令の注釈書の古記から明らかであるが、日本の廐牧令の本文には①進上馬に関する記述がみられない。このことについては唐の廐牧令の影響を受けている可能性が考えられる。

そのことを検討するために天聖廐牧令唐11条・唐15条と養老廐牧令10駒犢条を左掲する（【表1】）。

【表1】日唐の進上馬に関する条文

唐令	日本令
【天聖廐牧令唐11条】 諸**牧馬駒以**小**官字印**、印右膊、以年辰印、**印右髀**、以監名依左右廂印、印尾側、若行容端正、擬送尚乗者、則不須印監名**至二歳**起脊量強弱、漸以飛字印印右髀膊、細馬次馬倶以龍形印、印項左、送尚乗者、於尾側依左右閑印、印以三花、其余雑馬送尚乗者、以風字印印左膊、以飛字印印右髀、騾牛驢皆**以官字印**、印右膊、以監名依左右廂印、**印右髀**、其駝羊皆以官字印、印右頬、羊仍割耳、経印之後、簡入別所者、各以新入処監名印、印左頬、官馬賜人者、以賜字印、配諸軍及充伝送駅者、以出字印、並印右頬、 【天聖廐牧令唐15条】 諸**在牧駒犢**及羔、**毎年**遣使**共**牧監官司**対印**、駒犢八**月印**、羔春秋二時印及割耳、仍言牝牡入帳、其馬**具録毛色歯歳**印記、**為簿両**道、**一**道在監**案**記、**一**道長尉自収、以擬校勘、	【養老廐牧令10駒犢条】 凡**在牧駒犢**、**至二歳**者、**毎年**九**月**、国司**共**牧長**対**、**以官字印**、**印**左**髀**上、犢**印右髀**上、並印訖、**具録毛色歯歳**、**為簿両**通、**一**通留国為**案**、一通附朝集使申太政官、

※太字は日本令・唐令が同文であることを示し、古記などから復原できる大宝令文については養老令本文に符号（○）を記した。

天聖廐牧令の唐令・宋令の本文には監牧からの馬の進上規定はなく、そのことを伝えるのは監牧などの馬に押される焼印を規定する天聖廐牧令唐11条の分註である（傍線部）。日本令（養老廐牧令10駒犢条）は唐11条・唐15条をもとに作られたが、その際に官字印以外の焼印に関する部分をすべて削除している。その理由は本書第二編第二章で論じるように日本の焼印制度が唐のものを参考に構築されたが、「官」字以外の官印を導入せず、焼印に

関する「官」字以外の唐令の記述を日本令が継受しなかったためである。したがって日本令に公的牧からの進上馬に関する記述がないのはもとになった唐令の本文に監牧からの馬の進上に関する規定がなく、唐11条の貢上に関する分註も日本令を作成する際に削除したためと考えられる。

以上のことをふまえて最後に牧制度に関する唐令・日本令を比較したい。【表3】は牧制度に関する条文を比較したものである。牧制度に関する条文は唐令が二七条であるのに対して日本令は一四条であり、日本令は唐令の半分程度である。この唐令と日本令の条文数の相違の要因については①日本令が唐令の複数の条文を一条にまとめていること②当時日本で飼養されていない駝・羊・騾・驢などに関する条文・記述を削除していること③唐の複数の焼印をもって行う焼印制度を日本が単一の焼印をもって行う焼印制度に変更していることなどがあげられる。それでは①の例として養老厩牧令6牧牝馬条を例にあげて以上のことを確認しよう（【表2】）。

【表2】日唐の責課に関する条文

唐令	日本令
【天聖廐牧令唐6条】 諸**牧牝馬四歳遊牝**、**五歳責課**、牝駝四歳遊牝、六歳責課、**牝牛驢三歳遊牝**、**四歳責課**、牝羊三歳遊牝、当年責課、 【天聖廐牧令唐7条】 諸牧牝馬一百匹、牝牛驢**各一百頭**、**毎年課駒犢各六十**、其二十歳以上、不在課限、**三歳遊牝而生駒者**、**仍別簿申省**、騾駒減半、馬従外蕃新来者、課駒四十、第二年五十、第三年同旧課、牝駝一百頭、三年内課駒七十、白羔一百口、毎年課羔七十口、羖羊一百口、課羊八十口、	【養老廐牧令6牧牝馬条】 **凡牧牝馬四歳遊牝**、**五歳責課**、**牝牛三歳遊牝**、**四歳責課**、**各一百毎年課駒犢各六十**、其**馬三歳遊牝而生駒者**、**仍別簿申**、

【表 3】日唐廐牧令の牧制度関係条文の比較対照表

唐令通し番号	宋令	唐令	内容	唐令拾遺	養老令
1	1		廐で飼養する官畜の飼育体制	1	1
2	2		廐で飼養する官畜の藁の支給	2	1
3	3		廐で飼養する官畜の穀類の支給	3	1
4	4		廐で飼養する官畜の穀類の調達		
			馬戸の番役・調草の納入		2
5	5		官畜の薬の支給		3
6		1	牧での官畜の群・飼育体制	4	5
7		2	牧官の任用	4	4
8		3	獣医の任用		
9		4	廐で飼養する官畜の芻の支給		1
10		5	牧の駒・犢の飼育体制	5甲	
11		6	牧の馬牛の責課数		6
12	6		牧での官畜の飼育形態	5乙	
13		7	責課数	5乙	6
14		8	責課数を超えて増殖した場合の褒賞	6	7
15		9	牧の馬牛の死耗数	7	8
16		10	牧の馬牛を亡失・不当に死損させた場合の課徴	8	9
17		11	牧の馬牛の校印・登録帳簿の作成・提出	9	10
20		14	焼印の保管場所		
21		15	牧で飼養する駒・犢・羊への焼印の押印・帳簿の作成		10
25		16	官戸奴の牧子への採用		
26		17	牧周辺に住む人による木材伐採		
27		18	牧の設置・等級・名称		
28		19	奴による害獣駆除の褒賞		
29	8		牧地の火入		11
			校印時の人手の調達		12
30		20	折衝府・軍団での馬の飼育		13
49		29	官私の馬牛帳の提出		25

牧で飼養される馬牛の遊牝・責課を定めた養老廐牧令6牧牝馬条は唐6条と唐7条を一条にまとめたものである。日本令が唐令より継受しなかった部分をみると、唐6条では駝・驢・羊の遊牝開始年・責課対象年で唐7条では騾・駝・羊の責課である。日本令がこれらの部分を継受しなかったのは、当時の日本では駝・騾・驢・羊が飼養されておらず不要であったためである[46]。このことは日本の廐牧令・廐庫律全体に及んでいることから、唐令をもとに日本の実状に即して日本令が作られていたことを示す。

以上の作業を行った結果、日本令の牧制度に関する条文数は唐令の半分程度になったと思われる。ただそれらの条文数で、日本がはたして唐の牧制度を十分に継受できたのかと疑念を抱く。そのことを考える上で参考になるのが、唐の馬政官司をもとに設置された日本の馬政官司である。

まず初唐の馬政官司には、太僕寺・乗黄署・典廐署・典牧署・車府署・尚乗局・駕部が置かれた。太僕寺は廐牧・車馬の政務を掌り、そのもとに乗黄署・典廐署・典牧署・車府署と監牧が置かれた。乗黄署は天子の巡幸に備えて車輅の管理・車馬の馴馭を掌り、典廐署は馬牛雑畜の飼養・調習を掌る。典牧署は監牧から進上された雑畜の飼育・酥などの製造・羊犢の供犠などを掌り、車府署は王公以下の車輅・馴馭を掌る。尚乗局は天子の廐である閑廐（祥麟・鳳苑廐など）を預かり、閑廐馬の飼育や飼料・馬具の管理などを掌った。駕部は輿輦・車乗・伝駅・廐牧・官私馬牛の雑畜などを簿籍によって管理した。

次に日本の令制当初の馬政官司においては左右馬寮と兵馬司が置かれた。左右馬寮は天皇の廐である閑廐を預かり、馬の調習・飼養や穀草の調達や御馬の世話をする飼部の管理などを行った[47]。兵馬司は諸国から提出される帳簿の馬牛帳によって、諸国の公的牧や牧の馬牛・軍団の兵馬・駅伝制や公私の馬牛のことを掌った。諸国に置かれた公的牧は兵馬司に属した。

以上が唐・日本の馬政官司の構成と職掌でありその構成を比較すると、唐の馬政官司が七官司であるのに対し日本は二官司であり、唐・日本の馬政官司の数にひらきがある。そこで唐・日本の馬政官司を職掌から分類すると、唐の馬政官司は①直接諸畜などを扱う官司（太僕寺・乗黄署・典廏署・典牧署・車府署）と②帳簿によって諸畜を間接的に扱う官司（駕部）になる。日本の馬政官司は①直接諸畜などを扱う官司（左右馬寮）と②帳簿によって諸畜を間接的に扱う官司（兵馬司）になる。このことから日本の馬政官司は唐の馬政官司の構造をもとに、唐の馬政官司のうち当時の日本で飼養されていない羊などを飼養する典牧署や使用されなかった車輅を管理する乗黄署・車府署、そして四署を総括する太僕寺を継受せずに、①直接諸畜などを扱う官司として閑廏を預かる典廏署や尚乗局をもとに左右馬寮を置き、②帳簿によって牧畜を間接的に扱う官司として駕部をもとに兵馬司を設置したと考えられる。つまり日本は構築する牧制度の実態・規模にあわせて唐の馬政官司のなかで必要な部分をとり、馬政官司（左右馬寮・兵馬司）を設置したということであろう。

日本の馬政官司の数は唐の馬政官司の半数にも達しないが、その基本構造を継受していたことは牧制度に関する日本令が唐令の半分程度しか有していない意味を考える上で示唆を与える。改めて牧制度に関する日本令の内容をみると、唐の牧制度のうち牧の運営や馬牛を飼育する上で必要なものを継受し、当時の日本の実状に即さないものは継受しなかったことがわかる。

おわりに

本章では牧制度とその運用のなかから〔A〕牧と官吏〔B〕牧の官吏の賞罰〔C〕簿籍の作成・管理〔D〕牧

馬の用途の四点から、唐と日本の牧制度を比較し日本古代の牧制度の特質を検討した。述べてきたところをまとめると、以下の四点になる。

①唐の監牧には監牧に収容する馬数によって上中下の等級があり、その等級や群数などに応じて牧の運営を担う監官と諸畜の世話を行う牧官が設置された。監官・牧官には責課があり、蕃殖数を満たせない場合や不当な理由で馬などを死失させた場合には罰せられた。一方、監官・牧官が責課よりも多く蕃殖させた場合には賞された。監官・牧官に対する賞罰を通して、監牧は軍事・交通などに用いられる諸畜の生産につとめた。

②日本の公的牧には等級がなく、牧官の牧長・牧帳は牧の馬牛の飼養数に関係なく各一人ずつ設置され、牧子は一群ごとに二人が置かれた。日本でも牧官らに責課があり、それをもとに賞罰が行われた。責課をもとにした牧官への賞罰を通して、公的牧は牧馬牛の生産につとめた。

③日本の公的牧は唐の監牧をもとに作られたものであるが、廐牧令の牧制度に関する条文数は唐令が二七条であるのに対して日本令は一四条で、その条文数には差がある。この条文数の差の要因はⓐ日本令が唐令の複数の条文を一条にまとめたためⓑ当時日本で飼養されていない駝・羊・騾・驢などに関する条文・記述を削除しているためⓒ唐の複数の焼印をもって行う焼印制度を日本が単一の焼印をもって行う焼印制度に変更したためと考えられる。

④牧制度に関する日本令の内容をみると、日本令は唐令のなかから牧の運営上で重要な部分を継受している。当時の日本の実状にあわせて唐令のなかから必要な部分を取捨選択して、公的牧制度そしてそれを規定する廐牧令を作り上げたものと評価できる。

以上のことから、日本の廐牧令の編纂者は、唐の牧制度や日本の実状をよく理解していたことがうかがえる。

ところで日本が唐の牧制度のなかで導入しなかったものの一つに、複数の監牧を管理・統括する使職（監牧使・群牧使）がある。日本では当初このような職を置かなかったが、後に複数の勅旨牧を統括する牧監（監牧）が設置されている。[48]川尻秋生氏は日本の牧監（監牧）と唐制の監牧使・群牧使との共通性を指摘した上で、牧監に中央官人が任ぜられることに注目し、牧の数・貢進数などで困難が生じ利害関係を調整しうる存在が必要となって設けられたとされる。[49]山口英男氏は牧監が置かれた背景について牧経営の行き詰まりを指摘された。[50]牧の運営の行き詰まりを打破する際に、改めて唐の牧制度にみえる監牧使・群牧使を参照して牧監（監牧）が設置されたことは日本の牧制度と唐の牧制度とのつながりを考える上で興味深い。

註

（1）西岡虎之助「武士階級結成の一要因として観たる『牧』の発展」（『史学雑誌』四〇―二・三・五・七・八、一九二五年。のち「武士階級結成の一要因としての『牧』の発展」と改題して『荘園史の研究』上、岩波書店、一九五三年に再録）三〇五頁。

（2）天一閣博物館・中国社会科学院歴史研究所天聖令整理課題組校証『天一閣蔵明鈔本天聖令校証　附唐令復原研究』（中華書局、二〇〇六年）。本書には、宋家鈺「唐開元廐牧令的復原研究」が収録されている。

（3）天聖令を用いた駅伝制の研究に、市大樹Ⓐ「日本古代伝馬制度の法的特徴と運用実態」（『日本史研究』五四四、二〇〇七年）、宋家鈺「《廐牧令》駅伝条文的復原及与日本《令》・《式》的比較」（『唐研究』一四、二〇〇八年）、ファム・レ・フイ「賦役令車牛人力条からみた逓送制度」（『日本歴史』七三六、二〇〇九年）、市大樹Ⓑ「日本古代駅伝制度の特質と展開―日唐比較と山陽道―」（第一五回播磨考古学研究集会実行委員会『第一五回播磨考古学研究集会の記録　播磨国の駅家を探る』、二〇一五年）。焼印の研究に羅豊「規矩或率意而為―唐帝国的馬印」（『唐研究』一六、二〇一〇年）、林美希「唐前半期の厩馬と馬印」（『東方学』一二七、二〇一四年）。牧制度に関する研究に、古怡青「従《天聖・廐牧令》看唐宋監牧制度中畜牧業経営管理的変

遷」（台師大歴史系・中国法制史学会・唐律研読会主編『新史料・新観点・新視角《天聖令論集》』上、元照出版、二〇一一年）、山下将司「唐の監牧制と中国在住のソグド人の牧馬」（『東洋史研究』六六―四、二〇〇八年）、速水大「唐代の身分と職務の関係」（『唐代史研究』一七、二〇一四年）などがある。

（4）唐の馬政官司・監牧制については、浜谷秀雄「唐代馬政の一班」（『日本大学文学科研究年報』三―三、一九三六年）、宋常廉「唐代的馬政」（『大陸雑誌』二九―一・二、一九六四年）、横山貞裕「唐代の馬政」（『国士舘大学人文学会紀要』三、一九七一年）、謝成侠（訳者千田英二）『中国養馬史』（日本中央競馬会弘済会、一九七七年）、趙雨楽「唐代における飛龍廐と飛龍使―特に大明宮の防衛を中心として―」（『史林』七四―四、一九九一年）、馬俊民・王世平『唐代馬政』（聯合出版、一九九五年）、齋藤勝「唐代の馬政と牧地」（『日中文化研究』一四、一九九九年）、乜小紅『唐代五畜牧経済研究』（中華書局、二〇〇五年）などを参照した。

（5）「左二監」（「史訶耽墓誌」）、「右一七監」（「史鐵棒墓誌」）、「蘭池監」・「玉亭監」（「史道徳墓誌」）などである。山下将司註（3）論文三頁。

（6）『唐六典』巻一七、諸牧監条。

（7）天聖賦役令唐15条。

（8）天聖賦役令唐18条。

（9）三橋広延「『天聖廐牧令』所附唐令によって『唐六典』を訂す」（『法史学研究会会報』一六、二〇一一年）一五〇頁。

（10）天聖賦役令唐15条・天聖倉庫令唐6条。

（11）監牧の官戸・官奴については、『唐六典』巻六、都官条に「凡諸行宮、与二監牧及諸王公主応レ給者一、則割二司農之戸一以配」とあり、司農寺から監牧に送られたものであった。『唐六典』巻二七、太子家令寺典倉署条によると、監牧の官戸・官奴には食糧・春冬の衣服が支給された（浜口重国「官賤人の研究」『唐王朝の賤人制度』、東洋史研究会、一九六六年）。なお、「戸奴」については「官戸奴」と解されてきたが、古怡青氏は天聖令の条文から「官戸・官奴」と解すべきとされる（古怡青註（3）論文二一〇頁）。

(12) 監牧で馬などを襲う猛獣・狼を捕らえた者に褒賞を与えることについては、『唐六典』巻七、虞部条にもみえる。本条については、池田温「中国古代の猛獣対策法規」（瀧川政次郎博士米寿記念会編『律令制の諸問題』、汲古書院、一九八四年）に詳しい。なお儀鳳三年度支奏抄には、猛獣・狼を捕らえた者への褒賞に関する記述がみえる。大津透「唐儀鳳三年度支奏抄・四年金部旨符補考―唐朝の軍事と財政―」（『東洋史研究』四九―二、一九九〇年。のち「唐律令国家の予算について―儀鳳三年度支奏抄・四年金部旨符試釈―」（『史学雑誌』九五―一二、一九八六年）に追記して『日唐律令制の財政構造』（岩波書店、二〇〇六年に再録）五九・八一頁。

(13) 天聖廐牧令唐16条。

(14) 天聖廐牧令唐3条。

(15) 天聖倉庫令唐7条・天聖雑令唐15条。

(16) 速水大註(3)論文五五・五六頁。

(17) 天聖賦役令唐15条。

(18) 張説「大唐開元十三年隴西監牧頌徳碑」（『唐文粋』巻二二）、『新唐書』巻五〇、兵志、『元和郡県図志』巻三、関内道三原州。

(19)『唐律疏議』廐庫律1牧畜産課不充条。

(20) 天聖廐牧令唐10条。

(21) 天聖廐牧令唐10条。

(22) 天聖廐牧令唐15条（【史料6】）。

(23) 天聖廐牧令唐11条。

(24)『唐六典』巻五、駕部条。

(25)『唐六典』巻一七、太僕寺条。

(26)『唐六典』巻一一、尚乗局条。

(27) 速水大「天聖廐牧令より見た折衝府の馬の管理」（『法史学研究会会報』一五、二〇一〇年）。
(28) 井上光貞「日本律令の成立とその注釈書」（井上光貞・関晃・土田直鎮・青木和夫『律令』、岩波書店、一九七三年。のち『日本思想史の研究』、岩波書店、一九八二年に再録）九四・九五頁。
(29)『令集解』廐牧令4牧馬帳条。
(30) 養老賦役令19舎人史生条。
(31)『令集解』廐牧令7毎乗駒条所引古記。
(32)『大日本古文書』（編年）四―三二一頁。
(33) 養老賦役令19舎人史生条。
(34) 山口英男「文献から見た古代牧馬の飼育形態」（『山梨県史研究』二、一九九四年）三三頁。
(35) 山口英男註(34)論文三三頁。
(36) 養老廐牧令6牧牝馬条・廐庫律牧馬牛死失課不充条。
(37) 養老廐牧令9失馬牛条。
(38) 養老廐牧令7毎乗駒条。
(39) 養老職員令70大国条。
(40)『令義解』廐牧令25官私馬牛条。
(41) 養老職員令25兵馬司条。佐藤健太郎「兵馬司の基礎的考察」（『続日本紀研究』三三六、二〇〇二年。本書第四編第一章）などを参照。
(42) 西岡虎之助註(1)論文三一一頁。
(43) 山口英男「八・九世紀の牧について」（『史学雑誌』九五―一、一九八六年）三六・三七頁。
(44) 日本の公的牧の一牧の収容数はほとんど不明であるが、判明するものとして忽那島牧馬三〇〇疋・牛三〇〇頭（『日本三代実録』貞観一八年一〇月一三日条）、甲斐国全勅旨牧一〇〇〇余疋（『類聚三代格』巻五、天長四年一〇月一五日太政官符）、信

濃国全勅旨牧二二七四疋（『類聚三代格』巻一八、貞観一八年正月二六日太政官符）がある。信濃国に置かれた全勅旨牧で収容する馬数は唐の中監に及ばず、下監の収容数である。なお乜小紅氏は日本の牧帳が唐の牧史に相当する可能性を指摘されているが（乜小紅註（4）書二一〇頁）、速水大氏が指摘されるように、牧帳と牧史の間には設置基準・出身身分・職務内容に相違があることには注意を要する（速水大註（3）論文六九頁）。

（45）横山貞裕註（4）論文一四六頁。

（46）市大樹註（3）Ⓐ論文四頁。瀧川政次郎氏は律にも同様の措置がとられていたことを指摘している（瀧川政次郎「律と᷂䶮—食膳制及び医制の研究—」『律令諸制及び令外官の研究』、角川書店、一九六七年、一九七頁）。

（47）養老職員令63左馬寮条。

（48）『類聚三代格』巻一五、職田位田公廨田事、延暦一六年六月七日太政官符。

（49）川尻秋生「御牧制の成立—貞観馬寮式御牧条の検討を中心として—」（『山梨県史研究』七、一九九九年。のち『古代東国史の基礎的研究』、塙書房、二〇〇三年に再録）三七三頁。

（50）山口英男註（35）論文二四頁。

第二編　日本古代の焼印制度

第一章　駒牽の貢上数と焼印に関する一考察

――『新撰年中行事』の記載を中心に――

はじめに

八月駒牽を研究する上で重要な史料に『政事要略』がある。『政事要略』には八月駒牽の儀式次第や実施例などが記載され、また他の儀式書にはみられない牧ごとの焼印に関する記述もみられて[1]貴重な情報を有しているが、八月駒牽を載せる巻二二・二三には良質な古写本がなく[2]、現在流布している新訂増補国史大系本の記載にはやや難解な部分が存在する。

近年、『政事要略』の難解部分を理解する上で貴重な史料が発見された。藤原行成の『新撰年中行事』である[3]。『新撰年中行事』にも八月駒牽に関する記述があり、その記述によって今まで難解であった『政事要略』の記述の内容を正しく理解できる可能性がでてきた。以下、主に『新撰年中行事』によりながら、八月駒牽の貢上数と焼印について考察を試みたいと思う。

一　八月駒牽の貢上数

甲斐国・武蔵国・信濃国・上野国の四か国に置かれた勅旨牧から貢上される馬の数（貢上数）について考える前に、まず【史料1】を例にして『新撰年中行事』の記載内容をみておく。

【史料1】『新撰年中行事』下、八月

十五日牽二信濃勅旨諸牧御馬一事、①式六十疋、元八十疋、②官字、

③山鹿、塩原、岡屋、宮処、平井弓、埴原、大室、猪鹿、大野、萩倉、笠原、新治、高位、長倉、塩野、合十五牧、

①「式六十疋、元八十疋」は貢上数の記載である。信濃国勅旨諸牧の「式六十疋」という貢上数については延喜馬寮式年貢条に六〇疋とみえるから、この「式」が『延喜式』であることを意味している。②「官字」は③の諸牧で用いられる焼印の文字（印文）である。③にみえる牧名は一五日に駒牽を行う牧である。

まず①の貢上数の記載について考察を加えることからはじめたい。『新撰年中行事』では「式六十疋、元八十疋」とみえ、「式六十疋」と「元八十疋」を併記している。『政事要略』にも「諸牧六十、元八十」とある。[4]「式六十疋」は先に述べたように『延喜式』の貢上数であり、「元八十疋」という記載は『延喜式』より以前の「式」、つまり『弘仁式』・『貞観式』に規定された貢上数という可能性がある。

この「元八十疋」について考える上で興味深いのが【史料2】である。

【史料2】『政事要略』巻二三、年中行事、八月下、八月一五日牽信濃勅旨御馬事所引『西宮記』

……左右各取二若干疋一、（八十疋、廿疋、六十疋、十疋、五十疋、六疋、可二先取一也）之数、（若无二仰事一、猶可レ依二例員一）……

八月駒牽において馬寮に分給される馬数には、貢上される馬の総数によって違いがあった。例えば貢上された馬の総数が八〇疋であれば二〇疋が馬寮に分給される。同様に総数が六〇疋であれば一〇疋が、総数が五〇疋であれば六疋が馬寮に分給されることになっていた。

以上のことをふまえて【史料3】を検討したい。

【史料3】『日本三代実録』貞観九年（八六七）八月一五日条

天皇御二紫震殿一、閲二覧信濃国貢駒一、令下左右馬寮一択中取各廿疋上、賜二親王已下、参議已上及左右近衛中少将、左右馬寮頭助等各一疋一、例也、

清和天皇が紫震殿に出御して信濃国の勅旨牧から貢上された駒を閲覧し、その後左右馬寮に二〇疋を分給して、親王以下参議以上・左右近衛中少将・左右馬頭助以上に各馬一疋を賜った。注目したいのは馬寮に分給された馬数が二〇疋であった点である。馬寮に分給された二〇疋という数を【史料2】でみた貢上数と馬寮に分給された馬数との関係にあてはめると、馬寮に二〇疋の馬が分給される場合の貢上数の総数は八〇疋である。馬寮に二〇疋の御馬を支給したことから、貞観九年の信濃国勅旨諸牧の八月駒牽の総数は八〇疋であったと思われる。したがって「元八十疋」との記述は貞観九年にまで遡る貢上数と想定できる。

次にこの「元八十疋」が『弘仁式』・『貞観式』のいずれに規定された貢上数であったのかを検討する。『弘仁式』の編纂は桓武朝にはじめられたが、その後中絶して嵯峨朝に至って再開され、弘仁一一年（八二〇）四月二一日に撰進された。[5] だが『弘仁式』は完成したもののその内容に不備があり、その後も編纂作業は引き続き行われて、天長七年（八三〇）一一月一七日に施行された。『貞観式』は貞観五年（八六三）以前から編纂が開始され、

貞観一三年（八七一）八月二五日に撰進されて同年一〇月二二日に施行された。【史料3】の貞観九年は『貞観式』が施行される以前であるから、「元八十疋」という貢上数は『貞観式』の貢上数ではなく『弘仁式』に規定された貢上数であったと考えられる。

『新撰年中行事』には【史料1】以外にも「元〇疋」という記載が以下の史料にみえる。

【史料4】『新撰年中行事』下、八月

七日牽二甲斐国勅旨牧御馬一事、延式云、真衣野、相〔柏〕前両牧、卅疋、元五十疋、

【史料5】『新撰年中行事』下、八月

十七日牽二甲斐国穂坂御馬一事、式卅疋、年来廿疋、元卅疋、粟字、

【史料6】『新撰年中行事』下、八月

廿五日牽二武蔵立野御馬一事、式、諸牧卅疋、後加二十疋一、石川、小川、由比、官字、式、立野廿疋、元十五疋、今加二五疋一、繋飼十疋、毎年十月以前牽貢、路次之国不レ充二秣蒭牽夫一

【史料1】にみえる「元八十疋」は『弘仁式』の貢上数である可能性が高いが、注意しなければならないのが、「元〇疋」という記載が必ずしも『弘仁式』の貢上数であるとは限らないことである。【史料5】の穂坂牧は元は後院が領有する牧であったが、九世紀末から一〇世紀初めに勅旨牧に転入された牧であった。[6]【史料6】の立野牧も延喜九年（九〇九）一〇月一日に勅旨牧に転入された牧であった。したがって穂坂牧・立野牧は『弘仁式』段階では馬寮に属する勅旨牧ではなく、穂坂牧・立野牧にみられる「元〇疋」の貢上数は『弘仁式』の貢上数ではない。

それでは立野牧の「元十五疋」という記載は、どのような意味をもつのであろうか。立野牧が勅旨牧に転入される際に次の太政官符が下されている。

【史料7】『政事要略』巻二三、年中行事、八月下

太政官符武蔵国司

応下立野牧為二勅旨一并以二八月廿五日一定中入京期上事

右右大臣宣、奉レ勅、件牧宜下為二勅旨一、即蔭孫藤原道行充二其別当一、毎年令中労二飼十五疋御馬一、合期牽貢上者、

国宜二承知依レ宣行一レ之、符到奉行、

左中弁藤原朝臣　　左少史酒井勝

延喜九年十月一日

立野牧は延喜九年一〇月一日に勅旨牧に転入されることになり、それに伴い立野牧別当に蔭孫藤原道行が充てられた。八月二五日が入京期日とされて貢上数は一五疋と定められた。つまり立野牧にみられる「元十五疋」は勅旨牧に転入された当初の貢上数のことである。立野牧の「式、立野廿疋、元十五疋、今加二五疋一」という記載の意味は『延喜式』での貢上数は二〇疋であるが、元の貢上数は一五疋であり、後に五疋が加えられたと解せられる。穂坂牧の「元卅」も同様に穂坂牧が勅旨牧に編入された当初の貢上数を意味していると思われる。

【史料4】「七日牽二甲斐国勅旨御馬一事」の真衣野牧・柏前牧にみえる「元五十疋」には検討すべき余地がある[7]。【史料4】の「延式云、真衣野、柏前両牧卅疋」は、延喜馬寮式年貢条の貢上数のことであり、「元五十疋」は『延喜式』以前の「式」に規定された貢上数と考えられる。ただ真衣野牧・柏前牧の八月駒牽の初見記事は承平六年（九三六）であり[8]、『延喜式』以前の八月駒牽の様子を具体的にうかがえる史料はみあたらない。また真衣野牧・柏前牧の設置時期に関しても明らかではない。したがって「元五十疋」が『弘仁式』・『貞観式』のいずれの貢上数であるかは決めがたい。

甲斐国には『弘仁式』段階ですでに勅旨牧が置かれていたが、『弘仁式』段階で成立していた牧名は不明である。[9] 延喜馬寮式御牧条では、甲斐国には勅旨牧として真衣野牧・柏前牧・穂坂牧の三牧が置かれていたことがみえる。[10] 三牧のうち穂坂牧は九世紀末から一〇世紀初めに勅旨牧に編入された牧で、『弘仁式』が編纂された段階において勅旨牧ではないが、真衣野牧・柏前牧は『弘仁式』段階で勅旨牧として成立していた可能性がある。延喜馬寮式御牧条を詳細に検討された川尻秋生氏は、真衣野牧・柏前牧が『弘仁式』に規定されていた勅旨牧であったと指摘されている。[11] 以上のことから、真衣野牧・柏前牧は『弘仁式』が編纂された頃にはすでに成立していたと思われ、【史料4】の真衣野牧・柏前牧にみえる「元五十疋」は『弘仁式』に規定された貢上数であったと考えられる。

二　勅旨牧の焼印

養老廐牧令10駒犢条によると、公的牧で飼養される馬牛には「官」字の焼印が押されることになっていた。

【史料8】養老廐牧令10駒犢条

凡在レ牧駒犢、至二二歳一者、毎レ年九月、国司共二牧長一対、以二官字印一、印二左髀上一、犢印二右髀上一、並印訖、具録二毛色歯歳一、為二簿両通一、一通留レ国為レ案、一通附二朝集使一申二太政官一、

毎年九月に国司が牧に赴いて、牧長とともに二歳の駒犢に「官」字の焼印が押される場に立ち会うことになっていた。焼印を馬牛に押す目的はその馬牛の所有を示すことであり、延暦一五年（七九六）二月二五日太政官符からは、百姓までが焼印を用いていたことがしられる。[12]

『政事要略』には勅旨牧（御牧）[13]ごとの焼印の文字（印文）が記載されており、『政事要略』にみえる焼印をまとめたのが次の【表1】である。山口英男氏は『政事要略』にみえる焼印の大半が「官」であることから、勅旨牧（御牧）が従来から存在する令制本来の牧を御牧に転入させることによって設定され、「官」字以外の焼印をもつ勅旨牧は、新設か私的性格の強い既存牧（後院牧等）から転入されたものであったと考えられている。[14]このように『政事要略』にみえる焼印の記載は勅旨牧の成立過程を考える上で重要であるが、『政事要略』には小野牧の「抎」のように難解な部分がある。

『新撰年中行事』にも同様に焼印の文字（印文）の記載があり、まとめたのが【表2】である。【表1】と【表2】を比較すると、『政事要略』と『新撰年中行事』には以下の相違がみられる。

①秩父牧の焼印の文字を『政事要略』は「未」とするが『新撰年中行事』は「朱」とする。

②穂坂牧の焼印の文字を『政事要略』は「栗」とするが『新撰年中行事』は「粟」とする。

③小野牧の焼印の文字を『政事要略』は「抎」とするが『新撰年中行事』は「松」とする。

①の秩父牧をとりあげると、秩父牧ははじめ朱雀院が領有した牧であったが、承平三年（九三三）四月二日に勅旨牧に編入された。[15]『政事要略』では秩父牧の焼印は「未」とあり、その文字自体がもつ意味は判然としなかったが、『新撰年中行事』では秩父牧の焼印の文字を「朱」と記していたことから、磯貝正義氏は秩父牧の焼印の文字である「朱」は、秩父牧が勅旨牧に編入される以前に秩父牧を領した朱雀院の「朱」を用いたものであると指摘された。[16]

秩父牧の例から、勅旨牧の焼印の文字にはその牧が勅旨牧に転入される以前にその牧を領有した院の名称の一字が用いられていることや牧を領有する機関に変更があっても、そのまま使用され続けられたことなどが考えら

【表1】『政事要略』にみえる勅旨牧の印文

式　日	牧　名	印文
8月7日	甲斐国勅旨諸牧〔真衣野牧・柏前牧〕	一
8月13日	武蔵国秩父牧	未
8月15日	信濃国勅旨諸牧〔山鹿牧・塩原牧・岡屋牧・宮処牧・平井弖牧・埴原牧・大室牧・猪鹿牧・大野牧・萩乃倉牧・笠原牧・高位牧〕	官
8月17日	甲斐国穂坂牧	栗
8月20日	武蔵国小野牧	拡
8月23日	信濃国望月牧	牧
8月25日	武蔵国勅旨諸牧〔石川牧・小川牧・由比牧〕	官
	武蔵国立野牧	一
8月28日	上野国勅旨諸牧〔利刈牧・有馬嶋牧・治尾牧・拝志牧・久野牧・市代牧・大藍牧・塩山牧・新屋牧・小栗田牧・平沢牧〕	官
	上野国封有牧	春

【表2】『新撰年中行事』にみえる勅旨牧の印文

式　日	牧　名	印文
8月7日	甲斐国勅旨諸牧〔真衣野牧・柏前牧〕	一
8月13日	武蔵国秩父牧	朱
8月15日	信濃国勅旨諸牧〔山鹿牧・塩原牧・岡屋牧・宮処牧・平井弖牧・埴原牧・大室牧・猪鹿牧・大野牧・萩倉牧・笠原牧・新治牧・高位牧・長倉牧・塩野牧〕	官
8月17日	甲斐国穂坂牧	栗
8月20日	武蔵国小野牧	松
8月23日	信濃国望月牧	牧
8月25日	武蔵国勅旨諸牧〔石川牧・小川牧・由比牧〕	官
	武蔵国立野牧	一
8月28日	上野国勅旨諸牧〔利刈牧・有馬嶋牧・治尾牧・拝志牧・久野牧・市代牧・大藍牧・塩山牧・新屋牧〕	官
	上野国有封牧	春

れる。以上のことに対して平川南氏は、馬の焼印は本来は現在の所有を特定するために馬そのものに押すもので、馬の焼印は現在の所属（勅旨牧）に関わる文字が用いられると理解することが一般的ではないかと指摘された(17)。

平川氏が指摘されるように焼印の機能を所有を特定するものと考えると、現在の所属もしくは所有に関わる文字が用いられたとみなした方がよいが、『政事要略』・『新撰年中行事』の勅旨牧の八月駒牽の記事に「官」・「栗」

などの焼印の文字が記されていることに改めて注目したい。両書の八月駒牽の記事には主当寮・貢上数・焼印が記されており、焼印が主当寮・貢上数とともに併記されたのは、複数行われる八月駒牽のなかで当日に駒牽を行う勅旨牧の特徴の一つとしてとらえられたためと思われる。鎌倉時代の『国牛十図』には牛の特徴として体格とともに焼印が記されているように、所有を示すものであった焼印が牧の特徴もしくは馬の出身牧（産地）を示す機能をもちはじめたため、編入後も焼印は変更されずに用いられたものと考えられる。このことについては次章でもふれる。

さて、『新撰年中行事』において焼印に「官」字以外の文字を用いるものには、「朱」〔秩父牧〕・「栗」〔穂坂牧〕・「松」〔小野牧〕・「牧」〔望月牧〕・「春」〔有封牧〕がある。望月牧の「牧」字からは勅旨牧に転入される以前に望月牧を領した院を推測しがたいが、穂坂牧・小野牧・有封牧についてはそれぞれの焼印の文字から三牧を領した院を想定することができる。

武蔵国小野牧は承平元年（九三一）一一月七日に勅旨牧に転入され[18]、『新撰年中行事』によるとその焼印は「松」字である。「松」の字を院の名称にもつものとして松本院があげられる。

【史料9】『続日本後紀』天長一〇年（八三三）三月甲午（七日）条

天皇遷レ自二東宮一、権御二松本院一、遣三使解二関門警固一、

仁明天皇が東宮より遷御した院として松本院がみえる。小野牧は松本院が領有した牧であったと考えられ[19]、後に陽成上皇が領有するところになったようである。

【史料10】『日本紀略』延喜一七年（九一七）九月七日条

陽成院以二武蔵国小野牧卅疋一引進給、天皇御二仁寿殿一御覧之後、十八疋返二奉彼院一、

陽成上皇は小野牧の御馬三〇疋を醍醐天皇に奉進し、醍醐天皇が仁寿殿に出御して御覧じた後に一八疋の御馬を陽成上皇に返奉した。小野牧と陽成上皇とのつながりから、小野牧は勅旨牧に編入される以前には陽成上皇が領する牧であったと考えられている。[20]また『江談抄』第二、雑事に「陽成院、被レ飼二卅疋御馬一事」とあるほど、陽成上皇が多くの馬を有していたことがしられている。陽成上皇がそのように多くの馬を飼養することができた背景には、当時陽成上皇が所有していた冷然院領の諸牧の存在が考えられており、川尻秋生氏は小野牧も冷然院領の牧であったと指摘された。[21]以上のことを整理すると、小野牧ははじめ松本院が領有する牧であったが、後に松本院から離れて冷然院が領有することになり、承平元年に勅旨牧へ転入されたということになろう。

次に甲斐国穂坂牧についてみたい。

【史料11】『政事要略』巻二三、年中行事、八月下、八月一七日牽甲斐穂坂御馬事所引『西宮記』勘物

同（延喜）十年八月十七日、甲斐穂坂御馬卅疋牽進、而上卿不レ候、仍於二綾綺殿前一奉レ覧之後、為レ覧二走之遅速一、御二南殿一令レ馳、此日御馬三疋、被レ奉二仁和寺一、一疋給二東宮一

【史料12】『政事要略』巻二三、年中行事、八月下、八月一七日牽甲斐穂坂御馬事所引『西宮記』勘物

延喜〔長〕五年八月廿日、[22]天晴、貢二穂坂御馬卅疋一、即被レ奉二中六条院一、御覧了、又被二返奉一、大納言仲平着二長楽門外東掖床子座一、令レ取二御馬一、如レ例、東宮亮牽二分御馬一行二版路一

延喜一〇年（九一〇）八月一七日に穂坂牧の御馬三〇疋が牽かれてくると、御馬三疋を仁和寺に奉進している。当時、宇多上皇は仁和寺に居しており、宇多上皇のもとに穂坂牧の御馬が奉進された。

延長五年（九二七）八月二〇日に穂坂牧の御馬はまず中六条院に奉じられ、当時中六条院に居す宇多上皇が御馬を御覧になった後に醍醐天皇に御馬が返されて、その後に引分が行われている。【史料11】・【史料12】からは

穂坂牧と宇多上皇との間の密接なつながりが確認でき、穂坂牧は勅旨牧に編入される以前には宇多上皇が領した牧であったと考えられている。[23]

『政事要略』の穂坂牧の焼印は「栗」とし、「栗」は穂坂牧が所在したとする甲斐国巨麻郡栗田郷を指すとされている。[24]一方『新撰年中行事』の穂坂牧の焼印の文字は「粟」であり、朱雀院と秩父牧との関係をもとに「粟」字を用いる院を求めると「粟田院」がある。[25]

【史料13】『扶桑略記』元慶三年（八七九）五月四日条

> 太上天皇遷レ自二清和院一、御二粟田院一、即是右大臣藤原朝臣基経之山荘、在二鴨水東一也、太上天皇留二心於空寂之門一、到二屣於清閑之境一、出二彼桂殿一、入二此松庭一、

【史料14】『日本三代実録』元慶五年（八八一）三月一三日条

> 勅曰、山城国愛宕郡粟田院、元是太政大臣藤原朝臣之山庄也、太上天皇趣二其清閑一、蹔駐二仙蹕一、遂於二此地一、出家落飾、仍為二道場一、額曰二円覚寺一、……

粟田院は元々藤原基経が鴨川の東に有していた山荘であった。この山荘に修造が加えられて院となり、清和上皇が清和院より粟田院に遷屣した。清和上皇は同月八日に粟田院において落飾入道し、そして粟田院は道場となり、円覚寺と号するようになった。その後に清和上皇は元慶四年（八八〇）一二月四日に円覚寺において崩御した。穂坂牧は牧として成立した当初は粟田院領の牧であったが、粟田院が円覚寺に転じるなどの変化を経た後に宇多上皇に領されることになったと考えられる。[26]

以上「松」・「粟」の焼印の文字から、勅旨牧に編入される以前にこれらの牧を領有していた院について検討してきたが、「春」字についてはやや複雑な問題があるので節を改めて検討したい。

三　有封牧の焼印「春」字と春日院

『新撰年中行事』の記載では上野国有封牧(27)の焼印の文字が「春」字であったとしられるが、『政事要略』の記載をもとにした従来の研究では、「春」字を焼印の記載とはみなしていない。まず当該部分の『政事要略』を引用しよう。

【史料15】『政事要略』巻二三、年中行事、八月下(28)

廿八日上野勅旨御馬事、殿上侍臣并小舎人隔年給レ之、延喜七八年例、頻年給レ之、小舎人不レ拝、左、小舎人、官字、諸牧五十、利刈、有馬嶋、治尾、拝志、久野、市代、大藍、塩山、新屋、封有春字、小栗田、平沢、已上十四牧、櫪卅、繋廿、

従来の研究では「封有」の下に書かれた細字の「春字」を「はるな」とよんで一つの牧として、榛名山麓地域に置かれた牧と推定されている。そのように考えられたのは「已上十四牧」という記述によるところが大きいように思われる。『政事要略』には『延喜式』にみえる九牧以外に「封有春字、小栗田、平沢」を載せて最後に「已上十四牧」と記述する。ところが実際には『政事要略』は一二牧しか載せておらず、一四の牧名をあげていないのである。不足を補うために「封有」の細字である「春字」を「春字牧」としてみても一三牧であり、結果的には一四牧には届かない。したがって「春字」を「はるな」とよんで一つの牧とする説は説得力に欠ける(29)。次に当該部分の『新撰年中行事』を引用しよう。

【史料16】『新撰年中行事』下、八月

廿八日牽二上野勅旨御馬一事、式卅疋、五十疋、繋飼廿疋、件繋飼解文、上覧之後、外記返給、且給二主当右馬寮一令レ取不レ奏レ之、

利刈、有馬嶋、治尾、拝志、久野、市代、大藍、塩山、新屋等也、但有封牧以二春字一云々、

『新撰年中行事』には『延喜式』にみえる利刈牧から新屋牧までの九牧を列挙した後に、「但有封牧、以㆓春字㆒云々」とある。その意味は有封牧の焼印のみが「春」字であり、有封牧の焼印が他牧の焼印と異なっているということであろう。有封牧以外の焼印については『新撰年中行事』にみえないが、【史料15】には「官字」とあり、有封牧以外の牧の焼印は「官」であったと想定される。したがって『政事要略』の「封有」の下の細字で書かれた「春字」は有封牧の焼印の文字について記されたものであり、その意味は他の諸牧の焼印の文字が「官」であるのに対して有封牧のみが「官」字ではなく、「春」字の焼印であったことを示していると考えられる。

以上の考察によって、「春」字が有封牧の焼印に関する記載であることが確かめられた。次に「春」の字を名称に用いる院などについて考えると、まず春宮坊があげられる。しかし春宮坊もしくは皇太子が用いる御馬を飼養する主馬署が、牧を有していたことを示す史料はみあたらない。皇太子の御馬の調達方法については『令集解』東宮職員令11主馬署条所引朱記に「乗馬者此亦大司馬分受、常此司飼養耳者」とあり、大司馬つまり馬寮から御馬を支給されるものであったという。もし春宮坊あるいは主馬署が独自の牧を保有していたならば、主馬署が馬寮から御馬を支給される必要はないように思われる。したがって有封牧が春宮坊の領有する牧であったとは考えにくい。

次に「春」の字を名称に用いた院として光仁天皇皇女酒人内親王の「春日院」があげられる。

【史料17】『性霊集』巻四

為㆓酒人内公主㆒遺言　一首

吾告㆓式部卿、大蔵卿、安勅三箇親王㆒也、……猶子之義礼家所㆑貴、所以、取㆓三箇親王㆒以為㆓男女㆒、慎㆑終之道一任㆓三子㆒、……追福之斎存日修了、若事不㆑得㆑已者、於㆓春日院㆒転㆓七七経㆒周忌則東大寺、所有田宅

林牧等類、班二充三箇親王、及眷養僧仁主一、自外随レ労分二給家司僕孀等一而已、亡姑告、

弘仁十四年正月廿日

【史料17】は酒人内親王が空海に依頼して作成した遺言状であり、酒人内親王は七七の経を春日院において転じ、周忌を東大寺にて行うようにと三親王に託している。[30] 酒人内親王は父を光仁天皇（白壁王）、母を井上内親王にもつ人物である（【系図】参照）。母の井上内親王は聖武天皇第一皇女であり、養老五年（七二一）九月乙卯（一一日）に斎王に卜定されて神亀四年（七二七）九月壬申（三日）に伊勢へ下向した。斎王退下後に井上内親王は白壁王（光仁天皇）に嫁いで、他戸親王・酒人内親王をもうけた。[31] 宝亀元年（七七〇）一〇月己丑朔に夫の白壁王が即位すると、井上内親王も一一月甲子（六日）に立后された。しかし宝亀三年（七七二）三月癸未（二日）に巫蠱に坐して廃后され、宝亀六年（七七五）四月己丑（二七日）に他戸親王とともに卒去した。

井上内親王の娘である酒人内親王は宝亀三年一一月己丑（一三日）に斎王に卜定され、宝亀五年九月己亥（三日）に伊勢へ下向した。酒人内親王は斎王を退下した後に異母兄である桓武天皇の妃となり、朝原内親王をもうけている。

酒人内親王が周忌を行う場として選んだ東大寺は祖父の聖武天皇の御願によって建立された寺であり、酒人内親王と東大寺の間にはその血縁によった深い関わりがあったことがしられる。酒人内親王は弘仁九年（八一八）三月庚戌（二七日）に、弘仁八年四月甲寅（二五日）に薨去した娘の朝原内親王が所有した経典・所領・装束などを朝原内親王の遺訣にしたがって東大寺に施入している。[32] また酒人内親王の薨伝に「常於二東大寺一、行二万燈之会一、以為二身後之資一、緇徒普之」とあり、[33] 酒人内親王が東大寺において万燈会を行っていたことがしられる。

以上のように酒人内親王と東大寺との間には深いつながりがみられ、酒人内親王が「周忌則東大寺」と述べた

のには、酒人内親王が東大寺を建立した聖武天皇につらなる人物であったことやその血縁によった生前の酒人内親王と東大寺との関わりにもとづいているといえよう。

　次に七七の経を講じる場とされた「春日院」について考えていきたい。この「春日院」については、日本古典文学大系『三教指帰・性霊集』の頭注に「興福寺（今の奈良市登大路町）。南都七大寺の一。法相宗の本山」と説明されているが[34]、春日院を興福寺とすることについては疑問が残る。興福寺と酒人内親王との間には、酒人内親王と東大寺の間にみえたようなつながりは確認できないのである。酒人内親王が死後の法要を行う場所にゆかりの薄い興福寺を選択したとは想像しがたい[35]。したがって『性霊集』にみえる「春日院」は興福寺のことではなく、酒人内親王が所有する院であったのではないだろうか。

　春日院が酒人内親王の所有する院であったと推定することと関連して、春日離宮や東大寺所領の春日庄との関わりについて触れておきたい[36]。

　古代の春日の地は天皇家と強いつながりを有する土地であり、春日には春日離宮・高円離宮・施基親王の春日宮・長屋王の春日宮などの宮が営まれた[37]。春日離宮の存在は和銅元年（七〇八）九月乙酉

【系図】

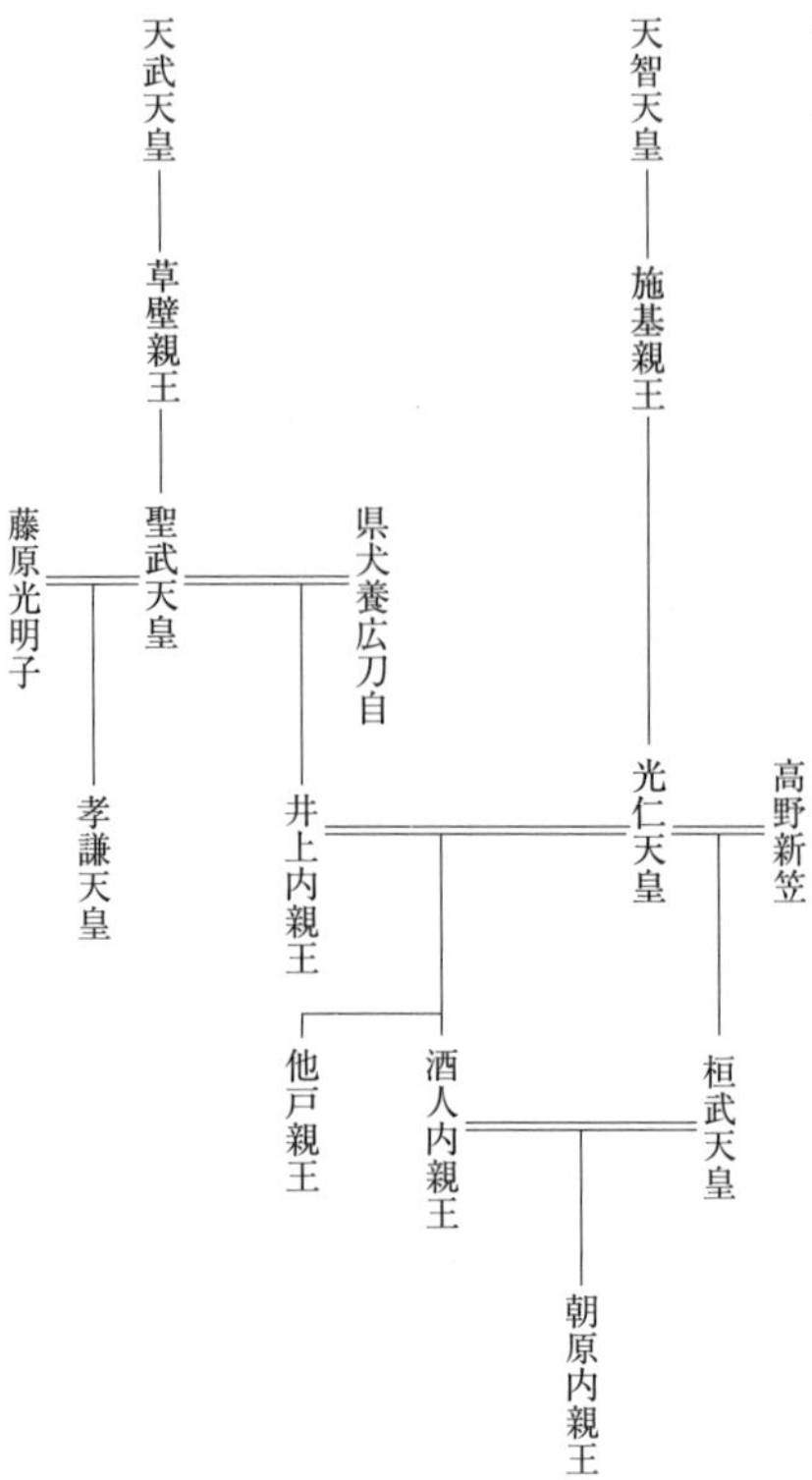

（二七日）に元明天皇が当宮に行幸したことからしられる。また藤原宮跡・平城宮跡から出土した木簡[38]や天平勝宝二年（七五〇）二月二四日「官奴司解[39]」からは、春日村に居住した奴婢が確認される。これらの奴婢は春日村に居住し、春日離宮をはじめとして藤原宮・平城宮に出仕したと考えられている[40]。

春日庄は天平勝宝八歳（七五六）に東大寺に勅施入されて成立した庄園である[41]。当地が東大寺に施入された目的は、天平勝宝八歳五月二日に崩御した聖武太上天皇の菩提をとむらうためであり、正暦二年（九九一）三月一二日「大和国使牒」によると、当庄は聖武天皇の国忌御斎会の料田に充てられていた[42]。

さらに、春日庄については次のような記述がある。

【史料18】寛弘九年（一〇一二）八月二七日「東大寺所司等解[43]」

……抑件庄者、聖霊御宇之時別宮也、……

春日庄は聖霊、つまり聖武天皇の時の別宮が置かれていた地であるというのである。この別宮の名称については不明であるが、別宮が置かれていた土地が東大寺に施入されて春日庄となったことから、この別宮は春日離宮のことと考えられている。ただ聖武天皇と春日離宮とのつながりを示す史料は残されていないが、『万葉集』にみえる聖武天皇とゆかりの深い高円離宮が春日離宮と同一の宮と考えられており[44]、この別宮は春日離宮（高円離宮）のことと考えて差し支えないようである。

以上をまとめると、春日離宮は和銅二年（七〇九）以前に成立し、元明天皇・聖武天皇などが当宮に行幸した。天平勝宝八歳五月二日に聖武太上天皇が崩御すると、その冥福を祈って春日離宮や離宮に附属する周辺の土地が東大寺に施入されて、春日庄となったということになろう。

次の【史料19】の内容も春日庄の成立を考える上で興味深い。

【史料19】延暦八年（七八九）六月一五日「勅旨所牒」(45)

勅旨所牒東大寺三綱

地壱町参段在二春日酒殿東院一、天平勝宝八歳図所載、

牒、被二内侍司典侍従四位上和気朝臣宣一偁、依二件図所レ載之数一、施二入東大寺一、三綱承知、依レ宣勘受、便可二牒報一、今、以レ状牒、々至准レ状、故牒、

延暦八年六月十五日　……（以下、署所略す）

勅旨所牒によれば、「天平勝宝八歳図」に載せるところの数によって地一町三段を東大寺に施入したという。角田文衛氏は右にみえる「天平勝宝八歳図」を「東大寺山堺四至図」であるとし、「春日酒殿東院」を春日神社の神地の東隣の境域（空閑地）と解されている(46)。つまり東院を空閑地とされて、建物群とみなされていない。一方で吉川真司氏は「天平勝宝八歳図」を大治五年（一一三〇）三月一三日「東大寺諸荘文書并絵図等目録」にみえる文図のこととされ、「春日酒殿」を春日離宮の施設とみなされている(47)。吉川氏が指摘されたように「春日酒殿」は春日離宮の施設のことであるように思われる。

【史料19】などによって春日離宮やその周辺の土地のすべてが東大寺に施入されたと思われてきたが、【史料19】からは延暦八年に至ってもなお一町三段の土地が東大寺に施入されずに天皇家の私領として残されていた現状がしられる。したがって天平勝宝八歳に春日離宮全体が東大寺に施入されたと必ずしも考える必要はなく、春日離宮や離宮に附属する土地の一部は東大寺に施入されずに残されていたとみなすことができよう。

そこで考えてみたいのが、酒人内親王の春日院と春日離宮との関わりである。酒人内親王の春日院はこの春日離宮の一部や施基親王の春日宮を伝領したものであったのではないだろうか。酒人内親王は春日離宮（高円離

宮）と深いつながりを有する聖武天皇の孫であり、また春日宮天皇と称された施基親王の孫にもあたる。二人の祖父はいずれも春日の地に宮を有した人物であり、酒人内親王が春日院を所有するに至った背景には、二人の祖父が有した春日の宮の存在を考慮に入れた方がよいように思われる(48)。

【史料17】に話を戻したい。『性霊集』の最後の部分に注意すべき記述がみられる。酒人内親王が自らの死後の所領処分について述べた部分に牧があげられており、酒人内親王家が牧を有していたことが確認される。以上のことをあわせて考えると、「春」字を焼印に用いる有封牧はかつては酒人内親王家の「春日院」に所属する牧であったと想定されよう。有封牧の焼印の「春」字は「春日院」の「春」字を用いたものであったと考えられる。また酒人内親王の春日院は施基親王の春日宮や聖武天皇の春日離宮を伝領して成立した可能性があることから、有封牧は春日宮や春日離宮が領有した牧であったという推定も成立する余地があるように思われる。

おわりに

以上、『新撰年中行事』にみえる記載について検討を加えてきた。本章で述べたことをまとめると、次のようになる。

①『新撰年中行事』には御馬の貢上数について「○疋、元○疋」という記載が四か所ある。「○疋」は『延喜式』の貢上数であることから、「元○疋」はそれ以前の式に規定された貢上数である可能性がある。八月七日の牽甲斐国勅旨牧御馬事にみえる「元五十疋」・十五日の牽信濃勅旨諸牧御馬事の「元八十疋」は、『弘仁式』の貢上数であると思われる。穂坂牧・立野牧にもそれぞれ「元卅疋」・「元十五疋」とあるが、これらの

記載は両牧が勅旨牧に編入された当初の貢上数であったと考えられる。

②『新撰年中行事』にみられる焼印には、「官」字と官字印以外の「朱」（秩父牧）・「牧」（望月牧）・「粟」（穂坂牧）・「松」（小野牧）・「春」（有封牧）などがある。秩父牧の例から、焼印の文字には馬寮の勅旨牧に編入される以前にその牧を所有していた院の名称の一字を用いた可能性が考えられる。穂坂牧の焼印の「粟」字から穂坂牧は粟田院が領有した牧であったと思われ、焼印に「松」の字を用いられた小野牧は、はじめ松本院が領する牧であったと想定される。

③「春字」について『政事要略』をもとにした従来の研究では焼印の文字とはみなさず、「はるな」とよんで榛名山麓に置かれた牧名の記述と考えられてきた。しかし『新撰年中行事』の記載からそのように考えることが妥当ではなく、「春」字が有封牧の焼印の記載であることが明らかになった。「春」字の焼印を用いる有封牧は、酒人内親王の春日院領の牧であったと思われる。酒人内親王の春日院は施基親王の春日宮や聖武天皇の春日離宮との関わりが想定され、有封牧は春日宮や春日離宮が領有する牧であったという可能性が考えられる。

本章では新出史料の『新撰年中行事』の八月駒牽記事を用いて、貢上数・焼印について検討を加えた。焼印については、秩父牧の焼印をもとに焼印の文字から馬寮の勅旨牧に編入される以前にその牧を領有した機関の名称の文字が用いられているとの想定のもと、穂坂牧と有封牧などを検討した。ただ望月牧（焼印：牧）のように必ずしもそのように解せないものも存在し、その一字によっては他の解釈も可能のように思われる。したがって本章で述べたことは断案ではなく、今後は考古学での焼印研究の成果や『政事要略』などの写本も加えて、より研究を進めたいと思う。

註

（1）『政事要略』にみえる焼印については、西岡虎之助「武士階級結成の一要因として観たる『牧』の発展」（『史学雑誌』四〇—二・三・五・七・八、一九二五年。のち「武士階級結成の一要因としての『牧』の発展」と改題して『荘園史の研究』上、岩波書店、一九五三年に再録）、山口英男「八・九世紀の牧について」（『史学雑誌』九五—一、一九八六年）、大日方克己「駒牽の基礎的考察」（『古代史研究』六、一九八七年。のち「八月駒牽—古代国家と貢馬の儀礼—」と改題して『古代国家と年中行事』、吉川弘文館、一九九三年に再録）、川尻秋生Ⓐ「院と東国—院牧を中心にして—」（千葉歴史学会編『古代国家と東国社会』、高科書店、一九九四年。のち『古代東国史の基礎的研究』、塙書房、二〇〇三年に再録）、川尻秋生Ⓑ「御牧制の成立—貞観馬寮式御牧条の検討を中心として—」（『山梨県史研究』七、一九九九年。のち『古代東国史の基礎的研究』、塙書房、二〇〇三年に再録）などがある。また発掘調査に伴い出土した焼印についてまとめられた研究に、高島英之「古代の焼印についての覚書」（『古代史研究』一一、一九九二年。のち「古代の焼印」と改題して『古代出土文字資料の研究』、東京堂出版、二〇〇〇年に再録）がある。

（2）『政事要略』の写本については、押部佳周「政事要略の写本に関する基礎的考察」（『広島大学学校教育学部紀要』二—五、一九八二年）を参照した。

（3）西本昌弘「東山御文庫所蔵の二冊本『年中行事』について—伝存していた藤原行成の『新撰年中行事』—」（『史学雑誌』一〇七—二、一九九八年。のち『新撰年中行事』、八木書店、二〇一〇年に再録）。

（4）『政事要略』巻二三、年中行事、八月下。

十五日牽二信濃勅旨御馬一事、□（此中有二十五牧一、左、官字、諸牧六十、元八十、）

山鹿、塩原、岡屋、宮処、平井弓、埴原、大室、猪鹿、大野、萩乃倉、笠原、高位、

（5）『弘仁式』・『貞観式』の撰進・施行などについては、虎尾俊哉『延喜式』（吉川弘文館、一九六九年）、鎌田元一「弘仁格式の撰進と施行について」（大阪歴史学会編『古代国家の形成と展開』、吉川弘文館、一九七六年。のち『律令国家史の研究』、塙書房、二〇〇八年に再録）、川尻秋生「『弘仁格抄』の特質」（皆川完一・山本信吉編『国史大系書目解題』下、吉川弘文館、二

〇〇一年。のち『日本古代の格と資財帳』、吉川弘文館、二〇〇三年に再録）などを参照した。

（6）川尻秋生註（1）Ⓐ論文三九二・三九三頁。また、大日方克己氏は穂坂牧が勅旨牧に編入された時期を延喜四年から同一〇年頃とされている（大日方克己註（1）論文一四〇頁）。

（7）『政事要略』巻二二、年中行事、八月上に「七日牽二甲斐勅旨御馬一事、（真衣野、日枚也、柏前、左主当）」とあるが、『政事要略』には『新撰年中行事』にみられる「元五十疋」の記載がみられない。前田育徳会尊経閣文庫所蔵『西宮記』大永本、巻三、八月、駒牽事、勘物には「七日甲斐国真衣野拍〔柏〕前、卅疋、（元五十、左主当）」とあり、『新撰年中行事』と同様に「元五十」を載せる。

（8）『本朝世紀』天慶元年八月七日条に「天慶元年八月七日、辛巳、天晴、……是日、甲斐国真衣野、柏前両牧御馬廿疋牽進、……于レ時、左馬寮申云、件牧御馬、去承平六年牽進、……」とあり、承平六年に真衣野牧、柏前牧の八月駒牽が行われたことがみえる。『樗嚢抄』駒引、人々不参に「承平元八七八、（甲斐、監牧不レ参、付二右兵志之貫一、無レ例事也）」とあり、式日や甲斐国からの八月駒牽であることを考慮すると、真衣野牧・柏前牧の八月駒牽であると思われるが、本章では真衣野牧・柏前牧の八月駒牽であると明記した『本朝世紀』の記載を初見記事とした。

（9）弘仁主税式。

（10）延喜馬寮式御牧条。

（11）川尻秋生註（1）Ⓑ論文三六九頁。

（12）『類聚三代格』巻一七、文書并印事延暦一五年二月二五日太政官符。

（13）左右馬寮の所管牧は『延喜式』では「御牧」とされ、『西宮記』・『政事要略』などでは「勅旨牧」とされている。以上のように史料によっては御牧とも勅旨牧とも記載されているが、御牧と勅旨牧は同一のものであり、本章では「勅旨牧」を用いた。

（14）山口英男註（1）論文二七～三一頁。

（15）『政事要略』巻二三、年中行事、八月下、八月一三日武蔵秩父御馬事。秩父牧については土田直鎮「平安中期の武蔵国司」（府中市編『府中市史史料集』一三、府中市、一九六六年。のち『古代の武蔵を読む』、吉川弘文館、一九九四年に再録）一五八～一六〇頁、大日方克己註（1）論文一四六・一四七頁、川尻秋生註（1）Ⓐ論文三八四～三九一頁などが言及している。

(16) 磯貝正義「総説」(山梨県編『山梨県史』資料編三、山梨県、二〇〇一年) 二五頁。また、『山梨県史』資料編三には「駒牽関係史料」(山口英男氏編) が収められており、『新撰年中行事』の記事も収録されている。
(17) 平川南「古代社会と馬─東国国府と栗原郷、「馬道」集団─」(鈴木靖民編『日本古代の王権と東アジア』、吉川弘文館、二〇一二年。のち『律令国郡里制の実像』下、吉川弘文館、二〇一四年に再録) 三六二頁。
(18) 『政事要略』巻二三、年中行事、八月下、八月廿八日武蔵小野御馬事。
(19) 松本院以外にも、「松」の字を院の名称にもつものとして松院がある。『日本三代実録』貞観一六年四月一九日条に「丑刻、淳和院失㆑火、……是夜淳和太皇太后御㆓素車㆒出㆑宮、避㆓火於松院㆒在㆓院西南㆒」とあり、淳和院の火災に際して淳和太皇太后正子内親王が淳和院の西南にあった松院に避難している。本条からは松院が淳和院内にあったことがしられ、淳和院内にある松院が独自に牧を保有したとは考えにくい。
(20) 大日方克己註(1)論文一四七頁、川尻秋生註(1)Ⓐ論文三八七～三八九頁。
(21) 川尻秋生註(1)Ⓐ論文三八九頁。
(22) 川尻秋生註(1)Ⓐ論文四一六頁註(37)。
(23) 大日方克己註(1)論文一四八頁。川尻秋生註(1)Ⓐ論文三九二・三九三頁。
(24) 近年韮崎市藤井町の宮ノ前遺跡から奈良・平安時代の大集落跡が発見され、原正人氏は穂坂町を中心とした一帯を穂坂牧に、宮ノ前遺跡の所在する藤井平一帯を牧経営集団の拠点集落・放牧施設に比定された。原氏は穂坂牧の牧馬には「栗」の焼印を押すと定められていることから、藤井平一帯が栗原郷で穂坂牧の実質的な運営も栗原郷の住人によって担われていたとする説を紹介し、『大日本地名辞書』の穂坂・韮崎説の再検討の必要性を論じられた (原正人「郡郷の成立」山梨県編『山梨県史』通史編一、山梨県、五五六～五五八頁)。
穂坂牧の印文を「栗」とするのは、浅野啓介氏が指摘されるように穂坂牧の所在地に栗原郷をあてることと関わっている (浅野啓介「書評　平川南著『律令国家郡里制の実像』上・下」『古代文化』六六─四、二〇一五年、六四四頁)。現時点において穂坂牧の所在地は栗原郷に確定しておらず、印文を「栗」とする場合には穂坂牧が勅旨牧に転入されるまでのことを考える

必要がある。

(25)『拾芥抄』下、諸寺部に「円覚寺、北白河」とみえ、円覚寺つまり粟田院は北白河にあったという。粟田院の所在地などについては、角田文衛氏が粟田寺を検討される過程で考証されている（角田文衛「北白川廃寺の諸問題」橿原考古学研究所編『日本古文化論攷』、吉川弘文館、一九七〇年。のち『王朝の残映』、東京堂出版、一九九二年に再録）。

(26)本章では『新撰年中行事』の記述から甲斐国穂坂牧の焼印を「粟」とし、「粟」字から穂坂牧がかつて藤原基経が領有した牧であった可能性を指摘したが、鷹野広明氏が粟田院と甲斐国・壬生氏との関わりを具体的に考察されている（鷹野広明「穂坂牧の「焼印」に関する一考察」『山梨県考古学協会誌』一九、二〇一〇年）。

(27)『政事要略』では「封有」とするが、本章では『新撰年中行事』にみえる「有封」とした。

(28)「沼尾」については国史大系本『政事要略』の頭注に「沼、原作治、拠延喜式改」とある。国史大系本延喜左右馬寮式御牧条に「沼尾」とあることから『政事要略』では「治」を「沼」に改めたという。しかし良質な写本とされる土御門本『延喜式』には、「治尾」として「ハリオ」とふりがなをふっている（館蔵史料編集会編『国立歴史民俗博物館蔵貴重典籍叢書』歴史編第十八巻（延喜式七）、一四三頁）。『新撰年中行事』も「治尾」とする。以上のことから「沼尾」ではなく「治尾」が正しいと思われ、本章では「治」とした。土御門本『延喜式』の評価については田島公氏の研究を参照した（田島公「土御門本『延喜式』覚書」門脇禎二編『日本古代国家の展開』下、思文閣出版、一九九五年）。

(29)前沢和之「上野国の馬と牧」（群馬県史編さん委員会編『群馬県史』通史編二、群馬県、一九九一年）五九六・五九七頁、高島英之「古代上野国の牧」（山梨県考古学協会編『古代の牧と考古学』、二〇〇一年）九九頁。

(30)三親王のうち、当時式部卿・大蔵卿の任にあった親王については『日本後紀』の逸失によって明らかにし難いが、『性霊集便蒙』が引用する「歴代集」によれば式部卿は佐味親王のことであり、大蔵卿は万多親王のことである。

(31)『一代要記』・『本朝皇胤紹運録』などは他戸親王を井上内親王の養子とし、塚野重雄氏は他戸親王の母を県犬養勇耳と推測されている（塚野重雄「井上内親王の子」『古代文化』二八―一一、一九七六年）。

(32)『平安遺文』四五号。

(33)『東大寺要録』巻一〇、雑事章之余所引『日本後紀』天長六年八月丁卯条。

(34) 日本古典文学大系『三教指帰・性霊集』(岩波書店、一九七七年) 二五六頁註(18)。『大和名所図会』興福寺条によると、近世では興福寺は春日寺とも呼ばれていた(竹内亮「春日寺」大和を歩く会編『古代中世史の探究』、法蔵館、二〇〇七年。のち『日本古代の寺院と社会』、塙書房、二〇一六年に再録、一六一頁)。

(35) 堀池春峰氏は四十九日の仏事を春日院で祈修するようにとの遺言を空海に作らせていたことから、酒人内親王が春日斎宮で潔斎した若き頃を追想して没後の祈修を託したとされた。また春日院と元興寺僧延祥が護命の『涅槃経』を講じるのを聴聞した春日寺が同一のものであると指摘される(堀池春峰「平城京東山中の寺社」奈良公園史編纂委員会編『奈良公園史』、奈良県、一九八二年。のち『南都仏教史の研究』遺芳篇、法蔵館、二〇〇四年、二一四〜二一六頁)。竹内亮氏も春日院を春日寺とし「寺」ではなく「院」と表記されたことについて、「寺」字の繰り返しを避けるために春日の「院」、東大の「寺」という対句的な用字が用いられた可能性を指摘されている(竹内亮註(34)論文一五四頁)。

(36) 春日離宮・春日庄などについては、永島福太郎「春日国・春日郷・春日庄」(『大和文化研究』五―一一、一九六〇年)、赤松俊秀「東大寺領大和国春日荘について」(『仏教史学』一一―二、一九六三年。のち『古代中世社会経済史研究』、平楽寺書店、一九七三年に再録)、堀池春峰「春日離宮」(田山方南先生華甲記念会『田山方南先生華甲記念論文集』、一九六三年。のち『南都仏教史の研究』諸寺篇、法蔵館、一九八二年に再録)、石上英一「官奴婢について」(『史学雑誌』八〇―一〇、一九七一年)、丸山幸彦「天平勝宝八年六月勅施入庄・所群の性格と機能」(『古代東大寺庄園の研究』、渓水社、二〇〇一年)などの研究がある。

(37) 天智天皇第七皇子の施基親王は宝亀元年一一月甲子条に追尊されて「春日宮天皇」と称されたことや、延喜諸陵式陵墓条に「春日宮御宇天皇」とみえることから、春日宮に居していたと考えられる。『万葉集』に収録される施基親王が薨去した際の挽歌(巻二、二三〇〜二三四番歌)には高円山や御笠山が詠み込まれており、施基親王の春日宮がこの付近にあったと推測される。また長屋王家木簡からは、長屋王も春日の地に宮を所有していたことがしられる(奈良文化財研究所『平城京木簡』二、解説、木簡番号二四二六、二〇〇一年)。

(38) 奈良県教育委員会『藤原宮』、釈文木簡一一三（一九六九年）、奈良国立文化財研究所『藤原宮』二、解説、木簡番号七八七（一九八〇年）、奈良国立文化財研究所『平城宮』一、解説、木簡番号一七〇（一九六九年）。

(39)『大日本古文書』（編年）三―三五九～三七四頁。

(40) 春日村に居住した奴婢については、神野清一Ⓐ「日本古代奴婢論―その編成と労働形態を中心に―」（『古代学』一六―一、一九六九年。のち「官奴婢の存在と職掌」と改題して『日本古代奴婢の研究』、名古屋大学出版会、一九九三年に再録）、神野清一Ⓑ「官奴婢制成立」（『律令国家と賤民』、吉川弘文館、一九八六年）、石上英一註(36)論文、鬼頭清明「藤原宮跡出土の奴婢関係木簡について」（『木簡研究』一、一九七九年。のち「藤原宮の奴婢木簡について」と改題して『古代木簡の基礎的研究』、塙書房、一九九三年に再録）などを参照。

(41) 正暦二年三月一二日「大和国使牒」に「謹検㆓旧記㆒件庄本願聖霊天平勝宝八年十二月十二日勅施入也」とみえることから、春日庄は天平勝宝八歳一二月一二日に東大寺に勅施入されたと考えられてきたが、丸山幸彦氏は大治五年三月一三日「東大寺諸荘文書并絵図等目録」（『平安遺文』二一五六号）にみえる「一通文図載㆓春日、清澄、飛驒、猪名、水成瀬㆒天平勝宝八歳十二月十三日」との記載から、「大和国使牒」にみえる天平勝宝八歳一二月一二日は文図が作成された年月日であり、春日庄が東大寺に施入されたのは他の庄・所などが施入された天平勝宝八歳六月頃と推測されている（丸山幸彦註(36)論文一六三頁）。

(42)『平安遺文』三四七号。

(43)『平安遺文』四六八号。

(44) 春日野は高円野とも呼ばれた丘陵地であり、当時の貴族の遊行地であった。聖武天皇は神亀四年正月に春日野において打毬を催し（『万葉集』巻六、九四八・九四九番歌）、天平八年（七三六）には高円野にて遊狩を行っている（『万葉集』巻六、一〇二八番歌）。そして聖武天皇崩御後には「依㆑興各思㆓高円離宮処㆒作歌五首」として、天平宝字二年に大伴家持や大中臣清麻呂らが聖武天皇の遺徳を詠んだ歌のなかに高円離宮がみえる（『万葉集』巻二〇、四五〇六～四五一〇番歌）。高円離宮は聖武天皇を偲ぶよすがとなるほど、聖武天皇と深いつながりを有する離宮であったと考えられる。高円離宮と春日離宮が同一の宮であったことを積極的に示す史料はみあたらないが、春日野が高円野と呼ばれたことから同じ地域に二つの宮を別個に置いたとは考

えにくく、春日離宮と高円離宮は同一の宮であったとみなされている。
(45)『平安遺文』四八九七号。
(46)角田文衛「勅旨省と勅旨所」(『古代学』一〇―二・三・四、一九六二年。のち『律令国家の展開』、塙書房、一九六五年に再録)三六六・三六七頁。
(47)吉川真司「東大寺山堺四至図」(金田章裕・石上英一・鎌田元一・栄原永遠男編『日本古代荘園図』、東京大学出版会、一九九六年)五七八頁註(13)。
(48)酒人内親王自身も春日の地と深いつながりを有していた。酒人内親王は斎王に卜定された後に伊勢へ下向するまでの約二年間を「春日斎宮」にて過ごしている。「春日斎宮」は潔斎するための場であり、またそれに伴う祭祀が執り行われたと考えられる。吉川氏は春日離宮において祭祀が執り行われた可能性を指摘されており、祭祀を執り行える点については春日離宮と春日斎宮は共通しており、春日離宮と春日斎宮との関わりも想定できるように思われる。

第二章　古代日本と唐の焼印制度

はじめに

古代以来日本では雑畜の所有や識別のために、文字や文様などを象った金属製の印（焼印・烙印・馬印）を熱して雑畜に押しあて、焼き痕をつける方法が用いられてきた。古代の焼印研究は主に文献史学から行われて、勅旨牧の成立過程を論じる上で『政事要略』の印文（焼印の文字）を検討したが[1]、焼印制度自体の研究は行われるに至っていない。近年では遺跡から出土した焼印をもとに考古学からの焼印研究が大きく進展している[2]。

日本は諸制度を唐より学んだが、焼印制度もその一つである。これまで唐の焼印制度はそれほど詳細に検討されることはなかったが、近年発見・公開された北宋天聖令にこれまでしられていなかった焼印制度に関する唐令が多く含まれていたことから、唐の焼印制度に初めて詳細な検討が加えられつつある[3]。その研究成果は日本の焼印制度を考える上でも重要である。

これまで古代日本の焼印制度に関する研究が行われなかった要因の一つとして焼印に関する史料が少ないことがあげられる。しかし近年の唐の焼印研究や考古学による焼印研究の進展をみると、その成果を組み入れることで史料不足という点を克服して、古代日本の焼印制度を考察できる環境が整いつつあると思われる。

本章ではまず天聖廐牧令を中心に唐の焼印制度を概観し、次に日本の焼印制度について考察して、その上で古

代日本と唐の焼印制度の比較検討を行い、古代日本の焼印制度の特徴を考える。

一　唐の焼印制度

中国での雑畜への焼印（馬印）の歴史は古く、戦国時代の燕の焼印とされる「日庚都萃車馬」（有鄰館所蔵）によって戦国時代にはすでに焼印が使用されていたことがしられる。[4] 唐の焼印制度は『唐六典』巻一七、諸牧監条に次のようにみえる。

【史料1】『唐六典』巻一七、諸牧監条

諸在㆑牧之馬皆印、

印㆓右膊㆒、以㆓小官字㆒、右髀以㆓年辰㆒、尾側以㆓監名㆒、皆依㆓左右廂㆒、若形容端正、擬送㆓尚乗㆒不㆑用㆓監名㆒、二歳始春則量㆓其力㆒、又以㆓飛字印㆒、印㆓其左髀膊㆒、細馬次馬以㆓龍形印㆒、印㆓其項左㆒、送㆓尚乗㆒者、於㆓尾側㆒依㆓左右閑印㆒以㆓三花㆒、其余雑馬、送㆓尚乗㆒者、以㆓風字印㆒印㆓左膊㆒、以㆓飛字印㆒印㆓左髀㆒、騾牛驢則官名誌㆓其左膊㆒、監名誌㆓其右髀㆒、駝羊則官名誌㆓其頬㆒、羊仍割㆑耳、若経㆑印之後、簡入㆓別所㆒者、各以㆓新入処監名㆒、印㆓其左頬㆒、官馬賜㆑人者、以㆓賜字印㆒、配㆓諸軍㆒及充㆓伝送駅㆒者、以㆓出字印㆒、並印㆓左右頬㆒也、

本条の内容をまとめると、次の通りである。

①監牧にいるすべての馬には小官字印が右膊に、年辰印が右髀に、監名印が尾側に、それぞれ押される。ただし容姿が端正な馬には将来の尚乗局への進上に備えて監名印を押さない。

②春に二歳の馬の能力を測り、その能力によって飛字印がその左髀・膊に押される。細馬・次馬には龍形印が

項左に押される。尚乗局に進上される良馬には左右閑印の三花印が尾側に押される。同様に尚乗局に進上される雑馬には風字印が左膊に、飛字印が左髀にそれぞれ押される。

③監牧にいる騾・牛・驢には官字印が左膊に、監名印が右髀に押される。駝・羊には官字印がその頬に押される。なお羊は耳を割く。

④焼印を押した後に馬などが他所に移る場合、新たな所属先で焼印が押される。監牧を移る場合には新たな監牧で監名印が左頬に押される。官馬が人に下賜される場合には賜字印が、諸軍に配されたり伝送・駅馬に充てられたりする場合には、出字印が左右頬に押される。

唐の焼印制度には公的機関で用いられる焼印（官印）が複数あり、雑畜の種類・所有・所属・能力に応じて様々な焼印が押された。この他に蕃邦の馬には出身地を示す諸蕃印も押された(5)。楊順墓出土の唐三彩馬の左肩には「飛」・「風」の銘文があり(6)、複数の焼印を用いる焼印制度が実際に運用されていたことがしられる。

また鄭仁墓より出土した彩絵釉陶女騎馬俑の左臀部には「宝」の墨書があり(7)、李賀の詩（『昌詩集』所収）には馬に押された「青」の焼印の記述がある(8)。これらはいずれも民間で使用された焼印（私印）で、史資料から民間でも焼印が使用されていたことがうかがえる。

このように唐において焼印は官民で広く使用されていたが、馬などを記録した帳簿にも焼印の記述がみられる。その一つの「唐西州長行坊配兵放馬簿」には(9)「一疋赤驃父六歳、遠人頬古之字、耆破五寸、次膚、仙」（一疋、赤鹿毛、牡、六歳、右側の頬に古の字、たてがみの擦傷、五寸、中等）・「一疋悤敦十六歳、近人鼻決、両耳決、遠人頬古之字、近人腿蕃印、耆破三寸、次膚、仙」（一疋、葦毛、去勢馬、十六歳、手前側の鼻に切り傷、両耳に切り傷、向こう側の頬に古の字、手前側の腿に外国字の印、たてがみの傷三寸、中等）・「一疋赤草二歳、帯星、未印、私印、仙」（一疋、

薄鹿毛、牝、二歳、白斑あり、まだ官印を押さず、私印だけあり）などの記述がある。なお「仙」は馬を実見した者の署名と考えられている。[10] 馬ごとに書かれた項目をまとめると、①毛色②牡牝・去勢措置③歯歳④傷の箇所・状態⑤印文（官印・私印など）⑥健康状態である。『新唐書』巻五〇、兵志には「凡征伐而発二牧馬一、先尽二彊壮一、不レ足則二其次一、録二色歳、膚第、印記、主名一、送レ軍、以レ帳二駄之数一、上二於省一」とあり、牧馬を徴発する際には徴発した馬一疋ごとの毛色・歯歳・膚第（健康状態）・印文などを記した帳簿が提出されている。これらの記載項目は馬の特徴を示すもので、焼印の印文が馬の特徴の一つとしてあげられている。したがって雑畜に押された焼印（印文）はその所有・所属・能力を示し、馬を識別できる標識であったことがしられる。

以上の史資料などからこれまでも唐の焼印制度はその様子がしられていたが、その根幹に関する史料は【史料1】しかなく、それ以上の規定もないと思われてきた。[11] そのためかこれまで唐の焼印制度は簡単に紹介される程度であった。

この状況を一変させたのが北宋天聖令の発見・公開であった。天聖令には廐牧令（天聖廐牧令）も存し、そのなかには焼印に関する条文が八条あり、そのうち六条がこれまでその内容がしられていないものであった。すでに羅豊氏・林美希氏が天聖廐牧令を用いて唐の焼印制度を詳細に考察されている。両氏の研究成果をみると、いかに天聖廐牧令が唐の焼印制度を検討する上で重要な史料であるかがわかる。

本章でも天聖廐牧令のなかから焼印制度に関する条文を次に引用する。なお付した番号（唐○条）は、天一閣博物館・中国社会科学院歴史研究所天聖令整理課題組考証『天一閣蔵明鈔本天聖令校証附唐令復原研究』（中華書局、二〇〇六年）による。

【史料2】天聖廐牧令唐11条

諸牧馬駒以二小官字印一、印二右膊一、以二年辰印一、印二右髀一、以二監名一依二左右廂印一、印二尾側一、（若行容端正、擬送二尚乗一者、則不レ須レ印二監名一、）至二二歳一起レ脊量二強弱一、漸以二飛字印一、印二右髀膊一、細馬次馬倶以二龍形印一、印二項左一、（送二尚乗一者、於二尾側一依二左右閑印一、印レ以二三花一、其余雑馬送二尚乗一者、以二風字印一印二左膊一、以二飛字印一印二右髀一、）騾牛驢馬皆以二官字印一、印二右膊一、以二監名一依二左右廂印一、印二右髀一、其駝羊皆以二官字印一、印二右頬一、（羊仍割レ耳、）経レ印之後、簡入二別処一者、各以二新入処監名印一、印二左頬一、官馬賜レ人者、以二賜字印一、配二諸軍一、及充二伝送駅一者、以二出字印一、並印二右頬一、

【史料3】天聖廐牧令唐12条

諸府官馬、以二本衛名印一、印二右膊一、以二官字印一、印二右髀一、以二本府名印一、印二左頬一、

【史料4】天聖廐牧令唐13条

諸駅馬以二駅字印一、印二左膊一、以二州名印一印二項左一、伝送馬驢以二州名印一、印二右膊一、以二伝字印一、印二左髀一、官馬付二百姓及募レ人一養者、以二官字印一、印二右髀一、以二州名印一、印二左頬一、屯監牛以二官字印一、印二左頬一、以二農字印一、印二左膊一、諸州鎮戍営田牛以二官字印一、印二右膊一、以二州名印一、印二右髀一、其互市馬、官市者、以二互市印一、印二右膊一、私市者、印二左膊一、

【史料5】天聖廐牧令唐14条

諸雑畜印、為二官字印駅字伝字一者、在二尚書省一、為二州名一者在レ州、為二衛名府名一者、各在二府衛一、為二龍形年辰小官字印一者、（小、謂二字形小者一、）在二太僕寺一、為二監名一者、在二本監一、為二風字飛字及三花一者、在二殿中省一、為二農字一者、在二司農寺一、互市印在二互市監一、其須二分レ道遣レ使送一レ印者、聴下毎レ印同二一様一、準二道数一造上レ之、

【史料6】天聖廐牧令唐15条

諸在レ牧駒犢及羔、毎年遣下使共二牧監官司一対上レ印、駒犢八月印、羔春秋二時印及割レ耳、仍言二牝牡一入レ帳、

其馬具録二毛色歯歳印記一、為二簿両道一、一道在レ監案記、一道長尉自収、以擬二校勘一、

【史料7】天聖廐牧令唐23条

諸府官馬及伝送馬驢、毎レ年皆刺史折衝果毅等検簡、……若無二官物一及無レ馬之処、速申レ省処分、市訖申レ省、省司封レ印、具録二同道応レ印馬州名一、差二使人一分道、送二付最近州一、委二州長官一印、無二長官一、次官印、其有二旧馬印記不一レ明、及在レ外私備替者、亦即印之、印訖、印署及具録二省下州名符一、以レ次逓二比州一、同道州総準レ此、印訖、令下最遠州封印、附二便使一送上レ省、若三十日内無二便使一、差二専使一送、仍給二伝驢一、其入二両京一者、並於二尚書省一呈レ印、

【史料8】天聖廐牧令宋10条

諸官私闌馬駝騾牛驢羊等、直有二官印一、更無二私記一者、送二官牧一、若無二官印一及雖レ有二官印一、復有二私記一者、経二一年一無二主識認一、即印入レ官、勿レ破二本印一、並送二随近牧一、別レ群放レ牧、若有レ失二雑畜一者、令レ赴レ牧識認一、検レ実委無二詐妄一者、付レ主、其諸州鎮等所レ得闌畜、亦仰二当界内一訪レ主、若経二二季一無二主識認一者、並当処出売、先売二充伝駅一、得レ価入レ官、後有二主識認一、勘当知レ実、還二其本価一、

【史料9】天聖廐牧令唐30条

諸有二私馬五十匹以上一、欲レ申二牒造一レ印者聴、不下得中与二官印一同上、並印レ項、在二余処有レ印一者、没レ官、蓄馬不レ在二此例一、如当二官印一処有二瘢痕一者、亦括没、其官羊、任為二私計一、不レ得レ截レ耳、其私牧、皆令二当処州県検校一、

焼印制度に関する条文は全八条で、内訳は唐令が七条と宋令が一条である（【史料2】～【史料9】）。以下では羅氏・林氏の研究によりながら、天聖廐牧令の焼印関連条文を〔A〕公的機関の焼印（官印）〔B〕民間の焼印

（私印）〔C〕馬牛の出入管理の焼印に分類し、それぞれについて検討する。

〔A〕公的機関の焼印（官印）

唐の焼印制度の官印は、『唐六典』（【史料1】）から一〇種類しられていたが、[12] 唐11条（【史料2】）によって、それよりも多い一七種類あったことが判明した。林氏は一七種類の焼印を①馬の個体識別印（小官字印・年辰印・監名印・左右閑印）②監牧の仔馬の選抜印（龍形印・飛字印・風字印）③馬の用途の業務印（出字印・賜字印・衛名印・官字印・府名印・駅字印・伝字印・州名印）④外来を示す輸入印（互市印・蕃馬印）に分類され、[13] これまで【史料1】でしられていた①②の焼印の運用を改めて【史料2】にもとづいて次のように説かれた。

まず監牧産の馬すべてに「小官字・年辰印」が押され、監牧で飼養する馬（太僕寺管轄下馬）と殿中省上納候補馬（後に殿中省の管轄馬）とに選別される。太僕寺管轄下馬と殿中省上納候補馬にそれぞれ体力測定が実施され、検査に合格した証として太僕寺管轄下馬には龍形印が、殿中省上納候補馬には飛字印がそれぞれ押される。飛字印が押された殿中省上納候補馬をさらに絞り込んで、閑廐に送られる馬には三花印が押される。また以前の体力測定で飛字印を押されなかった馬のなかから尚乗局に送られるものを選び、飛字印・風字印が押される。林氏は以上のように、監牧で押される「龍形印」・「飛字印」の運用が太僕寺・殿中省への馬の上納体系と結びついたものであったと論じられた。[14]

重要な機能を有する焼印は、【史料5】によると尚書省〔官字印・駅字印・伝字印〕・殿中省〔風字印・飛字印・三花印〕・太僕寺〔龍形印・年辰印・小官字印〕・司農寺〔農字印〕・諸衛・折衝府〔衛名印・府名印〕・互市監〔互市印〕・諸州〔州名印〕・牧監〔監名印〕によって管理されていた。そのため焼印を使用する際には焼印を

管理する機関に請求し、機関はそれに応じて複製品を下す。使用後は複製品を機関に戻すなど、焼印が厳重に管理されていたことがしられる。[15]

〔B〕民間の焼印（私印）

これまでも史資料から民間での焼印（私印）の使用が確認されてきたが、【史料9】からすべての人々が焼印を自由に使えるのではなく焼印を使用できるのは馬五〇疋以上を有する者に限られ、使用できる印文は官印の印文以外のものとされ、押印箇所も項に限定されるなどの一定の規制下での使用であったことが明らかになった。なお印文については景雲三年（七一二）正月一四日勅に「諸王公主家馬印文、宜㆔各取㆓本号㆒」とあり、[16]『新唐書』巻五〇、兵志には「天宝後、諸軍戦馬動以㆓万計㆒、王侯将相外戚牛駝羊馬之牧布㆓諸道㆒、百㆓倍於県官㆒、皆以㆓封邑号名㆒為㆑印自別、将校亦備㆓私馬㆒、……」とみえ、諸王・公主家の印文も自由に使えるのではなく本号・封邑号より一字が用いられるという原則が存在した。

このように廐牧令が官印だけではなく私印もあわせて規定したのは所有者不明の焼印の使用を防いで、〔A〕でみたような官印の機能を発揮させて焼印制度を維持させるためであったと考えられる。

〔C〕馬牛の出入管理の焼印

【史料2】によると監牧で飼養された馬が他の監牧に移る場合、新たに移った監牧の焼印（監名印）が左頬に押される。官馬が人に下賜される場合には賜字印が右頬に押される。同様に監牧の馬が諸軍に配されたり伝送馬・駅馬に充てられたりすると、出字印が右頬に押される。

【史料8】は宋令であり、復原された唐令（復原唐47）を次に引用する。

諸官私闌遺馬駝騾牛驢羊等、直有㆓官印㆒、更無㆓私記㆒者、送㆓官牧㆒、若無㆓官印㆒及雖㆑有㆓官印㆒、復有㆓私記㆒者、経㆓一年㆒無㆓主識認㆒、則印入㆑官、勿㆑破㆓本印㆒、並送㆓随近牧㆒、別㆑群放㆑牧、若有㆑失㆓雑畜㆒者、令㆓赴㆑牧識認㆒、検㆑実印㆑作㆓還字㆒付㆑主、其諸州鎮等、所㆑得闌遺畜、亦仰㆓当界内㆒訪㆑主、若経㆓一季㆒無㆓主識認㆒者、並当処出売、先売㆓充伝駅㆒、得㆑価入㆑官、後有㆓主識認㆒、勘当知㆑実、還㆓其本価㆒

復原された唐令によると、所有者不明の雑畜（闌遺物）は保護収容後一年を経過しても所有者が出てこない場合は国家の所有物となり、新たに「印」が押されて収公される。所有者が現れて闌遺物が所有者に返還される際には国家の所有ではないことを示すために、「還」字印が闌遺物に押される。なお宋令と唐令を比較すると大きな違いはなく、唐令をもとにして作られたことがうかがえる。

このように雑畜の所有・所属の変更に際してはそれぞれに応じた焼印が新たに押し加えられて、雑畜の出入を管理していた。なお【史料9】によれば、官印が押される箇所に焼き痕、つまり焼印を焼き返した痕が確認される場合には官馬を盗んだとして没収される。このことから唐の焼印制度において焼印は一度押すと消すことはできなかったと考えられ、杜甫が城外でみた痩せ衰えた官馬には六個の官印が押されていたことからもうかがえる。(17)

唐の焼印制度についてまとめると、国家所有の雑畜はまず出身牧（監牧）で国家の所有であることを示す官字印や出身牧の監名印などの焼印が押され、その後は雑畜の能力や所有・所属の変更などに応じて焼印が随時押し加えられる。そのことによって雑畜の焼印の印文は雑畜の所有・所属・能力を示し、個体を識別する標識にもなった。唐はこのような焼印制度を機能させるために焼印の使用・保管を厳重にし、私印に対しても一定の規制をかけた。次に日本の焼印制度をみることにしたい。

二　古代日本の焼印制度

日本における雑畜への焼印の使用開始時期は不明であるが、文武天皇四年（七〇〇）三月丙寅（一七日）には諸国に公的牧が置かれ、その七年後の慶雲四年（七〇七）三月甲子（二六日）に摂津・伊勢国などの二三か国に鉄印を支給し牧の駒犢に印させたとあるから、公的牧での焼印（官字印）の使用は大宝律令施行とともに開始されたと考えるのが穏当であろう(18)。

以下では、古代日本の〔A〕公的牧の焼印〔B〕民間の焼印〔C〕馬牛の出入管理の焼印について検討する。

〔A〕公的牧の焼印（官印）

廐牧令には公的牧の焼印に関する条文として次の二条がある。

【史料10】養老廐牧令10駒犢条

凡在㆑牧駒犢、至㆓二歳㆒者、毎㆑年九月、国司共㆓牧長㆒対、以㆓官字印㆒、印㆓左髀上㆒、犢印㆓右髀上㆒、並印訖、具録㆓毛色歯歳㆒、為㆓簿両通㆒、一通留㆑国為㆑案、一通附㆓朝集使㆒、申㆓太政官㆒、

【史料11】養老廐牧令12須校印条

凡須㆑校㆓印牧馬㆒者、先尽㆓牧子㆒、不㆑足、国司量㆓須多少㆒、取㆓随近者㆒充、

諸国に置かれた公的牧では毎年九月に牧の最高責任者の国司と牧長の立ち会いのもとに馬牛の校印が行われ、二歳の駒の左髀と犢の右髀に「官」字の焼印がそれぞれ押される。校印後に牧にいる馬牛一疋ごとの毛色・歯歳

を記録した帳簿が作成される。この帳簿は二通作成されて一通は国に置かれ、もう一通は朝集使に附して太政官に送付された。

【史料11】の規定を引き継いだのが次の史料である。

【史料12】延喜馬寮式御牧条

……（牧名）

右諸牧駒者、毎年九月十日国司与㆓牧監若別当人等㆒、甲斐、信濃、上野三国任㆓牧監㆒、武蔵国任㆓別当㆒臨㆑牧検印、共署㆓其帳㆒、……

甲斐・信濃・上野・武蔵の四か国に置かれた勅旨牧では九月一〇日に国司と牧監もしくは別当の立ち会いのもとで検印が行われ、駒には焼印が押印される。本条にはその際に用いられる焼印の印文は明記されていないが、『政事要略』・『新撰年中行事』には勅旨牧の焼印の印文がみえる。両書にみえる焼印の印文をまとめたものが【表1】である。

勅旨牧の印文には①「官」字を用いるもの②「官」字以外の字を用いるものが存在する。勅旨牧（御牧）にみえる二系統の焼印の印文の分析から、山口英男氏は①「官」字の印文をもつ牧は既存の公的牧から勅旨牧に編入された牧②「官」字以外の印文をもつ牧は私的性格の強い既存牧（後院牧）などから勅旨牧に編入された牧であることを明らかにされた[19]。また、これまで「官」字印以外の焼印の印文自体にどのような意味があるのかがわからなかったが、『新撰年中行事』（【史料17】）にみえる武蔵国秩父牧の印文が「朱」であったことから、磯貝正義氏は秩父牧の焼印の印文がかつて秩父牧を領有した後院の「朱雀院」の「朱」からとったものと指摘された[20]。したがって日本の場合も、唐の諸王・公主家の焼印の印文が本号・封邑号よりとられたように、牧が設置された際にその牧を領有した機関の名称などから一字をとった可能性が出てきた。

【表１】『政事要略』・『新撰年中行事』にみえる焼印

式　日	牧　名	『政事要略』の印文	『新撰年中行事』の印文
8月7日	甲斐国勅旨諸牧 （真衣野牧・柏前牧）	—	—
8月13日	武蔵国秩父牧	未	朱
8月15日	信濃国勅旨諸牧 （山鹿牧・塩原牧など）	官	官
8月17日	甲斐国穂坂牧	栗	粟
8月20日	武蔵国小野牧	拡	松
8月23日	信濃国望月牧	牧	牧
8月25日	武蔵国勅旨諸牧 （石川牧・小川牧・由比牧）	官	官
	武蔵国立野牧	—	—
8月28日	上野国勅旨諸牧 （利刈牧・有馬嶋牧など）	官	官
	上野国封有牧・有封牧※	春	春

※『政事要略』は「封有牧」とし、『新撰年中行事』は「有封牧」とする。

〔B〕民間の焼印（私印）

廐牧令には民間の焼印に関する規定はないが、八世紀末には民間においても焼印が広く使用されていたことが次の史料からうかがえる。

【史料13】『類聚三代格』巻一七、文書并印事

太政官符

定二百姓私馬牛印一事長二寸、広一寸五分以下、

右得二上野国解一偁、部内百姓等私馬牛印、過二官印大一、奸盗之徒盗二取官馬一、焼二乱其印一、淪二亡明験一、若不レ加二厳制一、奸偽難レ断者、右大臣宣、奉レ勅、所レ申愜レ理、宜下下二符七道諸国一、令中依レ法作上。

延暦十五年二月廿五日

上野国解によると、上野国では百姓らが官馬を盗み出して官馬に押された焼印（官印）を焼き乱して不鮮明にし、官印が押されていた箇所に官印よりも法量の大きい私馬牛印（私印）を押印しているという。このような状況に対して、国家は私印の法量を長さ二寸、広さ一寸五

分以下にするように諸国に太政官符を下した[21]。

【史料13】は当時の焼印を考える上で興味深い内容を有している。まず上野国は私印に厳制を加えなければ奸偽を断じにくいというから、百姓らは盗み出した官馬に押した私印をもとにその馬の所有権を主張したのだろう。このことはいかに焼印が所有を示す上で有効なものであったかを物語っている。私印の法量の決定を諸国に下していることから、諸国でも同様のことが起きていたと考えられ、当時焼印が民間でも広く使用されていたことがうかがえる。

【史料13】からしられる民間での焼印の使用は、関東地方の遺跡の一〇・一一世紀の遺構からの焼印の出土によっても裏付けられつつある[22]。次に官印の法量は史料がなく不明であるが、官印は私印よりも大きくなければ奸偽を断じにくいであろうから、その法量は長二寸、広一寸五分以上であったと考えられる。

〔C〕馬牛の出入管理の焼印

廐牧令には国家所有の馬（官馬）が民間所有の馬（私馬）になったり、民間所有の馬が国家所有の馬になったりするなどの所有の変更時における焼印の規定はない。しかし焼印が雑畜の「所有」を示すためには、唐のように所有の変更時に焼印の変更も同時に行われなければならないから、日本でもその措置がとられた可能性は高い。そのことを考える上で次の史料に注目したい。

【史料14】延喜馬寮式返印条

凡諸祭并大祓料、繋飼馬及給レ人馬者、皆焼二返印一、但臨時奉二名神一馬非二此限一

【史料15】『政事要略』巻七〇、糺弾雑事

斉衡三年六月二日宣旨云、典侍当麻眞人浦虫宣、北野闌遺馬牛、犯一度、其牧人決笞五十、犯二度加㆓一等㆒、経㆓十日㆒不㆑来、又三度者、作㆓小印㆒、焼㆑額、以為㆓官馬牛㆒、若返㆓給其主㆒、及斃死者、度別録㆓年月日㆒奏聞、但且行且奏、立為㆓恒例㆒者、

【史料14】によれば、馬寮で飼養される官馬が諸祭・大祓で用いられたり人に下賜されたりする際には焼印を焼き返し、臨時に名神に奉られる馬にはこの措置はとられないという。これらの馬は国家から民間に所有が移る馬であり、ここでの「焼印」を焼き返すという作業は所有の変更に伴う措置と思われる。この措置を考える上で参考になるのが、【史料13】でみた官馬を盗んだ百姓が官馬に押された焼印を焼き乱して不鮮明にしていたことである。馬寮は神に奉じたり人に与えたりして国家の所有ではなくなった官馬に対して、その所有を示す焼印を焼き乱して不鮮明にしその効力を失効させたものと考えられる。臨時に名神に奉じられる馬にこの措置をとらないというのは、焼印を焼き返す際には相当馬の皮膚を傷つけるからだろう(23)。

【史料15】によると、北野に放飼されている馬牛対して検非違使がそれらの馬牛を持ち主不明の闌遺物として捕獲し、捕獲後一〇日を経ても所有者が現れなかったり三度捕獲したりした場合には、捕獲した馬牛を国家の所有としてその額に小印の焼印を押して馬寮に送り雑役に用いるとする。所有状況からみると【史料15】で闌遺物にとられた手続きは民間所有の馬牛が国家所有の馬牛になる例とみなせる。このことから私馬が官馬となる際には、国家の所有を示すために焼印が押されたと推測できる。

このように廏牧令に規定はないが、【史料14・15】からは日本でも焼印によって馬牛の出入を管理していたことがしられる。ただこれらの史料は九・一〇世紀の史料であり、それ以前に遡るのかはわからないが、先述した

ように焼印が「所有」を示す機能を保持するには所有に変更がある場合に焼印も同様に変更がなされなければならないから、八世紀から焼印によって馬牛の出入管理が行われていた可能性は高いように思われる。

以上、八世紀から一一世紀までの焼印に関する史料にもとづいて、日本の焼印制度について検討してきた。その内容をまとめると、古代の焼印制度における焼印の最大の機能は「所有」の表示で、焼印を押すことによる他との区別（識別）であったと思われる。

先述したように近年の日本の焼印研究は考古学によって進められ、高島英之氏・田中広明氏は焼印の機能を次のように指摘されている。

①所有・所属②識別……【高島英之氏[24]】

①所有・所属②識別③牧の表示（生産地の表示）④生産者のブランド・商標的存在……【田中広明氏[25]】

私も古代の焼印の機能に①所有と②識別があったと考えている。以下では両氏が指摘されるその他の機能を検討したい。まず①所属についてみる[26]。唐では【史料2】にあるように、監牧の馬が兵馬などに充てられたり他の監牧に移ったりするなどの所属の変更時には新たな所属機関で新たな焼印が押される。しかし日本では、公的牧の馬が兵馬などに充てられたり他の牧に移ったりするなどの所属の変更時に新しい所属機関で新たな焼印が押されるという規定はなく、押されたという様子も確認できない。私印については不明だが、少なくとも日本の焼印制度の官印には所属を示す機能はなかったと思われる。

次に③牧の表示（生産地の表示）と④生産者のブランド・商標的存在について考察する。田中氏は㋐これまで出土した焼印が九・一〇世紀の遺物であること㋑律令負担体系が九世紀的変容を遂げる点と共通して焼印が成果品の管理品システムとして活用されたことを根拠に、九・一〇世紀の焼印が③と④の機能を有していたとされる。

この田中氏の指摘は日本の焼印制度の変遷を考える上で重要な意味をもつと思われる。なぜなら鎌倉時代に作成された有能な牛を説明した『国牛十図』に描かれた焼印や『一遍上人伝絵巻』にみえる馬に押された「有」字より[27]、鎌倉時代の焼印が③と④の機能を有していたと考えられ、田中氏によるとその機能は古代の焼印段階ですでに成立していたことになるからである。

焼印関連史料から③と④の機能を古代の焼印が有していたのかを検討する上で注目されるのが、『政事要略』・『新撰年中行事』にみえる勅旨牧の焼印の印文である。両書の武蔵国秩父牧の部分を左掲してみよう。

【史料16】『政事要略』巻二三、年中行事、八月下

十三日牽二武蔵秩父御馬一事、右、未字、廿、

【史料17】『新撰年中行事』下、八月

十三日牽二武蔵秩父御馬一事、廿疋、朱字、承平三年四月二日、為二勅旨牧一、

八月に複数の勅旨牧が天皇に馬を貢進する儀式の駒牽（八月駒牽）が行われるが、両書はそれぞれの八月駒牽の牧名・馬の貢上数・印文を記している。ここに印文が書かれた意味を考える上で参考になるのが、室町将軍家に進上される馬に押された焼印についてまとめた「永正五年馬焼印図」（『古今要覧稿』所収）である。

入間田宣夫氏によると本図は室町将軍家弓馬師範小笠原氏が書きとめたもので、将軍家に献上される夥しい馬疋のそれぞれについて、左髀に押された焼印（ブランド）を手がかりに出身の牧のあり方を察知する眼力を養うことが目的であったという[28]。『政事要略』・『新撰年中行事』に印文が記されたのも印文が牧馬の出身地を示す機能を有しており、そのため勅旨牧の特徴の一つとして書かれたと考えられる。『政事要略』は惟宗允亮が、『新撰年中行事』は藤原行成がいずれも一一世紀初頭にあらわしたものであり、この頃には焼印の印文がその馬の出身

地を示す機能を有しはじめていたと思われる。

当初の日本の焼印制度は官字印をもって「国家の所有」を示すものであった。焼印は次第に民間でも使用されるようになると平川南氏が指摘されるように「所有」を示すものになったが[29]、一一世紀までには馬の出身地を示す機能をも有して名馬を産する牧で育てられた馬を示すもの（ブランド）へとつながっていくものと思われる。この変化は焼印の表示機能にも影響を与え、馬牛に押された焼印が所有を示すだけではなく、馬の出身地を示すようになり、必ずしも所有の変更に際してそれ以前の焼印を焼き返すことはなくなったと考えられる。

本節では日本古代の焼印制度をみてきた。その機能は①所有②識別③馬の出身牧を示すものであったが、当初は①と②のみで③は後に加わったもので、焼印の表示機能にも変化をもたらした。以下では二節でみてきた日本・唐の焼印制度を比較して日本の焼印制度の特質を検討したい。

三　古代日本の焼印制度の特質――日唐の焼印制度の比較――

日本の焼印制度は唐の焼印制度を参考にしたものであったが唐の焼印制度とは異なり、官印が「官」字印のみの単数の焼印制度であった。『日本馬政史』はこの背景について、「我邦の唐制に倣へるもの多しと雖もただに官字の印のみを用ゐられたるは其煩雑を厭へるなるべし」と述べている[30]。一定の規則にしたがって一七種類の官印を用いる唐の焼印制度は『日本馬政史』が指摘するように煩雑であるが、それによって雑畜の所有・所属・能力・出身地などを示し、雑畜を徹底的に管理・把握することができる。もし日本が唐と同様の機能を有する焼印制度の構築を意図したのであれば、官印の数を減じながらも複数の官印を用いる焼印制度を構築したと考えられ

る。しかし日本が実際に構築した焼印制度の官印は単数であったから、日本の焼印制度が唐の焼印制度と異なった理由はその焼印制度の煩雑さではないと思われる。

それでは日本・唐の焼印制度の相違の理由を焼印の押印形式から考えてみたい。唐の焼印制度では所有・所属の変更や能力によって新たな焼印が押される際、すでに押されている焼印をそのままにして新たな焼印を押し加える。このようにして雑畜の皮膚に残された複数の焼印はその雑畜の能力や来歴などを明示し保証した。日本では新たな焼印が押される際にそれ以前の所有に関わる焼印を焼き消すのはその焼印の効力を失効させて、新たな所有を示す焼印を明示させるためと思われる。したがって日本が単数の官印の焼印制度を用いたのは、焼印に「所有」を示す以上の機能を求めなかったためと思われる。

このように日本の焼印制度は所有に重点を置いたものであったが、そのことを日本と唐の廐牧令の焼印関連条文の比較からも確認しておきたい。

焼印制度に関する条文は唐令が八条であるのに対して、日本令は四条である。【表2】は焼印制度に関する唐・日本の廐牧令の条文を比較したものである。〈　〉は分註であることを示す。古記などから復原できる大宝令令文については養老令令文に符号（○）、字句を記した。

【表2】日唐焼印条文比較表

唐令（天聖廐牧令）	日本令（養老廐牧令）
【唐11】 諸牧馬駒以小官字印、印右膊、以年辰印、印右髀、以監名依左	【養老10】 凡在牧駒犢、至二歳者、毎年九月、国司共牧長対、以官字印、

右廂印印尾側、〈若行容端正、擬送尚乗者、則不須印監名、〉至二歳起脊量強弱漸、以飛字印、印右髀膊、細馬次馬倶以龍形印、印項左、〈送尚乗者、於尾側依左右閑印、印以三花、其余雑馬送尚乗者、以風字印印左膊、以飛字印印右髀、〉騾牛驢馬皆以官字印印右膊、以監名依左右廂印印右髀、其駝羊皆以官字印印右頬、〈羊仍割耳、〉経印之後、簡入別処者、各以新入処監名印、印左頬、官馬賜人者、以賜字印、配諸軍、及充伝送駅者、以出字印、並印右頬、	印左髀上、犢印右髀上、並印訖、具録毛色歯歳、為簿両通、一通留国為案、一通附朝集使申太政官、
【唐12】 諸府官馬、以本衛名印、印右膊、以官字印、印右髀、以本府名印、印左頬、	
【唐13】 諸駅馬以駅字印印左膊、以州名印、印項左、伝送馬驢以州名印、印右膊、以伝字印、印左髀、官馬付百姓及募人養者、以官字印、印右髀、以州名印、印左頬、屯監牛以官字印、印左頬、以農字印、印左膊、諸州鎮戍営田牛以官字印、印右膊、以州名印、印右髀、其互市馬、官市者、以互市印、印右膊、私市者、印左膊、	
【唐14】 諸雑畜印、為官字印駅字伝字者、在尚書省、為州名者、在州、為衛名府名者、各在府衛、為龍形年辰小官字印者、〈小、謂字形小者、〉在太僕寺、為監名者、在本監、為風字飛字及三花者、在殿中省、為農字者、在司農寺、互市印在互市監、其須分道遣使送印者、聴毎印同一様、準道数造之、	

【唐15】諸在牧駒犢及羔、毎年遣使共牧監官司対印、駒犢八月印、羔春秋二時印及割耳、仍言牝牡入帳、其馬具毛色歯歳印記、為簿両道、一道在監案記一道長尉自収、以擬校勘、	【養老10】凡在牧駒犢、至二歳者、毎年九月、国司共牧長対、以官字印、印左髀上、犢印右髀上、並印訖、具録毛色歯歳、為簿両通、一通留国為案、一通附朝集使申太政官、
【唐23】諸府官馬及伝送馬驢、毎年皆刺史折衝果毅等検簡、其老病不堪乗騎者、府内官馬更対州官簡定、両京都管内、送尚書省簡、駕不在、依諸州例、並官為差人、随便貨売、得銭若少、官馬仍依式府内供備、伝馬添当処官物市替、其馬売未售間、応飼草処、令本主備草直、若無官物及無馬之処、速申省処分、市訖申省、省司封印、具録同道応印馬州名、差使人分道送付最近州、委州長官印、無長官、次官印、其有旧馬印記不明、及在外私備替者、亦即印之、印訖、印署及具録省下州名符、以次逓比州、同道州総準此、印訖、令最遠州封印、附便使送省、若三十日内無便使、差専使送、仍給伝驢、其入両京者、並於尚書省呈印、	【養老20】凡駅伝馬、毎年国司検簡、其有太《大》老病、不堪乗用者、随便貨売、得直若少、駅馬添駅稲、伝馬以官物市替、
	【養老12】凡須校印牧馬者、先尽牧子、不足、国司量須多少、取随近者充、
【宋10】諸官私闌馬駝騾牛驢羊等、直有官印、更無私記者、送官牧、若無官印及雖有官印、復有私記者、経一年無主識認、即印入官、勿破本印、並送随近牧、別群放牧、若有失雑畜者、令赴牧識認、検実委無詐妄者、主、其諸州鎮等所得闌畜、亦仰当界内訪主、若経二季無主識認者、並当処出売、先売充伝駅得価人官、後有	【養老23】凡国郡所得闌畜、皆仰当界内訪主、若経二季、無主識認者、先充伝馬、若有余者出売、得価入官、其在京、《者准之》経二季無主識認者、出売、得価送贓贖司、後有主識認、勘当知実、還其本価、

主識認、勘当知実、還其本価、 （参考）【復原唐47】 諸官私闌遺馬駝騾牛驢羊等、直有官印、更無私記者、送官牧、若無官印及雖有官印、復有私記者、経一年無主識認、則印入官、勿破本印、並送随近牧、別群放牧、若有失雑畜者、令赴牧識認、検実印作還字付主、其諸州鎮等、所得闌遺畜、亦仰当界内訪主、若経二季、無主識認者、並当処出売、先売充伝駅、得価入官、後有主識認、勘当知実、還其本価、	
【唐30】 諸有私馬五十匹以上、欲申牒造印者聴、不得与官印同、並印項、在余処有印者、没官、蕃馬不在此例、如当官印処有瘢痕者、亦括没、其官羊、任為私計、不得截耳、其私牧、皆令当処州県検校、	

条文のなかで対応関係にあるのは〔A〕天聖厩牧令唐11・15条と養老厩牧令10駒犢条〔B〕天聖厩牧令唐23条と養老厩牧令20駅伝馬条〔C〕天聖厩牧令宋10条と養老厩牧令23遺物条である。次に対応関係にある部分についてそれぞれみていく。

〔A〕は官馬への焼印の押印に関する規定で、日本令は唐11条の複数の官印の押印に関する規定のうち官字印以外の規定をすべて削除し、その上で唐15条を加えて一条にまとめている。唐令・日本令はともに焼印押印後に雑畜一疋ごとを記録した帳簿が作成されるとするが、唐の帳簿の項目が毛色・歯歳・印文であるのに対して日本の帳簿の項目は毛色・歯歳で印文がない。この相違については唐の焼印が私印を含めて複数であるのに対して日

本の焼印は当初官印の「官」字以外を想定していないため、日本令では帳簿の項目から印文を削除したと解される。

〔B〕は官馬などの監督・乗用に堪えない馬の売却やその補充に関する規定である[31]。日本令では唐令における市で購入した駅馬・伝送馬などへの尚書省の焼印（駅字印・伝字印）の押印の規定を削除し、唐令の「刺史」・「府官馬」・「伝送馬」・「伝送驢」を「国司」・「駅馬」・「伝馬」に改めるなどの修正を行っている。

〔C〕は闌遺物の取り扱いに関する規定で、日本令は唐令の前半部の焼印に関する規定を削除して後半部をもとに作られている。ただ闌遺物の馬が国家に収公されて二季が経過した後の扱いが唐令ではその馬を伝馬・駅馬に充てるが、日本令では伝馬に充てるとするなどの違いがある。さらに日本令では在京の闌遺物の場合は売却してその価を贓贖司に送り、修繕費などに充てるとする[32]。

このように〔A〕～〔C〕は対応関係にあるが、日本令がそのもとになった唐令の規定を削除したためにその内容のすべてが一致しているわけではない。日本令が唐令の規定を削除した部分をまとめると、①駝・騾・驢・羊に関するもの②唐の焼印制度の官印のうち「官」字以外の焼印に関するもの③私印に関するものである。①の駝・騾・驢・羊などに関する規定は、当時日本で飼育されていないために削除されたと考えられている[33]。②と③については日本の焼印制度では「官」字以外の官印を用いず、私印に対して何ら規制を加えていないために、「官」字以外の焼印に関する記述はすべて削除されたと思われる。

日本令が唐令の規定より削除した部分と日本令が継受していない唐12（折衝府などの焼印規定）・唐13（駅馬などの焼印規定）・唐14（諸司の焼印規定）・唐30（私印の鋳造・押印規定）をあわせて考えると、日本令は構築する日本の焼印制度の実態にあわせて唐令を取捨し、受容した条文でもその内容を改削して成文したものである

と評すことができる。

おわりに

以上、唐・日本の焼印制度について検討してきた。述べてきたところをまとめると以下の四点になる。

①唐の焼印制度では公的機関の焼印（官印）が複数あり、複数の焼印を組み合わせて、雑畜のⓐ所有ⓑ所属ⓒ能力ⓓ出身地（牧）を示した。唐の焼印制度は上述の焼印の機能を維持させるために民間の焼印（私印）もその制度内に組み入れて、私印で使用できる印文や押印箇所などに規制を加えた。

②日本の焼印制度では官印が「官」字印のみであった。このことから日本は唐の複数の焼印制度をそのまま導入したのではなく、その機能のうち「所有」のみを有する焼印制度を構築させた。この相違については日本が唐の焼印制度の煩雑さを嫌ったためとされるが、日本の焼印制度の焼印には「所有」以外の機能をもっていないことからみて、日本では「官」字印を押された馬牛が国家所有であることを示せれば十分であり、焼印制度にそれ以上の機能を求めなかったためと考えられる。

③日本の焼印制度では官印は「官」字印のみで、「官」字が押された雑畜（馬牛）は自然と国家の所有であることを示し、日本の焼印制度の目的は「官」字の焼印を通して馬牛の国家所有を示すことであった。このように馬牛の所有を示すことのできる焼印は民間でも広く使用されるようになっていったが、日本では唐のように私印の文字・押印箇所などの規制は行われなかった。

④日本の当初の焼印の機能は「所有」を示すのみであったが、その機能に加えて一一世紀初頭頃には新たに雑

畜の出身地（出身牧）を示す機能も有していた。

日本の焼印制度の焼印の機能は主に所有を示すのみで、そのもとになった唐の焼印制度の機能の一部しか継受していない。この相違の背景には唐・日本における馬の管理意識もあるように思われる。唐は巨大な軍事力・経済力を有する国家であったが、吐蕃や突厥などの強力な騎馬を有する遊牧民族国家とは緊張状態にあった。唐はそれらに対抗するために国内に監牧を設置して馬を生産確保し、焼印制度をもって国内の官民の雑畜を厳しく管理したと思われる。一方の日本では蝦夷とたびたび緊張状態にあったが、唐と吐蕃・突厥との緊張状態の比ではなかった。そのため日本では唐のような焼印制度を作り上げる必要はなく、唐の焼印制度の機能のうち「所有」のみを有する「官」字一つの焼印制度を成立させて、国家所有の馬牛に「官」字印を押すことで馬牛の「所有」を明確にし、民間所有の馬牛と区別することを目指したと考えられる。

註

（1）西岡虎之助「武士階級結成の一要因として観たる『牧』の発展」（『史学雑誌』四〇―二・三・五・七・八、一九二五年、のち「武士階級結成の一要因としての『牧』の発展」（『荘園史の研究』上、岩波書店、一九五三年に再録）、山口英男「八・九世紀の牧について」（『史学雑誌』九五―一、一九八六年）、川尻秋生「御牧制の研究―貞観馬寮式御牧条の検討を中心として―」（『山梨県史研究』七、一九九九年、のち『古代東国史の基礎的研究』、塙書房、二〇〇三年に再録）、佐藤健太郎「駒牽の貢上数と焼印に関する一考察」（『史泉』一〇二、二〇〇五年、本書第二編第一章）などがある。

（2）高島英之「古代の焼印についての覚書」（『古代史研究』一一、一九九二年。のち「古代の焼印」と改題して『古代出土文字資料の研究』、東京堂出版、二〇〇〇年に再録）、田中広明「牧の管理と地域開発」（入間田宣夫・谷口一夫編『牧の考古学』、高志書院、二〇〇八年）。

(3)羅豊「規矩或率意而為―唐帝国的馬印」(『唐研究』一六、二〇一〇年)、林美希「唐前半期の厩馬と馬印」(『東方学』一二七、二〇一四年)。
(4)羅福頤(訳者北川博邦)『図説　中国古印研究史―近代の古璽研究の発展』(雄山閣、一九八五年)三一~三五頁。
(5)『唐会要』巻七二、馬条。
(6)梁豊「三彩馬之〝飛鳳〟銘考」(『中国歴史文物』二〇〇六―六、二〇〇六年)。
(7)陝西省博物館・礼泉県文物局発掘組「唐鄭仁泰墓発掘簡報告」(『文物』一九七二―七期、一九七二年)三三~四四頁、羅豊註(3)論文一二七・一二八頁。
(8)李賀「昌谷詩五月二十七日作」(『昌谷集』巻三)。
(9)「唐西州長行坊配兵放馬簿」(Ast. III. 三. 〇七―〇八)。本帳については、藤枝晃「長行馬」(『墨美』六〇、一九五六年)、荒川正晴「スタイン将来〝蒲昌群文書〟の検討―Ast. III. 三. 〇七、〇八、〇三七文書の分析を中心にして―」(『西北史地』三七、一九九〇年)、中田裕子「唐代西州における群牧と馬の売買」(『敦煌写本研究年報』四、二〇一〇年)などを参照した。引用した馬に関する記述の日本語訳は藤枝氏・中田氏のものをもとにした。
(10)藤枝晃註(9)論文六頁。
(11)仁井田陞氏は『唐令拾遺』で唐の厩牧令を二三条復原されたが、そのうちで焼印に関する条文は復旧唐厩牧令九〔開七〕・一九〔開二五〕の二条である。
(12)『唐六典』巻一七、諸牧監条。
(13)林美希註(3)論文八頁。
(14)林美希註(3)論文一〇~一二頁。
(15)『唐律疏議』巻一九、賊盗律25盗官文書印条。
(16)『唐会要』巻七二、馬条。
(17)杜甫「痩馬行」(『全唐詩』巻二四三)。

（18）『続日本紀』文武天皇四年三月丙寅条・慶雲四年三月甲子条。なお『令集解』廐牧令10駒犢条・12須校印条所引古記から須校印条の文字のほとんどが、駒犢条は「歯歳」の二文字が大宝廐牧令に存したことが確認される。このことからも大宝令段階に焼印が使用されたとみなせる。

（19）山口英男註(1)論文二七・二八・三〇・三一頁註(24)。

（20）磯貝正義「総説」（山梨県編『山梨県史』資料編三、山梨県、二〇〇一年）二五頁。

（21）本条をうけて『拾芥抄』下、印員部に「馬牛印二寸、広一寸五分以下弘仁格兵部」とある。

（22）高島英之氏が分析された焼印数は二二例で（高島英之「群馬県榛名町高浜広神遺跡出土の平安時代焼印について」『青山考古』一八、二〇〇一年。のち『古代東国地域史と出土文字資料』、東京堂出版、二〇〇六年に再録）、田中広明氏が対象とされた焼印数は二七例である（田中広明「古代の地域開発と牛馬の管理」埼玉考古学会『埼玉県の考古学』二、六一書房、二〇〇六年）。これらの焼印は木製品用・牛馬用を一括した総数である。印文などから牛馬用と判断できるものがあるが、木製品用・牛馬用と判断できないために牛馬用の焼印の総数は不明である。

（23）加瀬文雄氏は本条の「焼二返印一」を「返印を焼け」と解して、祭祀後に馬寮に返却されたことを示す「返」と刻まれた焼印が馬に押されたと想定されている（加瀬文雄「平安時代における馬寮所管馬の充用」佐伯有清編『日本古代中世の政治と文化』、吉川弘文館、一九九七年）。この部分が「返」と刻まれた焼印と解せるかについていえば、私はそのように考える必要はないと考えている（佐藤健太郎「平安前期の左右馬寮に関する一考察」『ヒストリア』一八九、二〇〇四年。本書第四編第三章）。

（24）高島英之註(2)論文三〇九頁。

（25）田中広明註(2)論文一三頁。

（26）『大漢和辞典』によると、所有は「①我物として持つ。占領してゐる、又、持物。②あらゆる、ありとある、すべてのもの」のことで、所属は「つき従ふこと、隷属・附属」のこととする。

（27）東京国立博物館所蔵歓喜光寺本『一遍上人伝絵巻』巻七。

（28）入間田宣夫「中世東北の馬牧群」（入間田宣夫・谷口一夫編『牧の考古学』、高志書院、二〇〇八年）六六頁。

（29）平川南「古代社会と馬―東国国府と栗原郷、「馬道」集団―」（鈴木靖民編『日本古代の王権と東アジア』、吉川弘文館、二〇一二年。のち『律令国郡里制の実像』下、吉川弘文館、二〇一四年に再録）三六二頁。
（30）「大化改新時代」（帝国競馬協会編輯『日本馬政史』一、帝国競馬協会、一九二八年）九〇頁。
（31）本条の日唐の違いについては、市大樹氏が詳しく触れられている（市大樹「日本古代伝馬制度の法的特徴と運用実態」『日本史研究』五四四、二〇〇七年、五頁）。
（32）養老獄令55条応給衣粮条。瀧川政次郎「獄令の規定と囚獄司」（瀧川政次郎『日本行刑史』、青蛙房、一九六一年）四九頁。
（33）市大樹註（31）論文四頁。瀧川政次郎氏は律にも同様の措置がとられたと指摘する（瀧川政次郎「律と髓―食膳制及び医制の研究―」『律令諸制及び令外官の研究』、角川書店、一九六七年、一九七頁）。

第三編　日本古代の儀式と馬牛

第一章　四月駒牽の基礎的考察

はじめに

四月駒牽は四月二八日に天皇が武徳殿に出御し、閑廄で飼養される馬（櫪飼馬）、畿内近国で飼養される国飼馬、四衛府による騎射などを視る儀式である。八月の勅旨牧（御牧）から馬が貢上される儀式も駒牽（八月駒牽）と呼ばれたことから、この八月駒牽と区別して四月駒牽と呼ばれたようである。

四月駒牽と八月駒牽との関係について、大日方克己氏は八世紀後半から九世紀初頭の官司と牧、牧馬貢上制度の再編のなかで、貢馬と駒牽の儀礼が五月五日節と御牧に再編されたと論じられた(1)。山口英男氏は四月駒牽と八月駒牽で内容上共通する要素がみられることから、八月駒牽は四月駒牽の存在を前提にして儀式の内容を整えられたと述べられた(2)。

確かに四月駒牽と八月駒牽には儀式の内容に共通する部分があるが異なる部分もある。異なる部分があるにもかかわらず四月駒牽も八月駒牽も同じく「駒牽」と呼ばれていたことに注目すると、儀式のなかで共通する部分こそが「駒牽」の本質にあたる可能性があると考えられる。以下、本章では四月駒牽・八月駒牽の構造・変遷などを比較検討し、「駒牽」についての新たな視点を得たいと思う。

一　四月駒牽の儀式次第

端午節会にはいくつかの関連する行事があり、まず四月二八日に駒牽（四月駒牽）が行われる。次に五月三日の小五月会[3]、五日には端午節会が開かれ、そして六日に競馬が行われる。四月駒牽はこれらの一連の儀式で最初に行われる儀式であった。まず四月駒牽の儀式次第をみていきたい。

四月駒牽の儀式次第は『儀式』・『延喜式』・『西宮記』などにみられるが、『儀式』によってまとめると次の通りである。

①天皇が武徳殿に出御する。左右近衛将曹が近衛各四人を率いて埒門を閉じる。
②大臣が武徳殿南面階より昇り座に着く。親王以下出居侍従以上が殿に昇る。
③左右馬寮御監が「御馬奏文」を執り、内侍に付して奏上する。
④諸衛の贄が御所に貢じられる。殿上の群臣に饌を賜う。
⑤左右馬頭が左右に分かれて御馬の前に立ち、馳道を度り、南行する。
⑥左馬允が右兵衛陣の東南に立ち、牘を執り奏上する。御馬が天皇の前に至ると、馬名を奏上する。
⑦まず細馬一〇疋が、次に畿内近国の国飼馬が牽かれる。国飼馬は山城国・近江国・美濃国の順に牽かれ、判官以上の国司が第一の馬を牽く。
⑧左兵衛陣の北頭に二本の柱を立て、その柱に調教されていない駒二疋を繋ぐ。その駒に鞍を置き、馬寮の騎士のなかで馬芸に通じた人物を選んで騎乗させる。

⑨左馬允が戻り、次に右馬寮が同じように御馬を牽く。
⑩御馬を牽き終えると左右馬助が御馬の後に立つ。
⑪馬允以下の馬寮官人が近衛府官人・兵衛府官人・舎人らを率いて馬寮に戻り、馬に鞍を置いて騎乗し、再び埒に入り度る。
⑫馬寮官人が馬医・近衛府官人・兵衛府官人らを率いて埒の西辺りに着いて、御馬の能力を定める。
⑬左馬属一人が左兵衛陣の東頭に立ち、牘を執り、御馬の出身牧・毛色などを奏上する。内豎一人が馳道の北辺りに立ち伝奏する。
⑭左馬寮の御馬が馳せ訖ると、左馬属・内豎が戻る。
⑮右馬寮が同様に行う。
⑯右馬寮の御馬が馳せ訖ると、左右近衛大将が四衛府の騎射名簿を執り奏上する。
⑰騎射を行う。
⑱騎射が訖ると、右近衛府が音楽を奏す。
⑲晩頭に天皇が内裏に戻り、雅楽寮が音楽を奏す。

四月駒牽は天皇が武徳殿に出御するなかで行われ、その内容はⒶ天皇が閑廐馬・国飼馬・臣下からの貢上馬を視ることとⒷ天皇が騎射を視ることの二つに大別できる。

この時に馬寮が牽く馬は、左右馬寮の廐で飼養する櫪飼馬各八〇疋と畿内と近国で飼養する国飼馬各三一疋であった(4)。左右馬寮が廐で飼養する各八〇疋の内訳は細馬（上馬）一〇疋・中馬五〇疋・下馬二〇疋であり(5)、馬寮は天皇の前にその廐で飼養するすべての馬を牽き出している。国飼馬は畿内とその近国で飼養される馬であり、

端午節会の前に国司によって貢進される。[6]

四月駒牽と端午節会との関係については、『続日本後紀』承和二年（八三五）四月甲辰（三〇日）条に「天皇御二武徳殿一閲二覧左右馬寮御馬一也、応レ供二奉五日節一者、惣牽二於此一」とあり、四月駒牽では端午節会において用いられるすべての馬が牽かれることになっていた。『儀式』にも「漏二此列一者不レ預二五月節一」[7]とあり、四月駒牽の際に牽かれていない馬は端午節会に用いないという。『西宮記』にも同様の記述がみられる。[8]また貞観馬寮式逸文にも「雖レ有二駿馬一、不レ載二駒牽奏文一、莫レ預二此例一云々」とあり、[9]四月駒牽に牽かれていない馬はたとえ駿馬であろうとも六日競馬で使用することはできないとする。

以上のことから、四月駒牽の際に牽かれていない馬は端午節会・六日競馬に用いることができなかったことがわかる。したがって四月駒牽は端午節会・六日競馬と密接に関わる儀式で、それらの重要な儀式の前提となる儀式であったと評価できる。

二　四月駒牽と端午節会の変遷

四月駒牽の規定は弘仁馬寮式逸文（『本朝月令』四月廿八日駒牽事所引）にみえるから、『弘仁式』段階ですでに成立していたことが確認される。『弘仁式』と『延喜式』のその字句を比較すると、細部には異なる部分がみられるが[10]ほぼ同文であり、四月駒牽は『弘仁式』段階で『延喜式』とほぼ同様の儀式が行われていたと推測される。

【表】は、推古朝から村上朝までの四月駒牽、端午節会・五日行事、競馬・六日行事の実施・停止をまとめたものである。

【表】推古朝～村上朝の四月駒牽、端午節会・五日行事、競馬・六日行事の実施・停止例

年	四月駒牽	端午節会・五日行事	競馬・六日行事	備考	出典
推古一九（六一一）		○〔菟田野〕		薬猟を行う。	『日本書紀』
推古二〇（六一二）		○〔羽田〕		薬猟を行う。	『日本書紀』
推古二二（六一四）		○		薬猟を行う。	『日本書紀』
皇極元（六四二）		○〔依網屯倉〕		射猟を行う。	『日本書紀』
天智七（六六八）		○〔蒲生野〕		縦猟を行う。	『日本書紀』
天智八（六六九）		○〔山科野〕		縦猟を行う。	『日本書紀』
天智一〇（六七一）		○〔西小殿〕		宴を開く。	『日本書紀』
天武一四（六八五）		○〔南門〕		南門で射を行う。	『日本書紀』
持統八（六九四）		○〔内裏〕			『続日本紀』
大宝元（七〇一）		○			『続日本紀』
神亀元（七二四）		○〔重閣中門〕			『続日本紀』
神亀四（七二七）		○〔南野榭〕			『続日本紀』
神亀六（七二九）		○〔松林苑〕			『続日本紀』
天平七（七三五）		○〔北松林〕			『続日本紀』
天平一三（七四一）			○〔河南〕		『続日本紀』
天平一五（七四三）		○〔内裏〕			『続日本紀』
天平一九（七四七）		○〔南苑〕			『続日本紀』
天平宝字元（七五七）		○			『続日本紀』
天平宝字二（七五八）		×			『続日本紀』

宝亀八（七七七）		○（七日）〔重閣門〕※		七日に重閣門で騎射を行う。	『続日本紀』
延暦一一（七九二）		×		災疫のために馬射停止し、宴を催す。	『類聚国史』・『日本紀略』
延暦一三（七九四）		×（六日）※		大軍が発するために馬射を停止し、宴を催す。	『類聚国史』
延暦一四（七九五）		○〔馬埒殿〕			『類聚国史』・『日本紀略』
延暦一五（七九六）		○〔馬埒殿〕			『類聚国史』・『日本紀略』
延暦一七（七九八）		○〔馬埒殿〕			『類聚国史』・『日本紀略』
延暦一九（八〇〇）		○〔馬埒殿〕			『類聚国史』・『日本紀略』
延暦二一（八〇二）		○〔馬埒殿〕			『類聚国史』・『日本紀略』
延暦二二（八〇三）		○〔馬埒殿〕			『類聚国史』・『日本紀略』
延暦二三（八〇四）		○〔馬埒殿〕			『日本後紀』
大同二（八〇七）		○〔御馬台〕			『類聚国史』
大同三（八〇八）		×		災疫のために停止する。	『日本後紀』
弘仁二（八一一）		○〔馬埒殿〕			『日本後紀』
弘仁三（八一二）		○〔馬埒殿〕			『日本後紀』

弘仁四（八一三）		○〔馬埒殿〕			『類聚国史』・『日本紀略』
弘仁五（八一四）		○〔武徳殿〕			『類聚国史』・『日本紀略』
弘仁七（八一六）		○〔武徳殿〕			『類聚国史』
弘仁八（八一七）		○〔武徳殿〕			『類聚国史』・『日本紀略』
弘仁九（八一八）		○〔武徳殿〕			『類聚国史』・『日本紀略』
弘仁一一（八二〇）		○〔武徳殿〕			『類聚国史』・『日本紀略』
弘仁一四（八二三）		△〔紫宸殿〕			『類聚国史』・『日本紀略』
天長二（八二五）		×		贈皇太后藤原旅子の忌日を避けて九月九日に行う。	『年中行事抄』
天長四（八二七）		○（註1）			『類聚国史』
天長五（八二八）		○（二七日）			『類聚国史』・『日本紀略』
天長六（八二九）	○（二〇日）〔武徳殿〕	○（二七日）〔武徳殿〕	○（二八日）〔武徳殿〕		『類聚国史』・『日本紀略』
天長七（八三〇）		○（三〇日）〔武徳殿〕			『類聚国史』・『日本紀略』

天長八（八三一）		○（二七日）〔武徳殿〕			『類聚国史』・『日本紀略』
天長九（八三二）	○（二〇日）〔武徳殿〕	○（二七日）〔武徳殿〕			『類聚国史』・『日本紀略』
天長一〇（八三三）		○〔武徳殿〕	○〔武徳殿〕	端午節会などの日程を旧に復す。	『続日本後紀』
承和元年（八三四）（註2）		○〔武徳殿〕	○〔武徳殿〕	八日にも武徳殿で馬芸・打毬を行う。	『続日本後紀』
承和二（八三五）	○（三〇日）〔武徳殿〕	○〔武徳殿〕	○〔武徳殿〕		『続日本後紀』
承和三（八三六）		○〔武徳殿〕	○〔武徳殿〕		『続日本後紀』
承和四（八三七）	○（二八日）〔武徳殿〕	○〔武徳殿〕			『続日本後紀』
承和五（八三八）		○〔武徳殿〕			『続日本後紀』
承和六（八三九）		○〔武徳殿〕			『続日本後紀』
承和七（八四〇）		○〔武徳殿〕		淳和太上天皇不予のために停止する。	『続日本後紀』
承和九（八四二）	○（二七日）〔武徳殿〕	○〔武徳殿〕			『続日本後紀』
承和一〇（八四三）		×〔武徳殿〕		諒闇のために停止する。	『続日本後紀』
承和一一（八四四）	○（二八日）〔武徳殿〕	○〔武徳殿〕	○〔武徳殿〕		『続日本後紀』
承和一二（八四五）		×		祈雨のための大般若経転読により停止する。	『続日本後紀』
承和一四（八四七）		○〔武徳殿〕			『続日本後紀』
承和一五（八四八）	○（二七日）〔武徳殿〕	○〔武徳殿〕	○〔武徳殿〕		『続日本後紀』

嘉祥二（八四九）	○（二九日）〔武徳殿〕	○〔武徳殿〕			『日本文徳天皇実録』
仁寿二（八五二）		×〔武徳殿〕			『日本文徳天皇実録』
仁寿三（八五三）		×		災疫のために停止する。	『日本文徳天皇実録』
仁寿四（八五四）		×			『日本文徳天皇実録』
斉衡二（八五五）		×〔武徳殿〕		左右馬寮の馬が斃死したために停止する。	『日本文徳天皇実録』
斉衡三（八五六）		×〔武徳殿〕			『日本文徳天皇実録』
天安元（八五七）		×		四日に武徳殿馬場で角走を行う。	『日本文徳天皇実録』
天安二（八五八）		×〔武徳殿〕		八日に武徳殿馬場で角走・騎射を行う。	『日本文徳天皇実録』
貞観元（八五九）		×		文徳天皇崩御による諒闇のために停止する。	『日本三代実録』
貞観二（八六〇）		×〔武徳殿〕			『日本三代実録』
貞観三（八六一）	○（二八日）〔武徳殿〕	○〔武徳殿〕	○〔武徳殿〕		『日本三代実録』
貞観四（八六二）	○（二七日）〔武徳殿〕	○〔武徳殿〕	○〔武徳殿〕		『日本三代実録』
貞観五（八六三）		×			『日本三代実録』
貞観六（八六四）	○（二八日）〔武徳殿〕	○〔武徳殿〕	○〔武徳殿〕		『日本三代実録』
貞観七（八六五）		×			『日本三代実録』
貞観八（八六六）		×			『日本三代実録』
貞観九（八六七）		×			『日本三代実録』
貞観一〇（八六八）		×			『日本三代実録』

貞観一一(八六九)		×			『日本三代実録』
貞観一二(八七〇)		×			『日本三代実録』
貞観一三(八七一)		×			『日本三代実録』
貞観一四(八七二)		×			『日本三代実録』
貞観一五(八七三)		×			『日本三代実録』
貞観一六(八七四)		×			『日本三代実録』
貞観一七(八七五)		×			『日本三代実録』
貞観一八(八七六)		×			『日本三代実録』
元慶元(八七七)	○(二七日)〔武徳殿〕	○〔武徳殿〕	○〔武徳殿〕		『日本三代実録』
元慶二(八七八)		×			『日本三代実録』
元慶三(八七九)		×			『日本三代実録』
元慶四(八八〇)	○(二八日)〔武徳殿〕	○〔武徳殿〕	○〔武徳殿〕		『日本三代実録』
元慶五(八八一)		×		清和太上天皇崩御による諒闇のために停止する。	『日本三代実録』
元慶六(八八二)	○(二八日)〔武徳殿〕	○〔武徳殿〕	○〔武徳殿〕		『日本三代実録』
元慶七(八八三)	○(二七日)〔武徳殿〕	○〔武徳殿〕	○〔武徳殿〕		『日本三代実録』
元慶八(八八四)	○(二八日)〔武徳殿〕	○〔武徳殿〕	○〔武徳殿〕		『日本三代実録』
仁和元(八八五)	○(二八日)〔武徳殿〕	○〔武徳殿〕	○〔武徳殿〕		『日本三代実録』
仁和二(八八六)	○(二七日)〔武徳殿〕	○〔武徳殿〕	○〔武徳殿〕		『日本三代実録』

寛平元（八八九）		×		災疫のために停止する。九日に四衛府が騎射を行う。	『日本紀略』・『本朝世紀』・『菅家文草』
寛平二（八九〇）		○〔武徳殿〕	○〔武徳殿〕		『日本紀略』・『小野宮年中行事』
寛平八（八九六）	○（二七日）〔武徳殿〕				『日本紀略』
昌泰二（八九九）	○（二九日）〔武徳殿〕	○〔武徳殿〕	○〔武徳殿〕		『日本紀略』
延喜二（九〇二）	○（五月三日）〔武徳殿〕	○〔武徳殿〕			『日本紀略』・『西宮記』
延喜六（九〇六）		○〔武徳殿〕	○〔武徳殿〕		『日本紀略』・『西宮記』
延喜七（九〇七）		×			『日本紀略』
延喜一〇（九一〇）	×（二七日）○（二八日）	○〔武徳殿〕	○〔武徳殿〕	四月二七日は降雨のために停止する。	『日本紀略』・『西宮記』
延喜一二（九一二）	×（二九日）○（三〇日）〔武徳殿〕	○〔武徳殿〕		四月二九日は降雨のために停止する。	『貞信公記抄』・『江家次第』
延喜一三（九一三）		○		五月五日に糸所が薬玉を献じる。	『河海抄』
延喜一六（九一六）		×			『日本紀略』
延喜一七（九一七）	○（二八日）〔武徳殿〕	○〔武徳殿〕	○〔武徳殿〕	五月三日に行われた小五月会を今後廃止とする（『小野宮年中行事』・『年中行事秘抄』）。	『日本紀略』・『西宮記』
延喜二二（九二二）		×		病疫のために停止する。	『扶桑略記』

延長二（九二四）		×		節会は停止するが、騎射は行う。	『日本紀略』・『貞信公記抄』
延長三（九二五）		×			『日本紀略』・『醍醐天皇御記』
延長四（九二六）		×		臨時奉幣のために停止する。	『日本紀略』
延長五（九二七）	○（五月三日）〔武徳殿〕	○〔武徳殿〕	○〔武徳殿〕		『日本紀略』・『貞信公記抄』・『西宮記』
延長六（九二八）		○	○		『西宮記』
天慶元（九三八）		×			『貞信公記抄』
天慶七（九四四）	○（五月三日）〔武徳殿〕	○〔武徳殿〕	○〔武徳殿〕		『日本紀略』・『九条殿記』・『西宮記』・『江家次第』
天暦元（九四七）		○	○	五月五日に競馬、六日に近衛府真手結を行う。	『九暦』・『江家次第』
天暦二（九四八）		×		節会は停止したが、近衛府荒手結を行う。	『日本紀略』・『貞信公記抄』・『九暦』・『小野宮年中行事』
天暦三（九四九）		×			『日本紀略』
天暦四（九五〇）		○		五月三日に近衛府真手結を行う。	『左経記』
天暦五（九五一）		×			『本朝世紀』
天暦八（九五四）		×		五月七日に近衛府手番を行う。	『西宮記』・『九暦』

天暦九(九五五)		○	○		『西宮記』
天徳四(九六〇)		○		五月三日に六衛府が菖蒲輿を献じる。	『日本紀略』
応和二(九六二)		○		五月五日に典薬寮が菖蒲輿を献じる。	『日本紀略』
応和三(九六三)		×		小五月節代として、一四日に朱雀院で競馬を行う。	『日本紀略』・『北山抄』・『江家次第』
康保元(九六四)		×		皇后藤原安子崩御のために停止し、一四日に騎射を行う。	『西宮記』・『年中行事秘抄』
康保二(九六五)		×	○		『日本紀略』・『北山抄』
康保三(九六六)	○(二七日)〔武徳殿〕	○〔武徳殿〕			『日本紀略』・『北山抄』・『蜻蛉日記』

〔凡例〕
○は行事が実施されたことを示し、×は停止されたことを示す。※は式日通りではないが、『類聚国史』の分類に従い、端午節会としたことを示す。

註1　五月五日の走馬、六日の競馬の負態は一〇月二〇日前後に献じられる。走馬・競馬の実施例は確認できないが、負態を献じた記事から、天長四年に五月節会、天長七年・同八年・天安元年に競馬が行われたと判断した。

註2　承和元年の端午節会などの日程については『続日本後紀』にもとづいて記したが、『本朝月令』では「承和元年五月四日、天皇御武徳殿、閲覧四衛府馬射、五日亦御同殿、観親王以下五位已上所貢競馳馬、七日亦御同殿、令四衛府騁尽種々馬芸及打毬之態」とあり、異なる日付で記事を載せている。

奈良時代には『続日本紀』大宝元年（七〇一）五月丁丑（五日）条にみえるような走馬が行われたが、『日本書紀』推古天皇一九年（六一一）五月五日条に「薬二猟於菟田野一、取二鶏鳴時一、集二于藤原池上一、以二会明一乃往之、粟田細目臣為二前部領一、額田部比羅夫連為二後部領一、是日、諸臣服色、皆随二冠色一、各着二髻花一、則大徳小徳並用レ金、大仁小仁用二豹尾一、大礼以下用二鳥尾一」とあるように、奈良時代以前には薬猟が行われていた。薬猟では薬草を摘み鹿の角を得るための狩猟が行われており、薬猟と端午節会との関わりが従来から指摘されている[11]。

日本の薬猟の起源は中国と朝鮮にある。中国では五月五日に薬草を摘むことが民間行事として行われ、朝鮮では三月三日に薬物として効能を有する鹿角を得るための狩猟が行われていた。『三国史記』巻四五、列伝第五、温達伝に「温達、高句麗平岡王時人也、……高句麗常以二春三月三日一、会二猟楽浪之丘一、以二所レ獲猪鹿一祭二天及山川神一、至二其日一王出猟、群臣及五部兵士皆従、於レ是温達以二所レ養馬一随行、其馳騁常在レ前、所レ獲亦多、他無二若者一、……」とあり、杉山二郎氏はこの記事と高句麗古墳壁画にみえる狩猟図や高句麗の服飾・冠飾をあわせて考えて、推古天皇一九年の記事との類似性を指摘された[12]。和田萃氏は日本古代の薬猟の源流は中国の民間で行われていた五月五日の採草習俗にあるが、もう一方で薬物の鹿角をとるための狩猟儀礼をしる高句麗の人々が日本に渡来したことによって伝わり、両儀が習合して推古朝において行事として受容されたと論じられている[13]。また大日方克己氏は薬猟が朝鮮半島の狩猟と中国の採薬行事に源流をもちながら、田植と関わる農耕予祝儀礼としての狩猟と習合して成立し、推古朝の暦と暦日意識の導入によって五月五日の行事としていちはやく王家の儀礼として採用されたと述べられた[14]。

次に奈良時代の端午節会について検討する。奈良時代の端午節会の実施例はあまり確認できないが、これは年中行事を省略したという『続日本紀』の編纂方針によるところが大きいとみてよい[15]。例えば端午節会の実施・停

止が確認できない天平宝字元年（七五七）については、次の詔から実施されていたことがしられる。

【史料1】『続日本紀』天平宝字二年三月辛巳（一〇日）条

詔曰、朕聞、孝子思レ親、終レ身罔レ極、言編二竹帛一、千古不レ刊、去天平勝宝八歳五月、先帝登遐、朕自レ遘二凶閔一、雖レ懐二感傷一、為レ礼所レ防、俯従二吉事一、但毎レ臨二端五一、風樹驚レ心、設レ席行レ觴、所レ不レ忍レ為也、自今已後、率土公私、一准二重陽一、永停二此節一焉、

孝謙天皇は天平勝宝八歳（七五六）五月乙卯（二日）に父聖武太上天皇が崩御した後も[16]端午節会に参加していたが、参加する度に心が傷むという。今後は重陽節が天武天皇の忌日の九月九日にあたるために停止されているように[17]、端午節会を停止するようにと詔を下している。本詔から聖武太上天皇が崩御した天平勝宝八歳より天平宝字元年までの間、端午節会が行われたことがしられる。また本詔が出された後は宝亀八年（七七七）まで端午節会が行われたことを示す史料はなく、天智系の光仁天皇が即位するまで端午節会が開かれなかった可能性は高い。少なくとも聖武天皇の娘である孝謙（称徳）天皇の在位中に端午節会は開かれなかったと考えられる。

光仁朝に入ると端午節会は再開される。実施例は宝亀八年であるが、国司による国飼馬の端午節会への牽進を定めた宝亀五年（七七四）五月九日太政官符（後掲【史料9】）などからみて、宝亀八年以前に光仁天皇のもとで端午節会は復興されたようである。光仁朝の端午節会の復興については、国飼馬制とあわせて後述する。

光仁朝に再開された端午節会は桓武朝・平城朝においても引き続き行われたが、疫病などで停止される場合があった。

嵯峨朝ではほぼ毎年行われたことが史料上確認される。とくに弘仁七年（八一六）四月乙巳（一〇日）には右大臣藤原園人が嵯峨天皇に上書して端午節会の停止を求めたが、嵯峨天皇は行っている[18]。

嵯峨朝は端午節会において画期であったようである。まず端午節会で用いられる楽の「蘇芳菲」は『教訓抄』「此曲五月節会、舞二御輿之御前一是従二弘仁一初テ競馬ノ行幸奏レ之、対二右狛竜一小馬形乗、……古記云、此舞弘仁ヨリ初テ競馬行幸奏之、……」とあり、弘仁期よりはじめられたという。次に国飼馬の貢進日を定めた承和一三年（八四六）三月二一日太政官符にも「……弘仁以往、件御馬以二四月廿日一為二入京之期一、……」とあり、[19]国飼馬の貢進においても弘仁期に何らかの変更があったことをうかがわせる。

弘仁一四年（八二三）四月庚子（一六日）に嵯峨天皇の譲位により即位した淳和天皇は、次のような詔を下した。

【史料2】『類聚国史』巻七三、歳時四、天長元年（八二四）三月丁巳（八日）条

詔曰、……其五月四日者、皇太后昇遐之日也、何隣二忌景一、遑レ恣二良遊一、五月之節、宜レ従二停廃一、夫□二絶窺覦一、理資二武備一、防二閑奸究一、実属二戎昭一、国之大事不レ可二而闕一、思下欲依二旧事一、以閲中人徒上、是則居レ安慮レ危之道也、卿等宜二議奏聞一、

淳和天皇は端午節会が国家において重要な儀式であると指摘した上で、延暦七年（七八八）五月辛亥（四日）に薨去した母の贈皇太后藤原旅子の忌日が節会に近いので、[20]どのようにすべきかと詔を下した。これに対して公卿は次のように奏上している。

【史料3】『類聚国史』巻七三、歳時四、天長元年三月乙亥（二六日）条

公卿覆奏言、……伏惟皇帝陛下、情深罔レ極、事切二終身一、対二凱風一以无レ忘、瞻二寒泉一而永慕、爰臻二忌月一、停二此娯遊一、凡厥群臣、不レ任二悽感一、但馬射之道、於レ武尤要、冀北龍駒、山西猨臂、資レ習而増レ気、奇哉、夫九月九日者、所謂重陽也、龍沙広宴之辰、馬台高賞之節、風至時涼、馬肥人暇、古之王者、多以二茲日一有レ観二馬射一、伏望乗二此良節一、以臨二射宮一、臣等請奉レ詔、付レ外施行、

公卿は天皇の意向は当然のことで本来節会は停止すべきであるが、馬（騎）射は重要であるため、古の王の例にしたがって九月九日に移して行うべきであると覆奏した。

天長元年の端午節会が行われたかどうかはわからないが、『年中行事抄』に「天長元年三月詔、五月四日、皇太后昇遐之日也、五日之節宜レ従二停止一、同二年九月九日、臨二射宮一観二馬射一、依レ憚二御忌日一也」とあり[21]、公卿の覆奏にあるように天長二年には馬射が九月九日に行われたことがわかる。

しかし承和一三年三月二一日太政官符には「……依二太政官去天長三年三月廿九日符旨一、改二五月五日一以二四月廿七日一為レ節、……」とあり[22]、翌三年には端午節会を五月五日から四月二七日に移して行われることになったようである。四月駒牽と端午節会の日程上の関わりは『儀式』巻八、五月五日儀に「前七日車駕御二武徳殿一、蒐二閲覧御馬、謂二牽駒一」とあるように、四月駒牽は端午節会の七日前に行われるものであり、端午節会の二七日への移動に伴い四月駒牽は二〇日に行われることになる。したがって『類聚国史』巻七三、歳時四、天長六年（八二九）四月己巳（二〇日）条の「御二武徳殿一、覧二諸国所レ進駒一」は四月駒牽の実施記事であり、この記事が四月駒牽の初見記事である。

天長一〇年（八三三）二月乙酉（二八日）に淳和天皇が譲位して嵯峨天皇皇子の仁明天皇が即位すると、四月戊寅（二一日）に「天長元年有レ詔、廃二五月五日節一、為レ隣二近皇太后昇遐之日一也、但事在二練武一、不レ可二闕如一、所以改用二四月廿七日一、至レ是太政官論奏、停二彼権制一、仍レ旧宣遊、許レ之」[23]として、端午節会が四月二七日に行われていたことは仮の措置であり、淳和朝以前の五月五日に復して行うとした。

文徳朝では端午節会は開かれず、勅使が派遣されて別の日に騎射・競馬が行われた。天安元年（八五七）の六日競馬も文徳天皇が出御して行われた可能性は低いだろう。清和天皇は貞観三年（八六一）・四年・六年に端午節

会に出御したことがしられるが、貞観七年以降は全く出御していない。陽成天皇は在位中の七回の端午節会のうち四回出御している。光孝天皇は在位中すべての端午節会に出御している。

宇多朝においても端午節会は開かれている。醍醐朝では延喜年間に節会が行われていたが、延長年間ではほとんど節会が開かれず、騎射である近衛府手結のみが行われるようになり、端午節会の分解がはじまる。その後、朱雀朝の天慶七年（九四四）に一六年ぶりに端午節会が行われた。しかし一六年間行われなかったことによって様々な面において混乱が生じている(24)。

以上、端午節会を中心にその変遷をみてきたが、管見の限りでは古代において端午節会が行われた最後の例は康保三年（九六六）である。端午節会が開催された例は史料上に確認されるが、四月駒牽が行われたことを示す史料は端午節会に比べて少ない。しかし四月駒牽と端午節会との関連性や康保三年の端午節会においても五月三日に駒牽が行われていたことから、端午節会が開かれた場合には四月駒牽は行われたと考えられる。

それでは四月駒牽はいつ頃成立したのだろうか。その点を考える上で重要な視点になるのが、国飼馬制の存在であるように思われる。

三　国飼馬制の成立と展開

国飼馬は端午節会に供奉する馬の一つである。国飼馬はこの時に六二疋の馬を貢進しており、四月駒牽において欠くことのできない存在であったと考えられ、国飼馬制の成立や役割について考察することは四月駒牽の成立を考える上で重要であるように思われる。

『延喜式』にみえる国飼馬に関する条文をまとめると、次の通りである。

【史料4】延喜馬寮式国飼条

凡諸節及行幸応レ用二国飼御馬一者、勘二量須数一奏聞、乃下二官符一令レ進、唯牧放飼馬者、寮移二当国一、国即令二牧子牽送一、但摂津国鳥養牧、豊島牧不レ移二当国一、寮直放繋、

【史料5】延喜馬寮式国飼数条

凡国飼御馬者、山城国六疋、左寮、大和国五疋、右寮、河内国六疋、右寮、摂津国十疋、右寮、伊勢国十疋、左寮、近江国十疋、左寮、美濃国十疋、右寮、丹波国五疋、左寮、毎年預前五月五日節差二専当国司一牽進、

【史料6】延喜馬寮式青馬条

凡青馬廿一疋、自二十一月一日一至二正月七日一、二寮半分飼之、一疋互飼、其料日秣米五升、大豆二升、灯油二合、奏聞請受、国飼以二正税一充之、……

【史料7】延喜主税式国飼秣条㉕

凡国飼馬秣米者、……其牽二青馬一夫者、畿内及近江、丹波起二十二月廿五日一迄二正月八日一、人別日米一升二合、塩一勺二撮、牽二走馬一夫者、畿内及近江、丹波起二四月廿五日一、伊勢、美濃等国起二同月廿一日一、迄二五月七日一並給レ食、

国飼馬は畿内近国の八か国に置かれ、その飼養は各国の責任で飼養され、諸節（白馬節会・端午節会）や行幸などの際に必要に応じて貢進されるものであった㉖。国飼馬を用いる場合、馬寮は使用する数を勘量して奏聞し、太政官符が国に下される。太政官符を受けて国飼馬は国司によって都へ牽進される。また白馬節会や端午節会に際しては、それぞれの国々によって国飼馬の入京期日が定められている。

国飼馬制についてはすでに先学が指摘されており、まず諸氏の指摘をみておく。西岡虎之助氏は国飼馬制の成立時期を奈良時代中期とし、国飼馬は諸牧から貢進された馬を肥壮させるために一時的に畿内および京師附近の国々に配布したものであり、京師の急事に際して速やかに対応させることを目的に設置したと論じられた[27]。薗田香融氏は国飼馬が置かれた国と飼戸の分布の一致から、国飼馬制は畿内およびその周辺諸国に置かれた馬飼から馬が進上されていたことに起源をもつと指摘された[28]。山口英男氏は薗田氏の指摘を受けて、国飼馬的制度の存在が令制以前のかなり古い時期まで遡るとされ、馬の往き来の容易な畿内近国からは令制当初より国飼馬の形で牧馬貢上が行われたと考えられ、国飼馬は必要に応じて京に貢進されるものであったとされた[29]。また松本政春氏は国飼馬制が馬寮への乗馬貢上制度としての古くからの性格を残しつつ、天平一二年（七四〇）の藤原広嗣の乱以後、藤原仲麻呂の発議によって京師での反乱・陰謀等の緊急事態に対処すべく、畿内およびその周辺国における国司の騎馬軍事力強化を目的に成立したと論じられた[30]。

それではまず国飼馬制の初見記事である宝亀三年（七七二）五月二二日太政官符と宝亀五年（七七四）五月九日太政官符を引用しよう。

【史料8】『類聚三代格』巻一八、国飼并牧馬牛事

太政官符

応レ専二当国飼御馬一官人事

右被二内大臣宣一偁、奉レ勅、国飼御馬、設為二機速一、而大和、河内、摂津、山背、伊勢、近江、美濃、丹波、播磨、紀伊等諸国所レ飼、或有二病患一或有二疲弊一、若有二彼事一、必致二闕失一、此国司等不レ存二捉搦一、怠慢所レ致、奉公之道豈合レ如レ此、宜レ令下長官一専二当其事一、能加二検校一、勿上レ令二更然一、自今以後、永為二恒例一、

宝亀三年五月廿二日

【史料9】『類聚三代格』巻一八、国飼并牧馬牛事

勅、供二奉端五之節一、国飼御馬、自今以後、宜下付二専知官一貢進上、如有二事故一者、差二目已上官一充替、

宝亀五年五月九日

【史料9】から宝亀年間に端午節会が再開されたことがしられるが、【史料8】によって守が国飼馬の飼養の責任者となった。【史料9】では端午節会に供奉する国飼馬が貢進される際には専知の国司が派遣され、専知の国司に事故があった場合には目以上の国司が替わって遣わされるとした。とくに【史料8】が出された背景について松本氏は宝亀年間初期における井上内親王の廃后や他戸親王の廃太子、そして山部親王の立太子などの政情不安のなかで、これらの一連の事件に対して不満を抱く人々を抑えるための強力な騎兵体制の確立が当時急務となり、その基盤を強化するためとされた[31]。

しかしこれらの太政官符が出された背景については、端午節会の変遷から別の解釈が成り立つように思う。前節において端午節会の変遷についてみたが、孝謙天皇は天平宝字二年三月辛巳に天平勝宝八歳五月二日に崩御した父聖武天皇の忌日が端午節会に近いことから、今後の端午節会を停止する詔を下している。その後宝亀八年までの一九年間端午節会が行われたことを示す史料はなく、孝謙天皇（称徳天皇）が崩御するまで、端午節会は再開されることはなかったと考えられる。

神護景雲四年〔宝亀元年〕（七七〇）八月癸巳（四日）に称徳天皇が崩御し[32]、光仁天皇が即位した。天智天皇皇子施基親王の子である光仁天皇のもとでは聖武天皇の忌日にとらわれることなく、端午節会を開くことが可能となった。端午節会が再開された時期は不明であるが、仮に【史料8】が出された宝亀三年とすると[33]、天平宝字二

年（七五八）から宝亀三年（七七二）までの一四年間端午節会は行われなかったことになる。この一四年間の空白が国飼馬制に大きな影響を与えたのではないだろうか。光仁天皇の即位によって端午節会が十数年ぶりに行われ、孝謙天皇によって停止される以前と同様に国飼馬を貢進させたところ、国飼馬が端午節会に用いるに堪えうるものではなかった。その結果、国飼馬制の建て直しとその責任の所在を明らかにするために【史料8】の太政官符が出されたと考えられる。また【史料9】の太政官符によって、国飼馬の管理責任者である国司による国飼馬の都への牽進を定めた目的は、勅旨牧から馬が貢上される際に牧の最高責任者である牧監が牽進したのと同様に、馬の貢上時にその馬の質が低ければその場で国司の責任を問うためであったと思われる。[34]

それでは国飼馬制はどのような目的をもって設置されたのだろうか。【史料8】に「国飼御馬、設為二機速一」とあることから、西岡氏は「機速とは京師を中心としていうので、京師の急事に際してはすみやかにこれに応じさせるために、そのもっとも有効な方法として、京師附近の国々にかぎって特別に馬を配布して飼養させたものである」と述べられた。[35]松本氏は「機速」と類似する「機急」という語句から、西岡氏が述べられた「京師の急事に際してはすみやかにこれに応じさせるため」とは、京師をまきこんだ反乱勃発のような軍事的緊急事態に対応したものであったとされた。[36]松本氏は国飼馬制が馬寮への乗馬貢進制度としての古くからの性格を残しつつ、京師での反乱・陰謀等の緊急事態に対処すべく、畿内およびその周辺諸国における国司らの騎馬軍事力を強化することを目的として成立したと論じられた。

しかし馬を必要とすることは有事に限ったものではなく、平時においても外交使節の迎接や行幸などで必要とされるものであった。[37]したがって国飼馬の利用を軍事にのみ限定して考える必要はない。京師において大量の馬が緊急に必要となった場合、諸国に置かれた公的牧や奈良時代後期以降であれば東国に置かれた勅旨牧・諸国牧

などから馬を貢進させたのでは京師までの逓送に時間を要し、緊急時の徴発には対応できない。そのような場合には勅旨牧などから馬が貢進されるのではなく、京師に近い国々から国飼馬が貢進されるという仕組みがあったのではないだろうか。国飼馬制の目的である「国飼御馬、設為㆓機速㆒」とは京師において大量の馬を緊急に要する場合に、国飼馬を飼養する国がその機に応じて速やかに貢進することであったと考えられる。国飼馬はそのような場合に備えて良馬を常に飼養していることを求められたと想定できよう。

また宝亀年間に端午節会が再開されてすぐに国飼馬に関する太政官符が出されたことから、国飼馬は端午節会に欠くことのできない存在であったと考えられる。四月駒牽で国飼馬を貢進させることの目的は、王臣の馬を集会させた場合と同様に[38]検閲であったと指摘されている[39]。端午節会で行われる馬射を期しての貢上であったことから、馬射とともに国飼馬の制度が古い起源を有するものと論じられている[40]。

四月駒牽の成立時期については宝亀年間と論じられてきた[41]。私は四月駒牽と端午節会そして国飼馬との関連性などから、四月駒牽の成立時期は古く令制以前に遡る可能性を有していると考える。ただその成立時期を特定することは難しくその可能性を指摘するに留めるが、宝亀年間に端午節会が再開されてすぐに国飼馬に関する太政官符が出されていることに注目すると、少なくとも端午節会が停止される天平宝字元年（七五七）以前にはすでに四月駒牽が成立していた可能性は高いと思われる。

四　四月駒牽と八月駒牽の比較

八月駒牽は甲斐国・武蔵国・信濃国・上野国の四か国に置かれた勅旨牧から馬が中央に貢進される儀式で、そ

の儀式次第を『政事要略』所引『西宮記』によりながら、信濃国勅旨諸牧を例にしてみておきたい。

①尋常政が終了した後に大臣以下が侍従所から左衛門陣に着く。

②主当寮の允もしくは属が御馬解文を外記に進める。外記は大臣に進め、大臣が閲覧する。

③大臣は御馬解文を閲覧し終えた後に御所に赴き、蔵人に付して解文を奏上する。

④左衛門府官人が穏座を敷いて王卿は穏座に移り、囲碁などを行う。

⑤御所から大臣に解文が返給され、大臣は左近衛陣座に着く。

⑥天皇が紫宸殿に出御し、親王・公卿らが左仗座に着く。

⑦大臣が内侍に召されて簀子敷座に着く。牧監、左右近衛番長らが日華門より御馬を牽き入れて、天皇の前に整列させる。

⑧牧監が第一の御馬を牽き、左右近衛番長らがその他の御馬を牽いて日華門から参入する。

⑨天皇の前を三廻りした後に大臣が「騎レ」と宣す。官人が御馬に騎乗する。

⑩七・八廻りした後に大臣が「下リ」と宣し、官人が御馬から下りる。馬寮官人が御馬を整列させる。

⑪大臣が左右近取手を召す。左右取手が称唯して日華門・月華門より参入する。

⑫大臣が「御馬ヲ取レ」と宣し左右が称唯して御馬の列のなかに入り、交互に御馬を天皇の前に牽き出し左右が称唯して馬の牧名・郎名を奏す。

⑬大臣が参議に命じて取手に伝えるか、もしくは取手に目くばせして「暫ク」と仰す。

⑭王卿が殿上より下りて御馬を一疋選び、天皇の前に牽き出して一拝し日華門より退出する。王卿は敷政門より昇殿して着座する。

⑮左右近衛中少将・馬頭助らに御馬を給う。さらに遺馬を左右馬寮に給う。
⑯左右近衛番長以下が取手の取り分けた御馬に鞍を置いて馳せる。
⑰王卿以下で御馬を賜った人は桜樹西頭に列立し、拝舞する。終わると各々退出する。
⑱天皇が還御する。

以上が信濃国勅旨諸牧の八月駒牽の儀式次第である。八月駒牽では天皇が紫宸殿もしくは武徳殿に出御し、天皇の前に勅旨牧（御牧）から貢上された馬が牽かれる。信濃国勅旨諸牧の場合は、左右馬寮・王卿・近衛府官人・馬寮官人らに馬が支給・賜与される。

従来八月駒牽に関する研究では四月駒牽と八月駒牽との関連性が指摘されてきた。大日方克己氏は「貢馬と駒を牽くことで表現される天皇と諸臣・諸国の関係を表現する儀礼は、八世紀には五月五日節とその関連の儀式のなかに包摂されていたと考えられる。……八世紀後半から九世紀初頭の官司と牧、牧馬貢上制度の再編のなかで貢馬と駒牽の儀礼も、五月五日節のそれと、御牧のそれに再編されていったといえる」と述べられた(42)。山口英男氏は「四月駒牽と御牧からの駒牽で、内容上共通する要素もみられるのは、四月駒牽の存在を前提に御牧からの駒牽の儀式内容が整えられたためであろう。御牧からの駒牽をおこなう場が当初は武徳殿であったのも、こうした儀式内容の共通性を背景にしているのであろう」と論じられた(43)。

まず四月駒牽と八月駒牽の儀式内容を比較すると、儀式が執り行われる場は四月駒牽も八月駒牽も武徳殿であった。八月駒牽は貞観年間以降、儀式の場を武徳殿から紫宸殿に移動した。四月駒牽は儀式の場を移動することなく武徳殿で行われたことが実施例から確認されるが、これは端午節会が武徳殿で行われていたことと関連するのだろう。ただ『清涼記』逸文に「於二南殿一有二此儀一」とあり(44)、紫宸殿で行われた可能性もある。

次に儀式の内容について比較しよう。四月駒牽と八月駒牽において一致する点は天皇が武徳殿・紫宸殿に出御し、天皇の前に馬が牽かれるという点である。四月駒牽では左右馬寮が閑廐で飼養する馬各八〇疋と畿内・近国で飼養される国飼馬各三一疋を天皇の前に牽き、天皇の前で走らせる。八月駒牽でも馬寮は勅旨牧から貢上された馬を天皇の前に牽き出し、走らせてその能力を定めている。

一方で両儀式の相違点は四月駒牽では騎射を行うのに対して、八月駒牽では行われない点である。四月駒牽では天皇の前をすべての馬が度り終えると馬寮官人が一度すべての馬を馬寮に戻し、鞍を置いて近衛府官人・兵衛府官人らが騎乗して再び武徳殿に入り騎射を行う。しかし八月駒牽では騎射を行うことはなく、儀式が終了している。逆に八月駒牽では馬寮や馬寮官人・近衛府官人・王卿らに馬が支給・賜与されるが、四月駒牽ではそのような馬の支給・賜与は行われない。

以上のように四月駒牽と八月駒牽には同じ「駒牽」と称した儀式でも一致する点と一致しない点がある。従来は四月駒牽と八月駒牽に共通する点があることから、八月駒牽が四月駒牽を前提にして作られた儀式とも、八月駒牽が八世紀段階では四月駒牽に包摂され、九世紀初頭の馬政官司再編や牧制度の再編によって分離したとも論じられてきたが、共通しない点から考えるとそのような理解には賛成し難い。八月駒牽では勅旨牧から貢進された馬が馬寮や臣下に支給・賜与されるが、四月駒牽ではそのような馬の支給・賜与はない。とくに八月駒牽の研究では馬を臣下に賜与することが重視され、そこから八月駒牽が天皇に対し貢馬を進める東国諸国の服属の意を示し、儀式に供奉し馬を賜与された貴族たちが馬を牽くことから天皇に臣従を示す儀式とも[45]、天皇を中心に上皇・皇太子・摂関・王卿、そして御牧の在地との関係を包摂する秩序を媒介する貢馬の流れを律するかなめの儀式とも論じられてきたが[46]、四月駒牽においては馬の支給・賜与が行われなかったことを考えると、馬の支給・賜

与のみを重視するのは問題ではないだろうか。

そこで改めて両儀式に共通する点について注目してみたい。四月駒牽と八月駒牽で共通する点は天皇が一定の場所に出御し天皇の前に馬が牽かれて、天皇がそれらの馬を視るという点である。四月駒牽と八月駒牽がその儀式内容に前述のような異なる部分を有しながらも、両儀式が駒牽と呼ばれたのには両儀式の本質がここにあったためと考える。そのように考えると、『弘仁式』・『延喜式』において四月駒牽が『儀式』のように「牽駒」と記載されずに[47]、天皇が馬（駒）を覧すという「御覧駒式」と記載されたことも理解できるように思われる。

おわりに

以上、四月駒牽の儀式内容やその変遷について検討し四月駒牽と八月駒牽を比較することで、「駒牽」がどのような意味をもつ儀式であったかを考察してきた。述べてきたことをまとめると次の三点になる。

①四月駒牽は天皇が端午節会や六日競馬に用いる馬を視る儀式である。四月駒牽に牽かれていない馬はたとえ駿馬であろうとも端午節会や六日競馬で用いることはできない。四月駒牽は端午節会や六日競馬と密接な関連性をもつ、それらの儀式の前提儀式であったと評価できる。

②四月駒牽の実施例は端午節会の実施例などに比べると少ない。四月駒牽の初見記事は天長六年（八二九）であるが、端午節会や六日競馬との密接な関わりからみて、端午節会が開かれた場合には四月駒牽も実施されていたと考えられる。四月駒牽の成立時期については国飼馬制とあわせて考えることによって令制以前に遡りうる可能性があり、天平宝字元年（七五七）以前にはすでに成立していたと思われる。

③八月駒牽は八世紀段階では四月駒牽に包摂されていたと考えられてきたが、四月駒牽・八月駒牽において馬を支給・賜与しないという相違点があるため、八世紀後半から九世紀初頭における馬政官司や牧制度の変遷のなかで分離したとは考えにくく、両者は別々に成立した儀式であったと考えられる。

従来四月駒牽は八世紀段階では八月駒牽を包摂していたと理解されてきたが、四月駒牽と八月駒牽を比較検討すると両儀式には共通しない部分があり、両儀式は別々に成立したと論じた。しかし共通しない部分を有しながらも両儀式が「駒牽」と称されたことから、「駒牽」とは天皇が牽き出された馬を視ることに最大の目的を置いた儀式であったと考えられる。

註

（1）大日方克己「駒牽の基礎的考察」（『古代史研究』六、一九八七年。のち「八月駒牽―古代国家と貢馬の儀礼―」と改題して『古代国家と年中行事』、吉川弘文館、一九九三年に再録）一四二頁。

（2）山口英男「駒牽と相撲」（山梨県編『山梨県史』通史編一、山梨県、二〇〇四年）七七五・七七六頁。

（3）弘仁馬寮式逸文（『本朝月令』五月三日六衛府献昌蒲并花事所引）によると、近衛府官人・兵衛府官人が馬寮に向かい、五三疋の馬を選んで近衛埒において騎射を行い、近衛大将・兵衛督が検閲を加えるというものであった。『延喜式』に小五月会のことがみえないのは、延喜一七年に小五月会が廃止されたためである。

（4）延喜馬寮式覧駒条。

（5）延喜馬寮式飼馬条。

（6）『類聚三代格』巻一八、国飼并牧馬牛事、宝亀五年五月九日太政官符（【史料9】）。

（7）『儀式』巻八、四月廿八日牽駒条。

（8）『西宮記』巻三、四月廿八日駒牽事。
（9）貞観馬寮式逸文（『本朝月令』五月六日競馬事所引）。
（10）弘仁馬寮式逸文（『本朝月令』四月廿八日駒牽事所引）は取意文であり、とくに後半部分が省略されていると思われる。『弘仁式』と『延喜式』の字句を比較すると、いくつかの点で違いがある。例えば牽かれる馬数について『弘仁式』には記載がないが、『延喜式』には「櫪飼御馬八十疋、国飼卅一疋」とある。貞観馬寮式逸文（『本朝月令』四月廿八日駒牽事所引）に「今案、櫪飼御馬八十疋、国飼卅一疋」とあり、この改定が『貞観式』で行われたことがしられる。このような『弘仁式』と『延喜式』で異なる部分は『貞観式』によって改定された部分であると思われる。
（11）薬猟と端午節会との関わりについては、倉林正次「五月五日節」（『饗宴の研究』文学編、桜楓社、一九六九年）、杉山二郎「薬猟考」（『朝鮮学報』六〇、一九七一年）、和田萃「薬猟と本草集注―日本古代の民間道教の実態―」（『史林』六一―三、一九七八年。のち「薬猟と本草集注―日本古代における道教的信仰の実態―」と改題して『日本古代の儀礼と祭祀・信仰』中、塙書房、一九九五年に再録）、中村喬「五月端午節」（『中国の年中行事』、平凡社、一九八八年）、大日方克己「五月五日節」（『古代国家と年中行事』、吉川弘文館、一九九三年）などを参照した。
（12）杉山二郎註（11）論文一〇四頁。
（13）和田萃註（11）論文一一〇～一一五頁。
（14）大日方克己註（11）論文五九頁。
（15）清水潔「『続日本紀』と年中行事」（皇学館大学史料編纂所編『創立十周年皇学館大学史料編纂所論集』、皇学館大学出版部、一九八九年）。
（16）『続日本紀』天平勝宝八歳五月乙卯条。
（17）天武天皇が朱鳥元年九月丙午に崩御したことにより、奈良時代では重陽節会は停止された。重陽節会については、二星祐哉「平安初期における重陽節の復興」（『日本歴史』七七一、二〇一二年）を参照した。
（18）『類聚国史』弘仁七年四月乙巳条。

(19)『類聚三代格』巻一八、国飼并牧馬牛事。
(20)『続日本紀』延暦七年五月辛亥条。
(21)『年中行事抄』五月五日節会事。
(22)『類聚三代格』巻一八、国飼并牧馬牛事。
(23)『続日本後紀』天長一〇年四月戊寅条。
(24)『九条殿記』天慶七年五月五日条。
(25)弘仁主税式にもほぼ同様の記載があり、国飼馬を貢上する国に『弘仁式』では伊賀国・播磨国がみえるが、『延喜式』では両国が国飼馬を貢上する国から外れているという違いが確認される。また【史料8】宝亀三年五月二一日太政官符にも宝亀年間の国飼馬を飼育する国が列挙されている。太政官符と『弘仁式』を比較すると、太政官符には紀伊国がみられるが、『弘仁式』にはみられない。このように国飼馬は時期によって異動があり、宝亀年間と『弘仁式』との貢上国の違いの背景には平城京から平安京への遷都が考えられる。
(26)山口英男「八・九世紀の牧について」(『史学雑誌』九五―一、一九八六年)三三頁。
(27)西岡虎之助「武士階級結成の一要因として観たる『牧』の発展」(『史学雑誌』四〇―二・三・五・七・八、一九二五年。のち「武士階級結成の一要因としての『牧』の発展」と改題して『荘園史の研究』上、岩波書店、一九五三年に再録)三五〇～三五二頁。
(28)薗田香融「わが上代の騎兵隊」(『史泉』二三・二四、一九六二年。のち『日本古代の貴族と地方豪族』、塙書房、一九九一年に再録)一一二頁。
(29)山口英男註(26)論文三二～三四頁。
(30)松本政春「国飼御馬制と藤原仲麻呂」(『日本歴史』五八五、一九九七年。のち『奈良時代軍事制度の研究』、塙書房、二〇〇三年)三九四・三九五頁。
(31)松本政春註(30)論文三八九頁。

(32)『続日本紀』神護景雲四年〔宝亀元年〕八月癸巳条。

(33)【史料9】から、端午節会が少なくとも宝亀五年には再開されていたことがしられるが、端午節会と国飼馬との関わりが強いことから、【史料8】宝亀三年五月二一日太政官符をもとに端午節会が宝亀三年には再開されていたと推定した。宝亀二年の端午節会の実施は史料上不明であるが、光仁天皇の皇后が孝謙天皇と同じく聖武天皇皇女の井上内親王であったことを考えると、端午節会は行われなかったように思われる。しかし宝亀三年三月癸未に井上内親王が廃后されたことによって（『続日本紀』）、光仁天皇が聖武天皇の忌日に関わらず端午節会を行える条件が揃ったと考えられる。

(34)延喜馬寮式御牧条。牧監は八月駒牽の際に第一の馬を牽くが、貢上した馬が良質であった場合には『醍醐天皇御記』逸文延喜五年八月一四日条に「於仁寿殿覧秩父御馬、帰御、以黄掛一領給牧司利春」（『西宮記』巻五、駒牽裏書）とあるように牧監は褒賞を受けることがあったが、『本朝世紀』天慶元年九月七日条や『九暦』天慶七年九月一四日条からは牧監が八月駒牽に参加しなかったことがしられる。八月駒牽は天皇が勅旨牧から貢進された馬を確認する儀式で、貢進された馬の善し悪しによっては牧の責任者の牧監が責任を問われる場でもあった。そのために牧監は八月駒牽の供奉を避けるようになったと考えられる。

(35)西岡虎之助註(27)論文三五一頁。

(36)松本政春註(30)論文三九四・三九五頁。

(37)薗田香融註(28)論文一〇二～一〇六頁。

(38)『日本書紀』天武天皇八年八月己未条・天武天皇一〇年是月条など。

(39)西岡虎之助註(27)論文三五一頁。

(40)薗田香融註(28)論文一一二頁。

(41)大日方克己註(1)論文七九頁。大日方氏は宝亀年間に国飼馬貢上が制度化したとされ、四月駒牽はそれと同時に成立したと考えられている。また倉林氏は、「駒牽の儀も、五日、六日両儀との密接な関連上弘仁期の初めには、成立をみていたと考えてよかろう」と述べられている（倉林正次註(11)論文一四一頁註(5)）。

(42) 大日方克己註(1)論文一四二頁。
(43) 山口英男註(2)論文七七五・七七六頁。
(44) 『年中行事抄』四月廿八日駒引事。
(45) 高橋富雄「古代東国の貢馬に関する研究―「馬飼」の伝統について―」(『歴史』一七、一九五八年)二三頁。
(46) 大日方克己註(1)論文一三八頁。
(47) 『儀式』巻八、四月廿八日牽駒儀。

第二章　八月駒牽について

はじめに

八月駒牽とは[1]毎年八月に甲斐国・武蔵国・信濃国・上野国の四か国に置かれた勅旨牧（御牧[2]）から天皇に御馬が貢進され（御馬逓送[3]）、天皇が武徳殿・紫宸殿に出御して御馬を視て（御馬御覧）、その後馬寮や諸臣に馬が分給・頒給されるという儀式で、その成立時期は平安時代とされている。また同じく「駒牽」と称された年中行事に四月駒牽が存在する。四月駒牽は四月二八日に天皇が武徳殿に出御し、閑廏で飼養される馬や畿内近国で飼養される国飼馬を視て、五月五日節会（端午節会）・五月六日競馬で用いる馬を選ぶ儀式で、奈良時代には成立していたと考えられている[4]。

従来八月駒牽については天皇が勅旨牧から貢上された御馬を諸臣に賜与する点に注目され、服属儀礼とも天皇と諸臣との君臣関係を確認・強化する儀式とも論じられた[5]。私も天皇が諸臣に馬を賜与することによって天皇と諸臣との君臣関係が強化されるという理解に異論はない。しかし、後述するように八月駒牽のなかには諸臣への馬の賜与を行わないものもあり、天皇から諸臣への馬の賜与に関する考察から得られた理解を諸臣に馬を賜与しない八月駒牽にもあてはめてよいだろうか。また、八月駒牽の成立時期については平安時代とされているが、仮に八月駒牽が服属儀礼であったとすると、平安時代に入りなぜそのような性格を有する儀式が新たに成立したの

かという疑問が残る。

本章では八月駒牽の儀式次第や画期とみなされている弘仁年間・貞観年間の関係史料に検討を加えて、八月駒牽の成立やその目的について改めて考察したい。

一　八月駒牽の儀式次第と研究史の整理

八月駒牽では甲斐国・武蔵国・信濃国・上野国の四か国に置かれた勅旨牧から御馬が貢進される。

【史料1】延喜馬寮式御牧条

御牧

甲斐国柏前牧、真衣野牧、穂坂牧、

武蔵国石川牧、小川牧、由比牧、立野牧、

信濃国山鹿牧、塩原牧、岡屋牧、平井手牧、笠原牧、高位牧、宮処牧、埴原牧、大野牧、大室牧、猪鹿牧、萩倉牧、新治牧、長倉牧、塩野牧、望月牧、

上野国利刈牧、有馬嶋牧、治尾牧(6)、拝志牧、久野牧、市代牧、大藍牧、塩山牧、新屋牧、

右諸牧駒者、毎レ年九月十日国司与二牧監若別当人等一、甲斐、信濃、上野三国任二牧監一、武蔵国任二別当一臨レ牧検印、共署二其帳一、簡二繋歯四歳已上可レ堪レ用者一、調良、明年八月附二牧監等一貢上、若不レ中レ貢者、便充二駅伝馬一、信濃国不レ在二此限一、若有二売却一混二合正税一、其貢上馬、路次之国各充二秣蒭并牽夫一、逓二送前所一、其国解者、主当寮付二外記一進二大臣一、経二奏聞一分二給両寮一、閲二定其品一、

九月一〇日に国司は牧監もしくは別当とともに勅旨牧に行き、駒に焼印が押される場に立ち会い、その後帳に

【表1】八月駒牽の式日・牧名・貢上数

式　日	牧　名	貢上数
8月7日	甲斐国勅旨諸牧（真衣野牧・柏前牧）	30疋〔元50疋〕
8月13日	武蔵国秩父牧	20疋
8月15日	信濃国勅旨諸牧（山鹿牧・塩原牧・岡屋牧・宮処牧・平井弖牧・埴原牧・大室牧・猪鹿牧・大野牧・萩倉牧・笠原牧・新治牧・高位牧・長倉牧・塩野牧）	60疋〔元80疋〕
8月17日	甲斐国穂坂牧	30疋
8月20日	武蔵国小野牧	40疋
8月23日	信濃国望月牧	20疋
8月25日	武蔵国勅旨諸牧（石川牧・小川牧・由比牧）	30疋
8月25日	武蔵国立野牧	20疋
8月28日	上野国勅旨諸牧（利刈牧・有馬嶋牧・治尾牧・拝志牧・久野牧・市代牧・大藍牧・塩山牧・新屋牧・有封牧）	50疋

本表は『新撰年中行事』をもとに作成した。貢上数は『延喜式』編纂後に勅旨牧に編入された秩父牧・小野牧を除く諸牧の延喜式段階の貢上数を、秩父牧・小野牧は編入当初の貢上数を示す。なお延喜式段階以前の貢上数と思われるもの（〔○疋〕）も併記している。

署名する。四歳以上の駒のなかから乗用に堪えうるものを選んで調良し、調良された御馬は翌年八月に牧監らに附して貢進される。御馬が京へ貢上される際に通過する国は秣蒭と牽夫を支給して逓送する。御馬が朝廷に到着すると、国解（御馬解文）が所管先の左右馬寮に提出され、馬寮が外記に送り外記から大臣へと送られ、さらに大臣から天皇へと進められる。奏聞を経た後に御馬は左右馬寮に分給され、その御馬の能力を定めるという。

【表1】は八月駒牽が行われる式日・御馬を貢上する諸牧・貢上数をまとめたものである。【史料1】には朝廷内で執り行われる儀式について簡単な記述しかなく、『北山抄』巻二、年中要抄をもとにして一部他書より内容を補いつつ、儀式次第をまとめると次の通りである。

〔A〕甲斐国勅旨諸牧

①外記が上卿に御馬解文を進める。②上卿は御馬解文を見終えると、御所について蔵人に付して御馬解文を奏上する。③天皇が紫宸殿などに出御する。上卿は天皇の

召によって参上して伺候する。④近衛が馬を牽いて庭中に入る。第一の御馬は牧監が牽く。⑤御馬が庭中を三周ほど廻った後に、上卿が「乗レ」と仰せて近衛が御馬に騎乗する。⑥さらに庭中を三周ほど廻った後、上卿が「下リ」と仰せて近衛が下馬する。⑦主当寮の馬頭・助らが御馬を整列する。⑧御馬一疋を春宮亮に付して春宮に馬を遣わす（上皇・摂政・関白に御馬を賜与する場合には近衛次将に付して遣わす）。⑨上卿は左右取手（左右近衛将・左右馬頭助）を召して左右取手が参入する。⑩上卿は「取レ」と宣して左右取手は相互に馬を選ぶ。馬を選び終えると、取手は御馬を天皇の前に牽き出して御馬の郎名を言う。⑪天皇が還御する。⑫上卿は陣座に移り、主当寮の馬寮官人を召して御馬解文を下す。

〔B〕信濃国勅旨諸牧

①親王・大臣以下、弁・少納言・外記・史らが左衛門陣饗座に着く。②献盃が行われる。三巡の後に上卿が大弁に侍従の参入を促して侍従が座に着く。③外記が御馬解文を上卿に奉じ、上卿は左仗座で御馬解文を披見する。④上卿は解文を見終えると、御所について御馬解文を奏上する。⑤献盃が五六巡したあたりで左衛門府官人が穏座を敷き、王卿は穏座に移る。⑥左衛門府が碁手銭を奉じ囲碁が行われる。⑦上卿は左近陣座に着く。⑧天皇が紫宸殿に出御する。⑨大臣・王卿・出居らが左仗座に着く。⑩上卿は天皇の召によって簀子敷座に伺候する。⑪左近衛将監が版位を取る。⑫御馬が庭中に牽き入れられる。⑬御馬が庭中を三周ほど廻った後に上卿が「乗レ」と仰せて、近衛が御馬に騎乗する。⑭さらに庭中を三周ほど廻った後に上卿が「下リ」と仰せて、近衛が下馬する。⑮主当寮の馬頭・助らが御馬を整列する。⑯上卿は左右取手を召し左右取手が参入する。⑰上卿は「取レ」と宣して左右取手は相互に御馬を選ぶ。選び終えると、取手は御馬を天皇の前に牽き出して郎名を言う。⑱上卿

が「暫シ」と仰せて上卿・王卿は殿上より下り、御馬を選ぶ。選び終えると御馬綱を執り、天皇の前に馬を牽いて一拝する。その後日華門外に御馬を牽き出す。⑲上卿・王卿は本座に復す。⑳左右取手が遺馬を同様に選び取る。㉑御馬に鞍を置いて再び庭中に牽き入れ、日華門より月華門に向かって馳走させる。㉒御馬を賜った王卿以下は庭中に列立して拝舞する。㉓天皇が還御する。

〔C〕上野国勅旨諸牧

①天皇が紫宸殿に出御する。②近衛次将が上卿を召す。③近衛次将が版位を取る。④御馬が庭中に牽かれる。⑤御馬が庭中を三周ほど廻った後に上卿が「乗レ」と仰せて、近衛が御馬に騎乗する。⑥さらに庭中を三周ほど廻った後に上卿が「下リ」と仰せて、近衛らが下馬する。⑦主当寮の馬頭・助らが御馬を整列する。⑧上卿が左右取手を召して取手が参入する。⑨左右取手が御馬を選び取る。⑩上卿が殿上侍臣（王卿以下小舎人以上）、信濃国勅旨諸牧の馬を給わる日に不参であった公卿、近衛将・馬頭助らに馬を給うべきの由を示す。⑪殿上人・非殿上人が御馬を選び、位階の序列にしたがって天皇の前に御馬を牽く。⑫左右取手が遺馬を取る。⑬天皇が還御する。⑭御馬を給わった人々は射場殿に行き拝舞する。

従来の研究では八月駒牽について考える上で天皇が諸臣に馬を賜与することに注目して、その性格や目的などが次のように論じられてきた。

高橋富雄氏は馬を牽くことが服属を示す行為であると指摘され、東国四か国が馬を貢進することや天皇から馬を賜与された人々が天皇の前で馬を牽くことは天皇に対して服属の意志を示し、天皇がそれを確認する儀式であったと考えられた(7)。

【表2】八月駒牽の分類

1	左衛門陣饗から儀式すべてに王卿が参列し、御馬の分給をうける信濃諸牧タイプ	信濃国勅旨諸牧・信濃国望月牧
2	御馬の分給のみをうける上野諸牧のタイプ	上野国勅旨諸牧
3	御馬の分給もなく天皇の御覧と馬寮への分給のみの内廷的なその他すべての諸牧のタイプ	甲斐国勅旨諸牧・武蔵国勅旨諸牧・甲斐国穂坂牧・武蔵国小野牧・武蔵国秩父牧・武蔵国立野牧

大日方克己氏は八月駒牽を「天皇を中心に上皇・皇太子・摂関・王卿、そして御牧の在地との関係を包摂する秩序を媒介する貢馬の流れを律するかなめの儀式」と評価された。[8]平安時代の八月駒牽の変遷を検討し、弘仁年間末期から天長年間までに八月駒牽が集中して記録されたのは八月駒牽の成立の画期と意識されていたためとされ、貞観年間中期に八月駒牽に関する記録が集中していることから、この時期に信濃国・上野国・甲斐国・武蔵国の四か国の貢馬と『西宮記』・『清涼記』に直接つながる駒牽の儀式が確立したと論じられた。

山口英男氏は八月駒牽を「天皇のもとへ貢上されてきた御馬を下賜することを通じて、儀式に参加する天皇と臣下の関係（君臣関係）を確認・強化する儀式」と評された。[9]御牧からの貢馬については弘仁一一年（八二〇）成立の『弘仁式』に関連条文がみえることから、これ以前より行われていたことは確かであるが、朝廷内での位置づけがどの程度のものであったかは不明とされている。また山口氏は貞観年間に後の通例につながる形の改編・整備が行われ、その背景には幼帝清和の君主としての権威を諸臣に対して、目にみえる形で示そうとする藤原良房の意志が働いていたと指摘された。

ところで大日方氏は王卿の儀式への関わり方から、八月駒牽を次の三種類に分類された。[10]

①左衛門陣饗から儀式すべてに王卿が参列し、御馬の分給をうける信濃諸牧のタイプ。
②御馬の分給のみをうける上野諸牧のタイプ。

③御馬の分給もなく天皇の御覧と馬寮への分給のみの、内廷的なその他すべての諸牧のタイプ。

大日方氏の分類にしたがって、八月駒牽を行う勅旨牧を分類したのが【表2】である。【表2】をみて注意すべき点は諸臣に馬を賜与する八月駒牽が信濃国勅旨諸牧・上野国勅旨諸牧のみであり、その他の勅旨諸牧の八月駒牽では諸臣への馬の賜与が行われていない点である。先行研究では信濃国勅旨諸牧駒牽・上野国勅旨諸牧駒牽において諸臣に馬が頒給される点に注目して、八月駒牽の性格やその目的について論じられてきた。しかしすべての八月駒牽において諸臣への馬の分給がなされていないことは注意すべきであり、諸臣への馬の賜与に注目して導き出された八月駒牽への理解をもってすべての八月駒牽を評価することには賛成できない。

私も天皇が諸臣に馬を賜与することによって天皇と諸臣との君臣関係が強化されたとする理解には異論はないが、もし仮に八月駒牽の目的が天皇から諸臣への馬の賜与による君臣関係の強化などにあったのであれば、すべての八月駒牽において諸臣への馬の賜与が行われるのではないだろうか。やはり八月駒牽が行われた目的は、すべての八月駒牽に共通する点から考えるべきであると思う。

以上、八月駒牽の儀式の内容や研究史をまとめた。次に八月駒牽の実施記事をもとにその変遷をみていこう。

二　八月駒牽の変遷――弘仁年間～仁和年間――

【表3】は弘仁年間から仁和年間までの八月駒牽に関する史料をまとめたものである。まず八月駒牽の変遷についてみていく。弘仁年間の八月駒牽については『弘仁式』に八月駒牽関係条文（【史料4】）があることからその実施は確認されるが、この他に史料はなく当時の朝廷内での八月駒牽の位置づけやその規模などは不明とされ

【表3】弘仁年間～仁和年間の八月駒牽を中心とした貢馬に関する記事

	年月日	記事の内容	出典
1	弘仁11年(820)以前	勅旨牧の御馬の逓送時に路次国が御馬に支給する秣蒭料などの規定が「弘仁式」にみえる。	弘仁主税式
2	弘仁14年(823) 9月24日	淳和天皇が武徳殿に出御して、信濃国の御馬を覧る。親王以下参議以上に各1疋を賜与する。	『日本紀略』
3	天長元年(824) 8月17日	御馬の逓送時の牽夫の員数を疋別2人から1人に減じる。	『類聚三代格』
4	天長3年(826) 2月11日	諸国の貢上御馬の騎士の員数を馬6疋ごとに1人とする。	『類聚三代格』
5	天長5年(828) 9月17日	淳和天皇が武徳殿に出御して、信濃国の御馬を覧る。参議以上に賜与する。	『日本紀略』
6	天長6年(829) 9月22日	淳和天皇が武徳殿に出御して、信濃国の御馬を覧る。	『日本紀略』
7	天長6年(829)10月1日	淳和天皇が武徳殿に出御して、甲斐国の御馬を覧る。	『日本紀略』
8	天長7年(830) 9月22日	淳和天皇が武徳殿に出御して、信濃国の御馬を覧る。	『日本紀略』
9	承和5年(838)11月18日	諸使が規定以上の人馬を徴発しているために人馬が疲弊しており、国ごとに次官以上1人を充てて禁断を加えることとする。	『類聚三代格』
10	承和12年(845) 1月25日	諸使が規定以上の人馬を徴発しているために人馬が疲弊しており、陸奥・出羽両国では貢御鷹馬使・四度使を除く諸使に初位以下の子弟を充てることとする。	『続日本後紀』 『類聚三代格』
11	貞観3年(861)頃	鎮守府から良馬が貢上されて、諸臣に賜与される。	『田氏家集』
12	貞観4年(862) 6月29日	諸使が規定以上の人馬を徴発する違反を行っているが、なかでも御馬使の違反数が最も多く、もし御馬使の違反を国司らが容認した場合には見任を解くとする。	『類聚三代格』
13	貞観6年(864) 4月21日	諸国の御馬の貢上する期日を改める。	『日本三代実録』
14	貞観6年(864) 6月23日	信濃国諸牧の御馬の貢上する期日を改める。	『日本三代実録』
15	貞観7年(865)12月19日	信濃国諸牧の御馬の貢上する期日を8月29日から8月15日に変更し、あわせて冷然院諸牧の期日も8月25日から8月11日に変更する。	『日本三代実録』
16	貞観9年(867) 8月15日	清和天皇が紫宸殿に出御して、信濃国より貢上された駒を覧る。左右馬寮に各20疋を分給し、親王以下参議以上・左右近衛中少将・左右馬頭助らに各1疋を賜与する。	『日本三代実録』

17	貞観９年(867) ８月20日	清和天皇が紫宸殿に出御して、武蔵国より貢上された駒を覧る。	『日本三代実録』
18	貞観10年(868) ８月15日	清和天皇が紫宸殿に出御して、信濃国より貢上された駒を覧る。	『日本紀略』
19	貞観10年(868) ８月28日	清和天皇が前殿に出御して、上野国より貢上された駒を覧る。	『日本紀略』
20	貞観11年(869) ８月15日	清和天皇が紫宸殿に出御して、信濃国より貢上された駒を覧る。	『日本三代実録』
21	貞観11年(869) ８月20日	清和天皇が紫宸殿に出御して、武蔵国より貢上された駒を覧る。	『日本三代実録』
22	貞観11年(869) ８月29日	清和天皇が紫宸殿に出御して、上野国より貢上された駒を覧る。	『日本三代実録』
23	貞観12年(870) 11月５日	甲斐・武蔵両国の御馬使の雑色人による人馬の乗用を禁じる。	『類聚三代格』
24	貞観13年(871) ６月13日	御馬使の雑色人による人馬の乗用を禁じ、とくに信濃・上野両国の御馬使に対して、濫用の停止を命じる。	『類聚三代格』
25	元慶４年(880) ８月15日	陽成天皇が紫宸殿に出御して、信濃国より貢上された駒を覧る。	『日本三代実録』
26	元慶７年(883) ８月15日	陽成天皇が紫宸殿に出御して、信濃国より貢上された駒を覧る。新王以下に各１疋を賜与する。	『日本三代実録』
27	元慶８年(884) ８月15日	光孝天皇が紫宸殿に出御して、信濃国より貢上された駒を覧る。	『日本三代実録』
28	仁和元年(885) ８月15日	光孝天皇が馬埒殿に出御して、信濃国より貢上された駒を覧る。	『日本三代実録』
29	仁和２年(886) ８月15日	光孝天皇が神泉苑に出御して、信濃国より貢上された駒を覧ようとしたが、牧司の懈怠により御馬が到着せず、覧れなかった。	『日本三代実録』
30	仁和２年(886) ８月17日	光孝天皇が紫宸殿に出御して、信濃国より貢上された駒を覧る。	『日本三代実録』
31	仁和３年(887) ４月１日	勅により、上野国に例貢駒の他にさらに50疋の貢上を命じる。	『日本三代実録』
32	仁和４年(888) ８月15日	信濃国勅旨諸牧の駒牽が行われる。	『西宮記』

ている。

弘仁一四年（八二三）四月庚子（一六日）に嵯峨天皇が譲位し、皇太弟大伴親王（淳和天皇）が即位した後の九月乙亥（二四日）に信濃国勅旨諸牧の八月駒牽が行われている。

【史料2】『日本紀略』弘仁一四年九月乙亥条

幸二武徳殿一覧二信濃国御馬一、賜二親王已下参議已上各一疋一、

淳和天皇が武徳殿に行幸して信濃国の御馬を覧し、その後親王以下参議以上に馬一疋を賜与したという。

【史料2】が八月駒牽の実施例の初見記事である。天長年間では天長五年（八二八）に一例（信濃国）、天長六年（八二九）に二例（信濃国・甲斐国）、天長七年（八三〇）には一例（信濃国）の計四例の実施が確認される。

このことから山口氏は九世紀前期に朝廷の恒例行事としての駒牽が成立したと考え、淳和天皇の即位後に朝廷儀礼としての駒牽の恒例化がはかられ、駒牽の実施の背景に代替わり後の朝廷内の一体感を象徴する意味が込められていたと論じられた[11]。また大日方氏は弘仁年間末期から天長年間にかけて八月駒牽の実施が集中して記録されたことについて、八月駒牽の成立の画期と意識されたためと述べられている[12]。天長八年（八三一）から貞観八年（八六六）までの三五年間に八月駒牽が実施されたことを伝える史料は管見の限り確認できない。

貞観年間は八月駒牽の実施例や八月駒牽に関連する史料が他の時期に比べて多くみられる。その内容は実施例（七例）・御馬の貢進期日の変更などである。またこの時期になると、八月駒牽が行われる場も武徳殿から紫宸殿に移っている。大日方氏は「貞観年間の中期に、御牧を有する信濃・上野・甲斐・武蔵四国の貢馬と、『西宮記』や『清涼記』に直接つながる駒牽の儀式が確立した」と指摘された[13]。山口氏も八月駒牽が恒例の儀式として実施・整備された背景について、「幼帝清和の君主としての権威を諸臣に対して目にみえる形で示そうとする良房

の意志がはたらいていたように思われる」と評価された(14)。

元慶年間では三例の実施例が確認され、次の仁和年間には実施例が三例確認される。

以上、弘仁年間から仁和年間までの八月駒牽の実施状況をみたが、先行研究は弘仁年間と貞観年間を八月駒牽の画期としてとらえている。私もこの両時期について検討を加えたいと思う。まず貞観年間の八月駒牽についてみていこう。

貞観年間の八月駒牽に関する史料をその内容から分類すると、①式日の変更に関するもの②八月駒牽の実施に関するもの③御馬使に関するものになる。

①八月駒牽の式日の変更については、貞観六年（八六四）四月二一日に諸国の御馬の貢進期日が改められ、同年六月二三日には信濃国の御馬の貢進期日が改められている。貞観七年（八六五）一二月一九日には信濃国の勅旨牧の御馬の貢進期日が八月二九日から八月一五日に改められ、あわせて冷然院諸牧の御馬の貢進期日も八月二五日から八月一一日に変更された。

②八月駒牽の実施例については七例確認される。『日本三代実録』貞観九年（八六七）八月一五日条に「天皇御二紫震殿一、閲二覧信濃国貢駒一、令下二左右馬寮一択中取各廿疋上、賜二親王已下、参議已上及左右近衛中少将、左右馬寮頭助等各一疋一、例也」とあり、清和天皇が紫宸殿に出御して信濃国の貢駒を閲覧し、左右馬寮に各二〇疋を分給し、親王以下参議以上・左右近衛中少将・左右馬頭助らに各一疋を賜った。このような御馬の賜与を「例」としているから、この時点で諸臣への御馬の賜与が恒例化していたことがわかる。

③御馬使に関する史料としては、貞観四年（八六二）六月二九日太政官符・貞観一二年（八七〇）一一月五日太政官符・貞観一三年（八七二）六月一三日太政官符などである。勅旨牧の御馬は一日一駅の行程で逓送され、路

次国は御馬に秣蒭・牽夫を支給する。御馬使とは勅旨牧の御馬が貢進される際に同行する人々であり、牧監もしくは別当・馬長・馬医・書生・占部・足工・騎士などであった（【史料3】）。貞観年間の御馬使に関する太政官符の内容は、御馬逓送時の御馬使の駅家での濫用に関するものである。長文であるが、貞観一三年六月一三日太政官符を次にあげてみよう。

【史料3】『類聚三代格』巻一八、駅伝事

太政官符

応レ禁三止諸国貢上御馬使雑色人等輙用二公乗一事

右得二美濃国解一偁、検二案内一、太政官去年十一月五日下二甲斐武蔵両国一符偁、得二参河国解一偁、諸郡司駅長等申状云、牧監主当等依二彼位階一、乗二用人馬一、自有二恒条一、而件御馬長并馬医書生占部足工騎士等、身是白丁、無二官符一輙乗用、祇尋二其由一、曽無二明文一、是則郡司駅長畏二彼威勢一、所二行来一也、積習成レ常、言而為レ例、加以天長三年二月十一日格云、信濃上野両国、各牧監一人、甲斐武蔵両国、各主当一人、馬医毎レ国一人、但騎士率二馬六疋一以充二一人一者、然則依レ格陪従、而多率二雑色一濫二用公乗一者、国司雖レ欲下拠二件格一以糺行上、而寄二事貢御一、強称二旧跡一、嗷論之間不レ得二輙改一、望請、殊下知永絶二濫用一、謹請二官裁一者、従三位守大納言兼左近衛大将行陸奥出羽按察使藤原朝臣基経宣、件使等可レ用二公乗一具在二先格一、而不レ弁二格旨一輙恣乗用、於レ事商量、責在二使人一、宜三殊仰下早令二禁遏一、若不レ欽二符旨一、猶致二濫用一、使人録レ名言上、雑色人不レ問二位蔭一、駅頭決二杖六十一、依二承和十二年符一行レ之、路次之国亦宜レ准レ之者、甲斐武蔵両国、依二此新制一無レ憚二改行一、而信濃上野牧監等、不レ遵二朝章一、多用二公乗一、暴悪方盛、違反難レ遏、望請、准二彼両国一、明被二科懲一、謹請二官裁一者、右大臣宣、宜二厳譴責勿レ令二更然一、若軽二忽制旨一、強致二違反一、罪如二先符一、曽不二寛宥一、

路次之国亦宜㆑准㆑此、

貞観十三年六月十三日

本太政官符のなかで問題になっているのは御馬使が駅家で行っていた濫用で、御馬使の濫用とは違法な人馬の乗用であった。有位者の牧監には駅家での人馬の乗用が許可されていたが、御馬長らは駅馬の利用が許されていない白丁でありながら人馬を乗用していた。国司・郡司らは御馬使にこの違犯を糺したが、御馬使は事を供御によせてこのような人馬の乗用は旧跡であると称し、したがわなかったという。

このような駅家における人馬の乗用の違犯はとくに御馬使に限られたものではなく、その他の諸使も同様に行っており、その停止を命じる太政官符がいくつか下されている。諸使に対して違法な駅馬の乗用の停止を命じたなかに「上下諸使皆有㆓違犯㆒、就㆑中貢御馬使放濫尤多(15)」とみえ、御馬使は名指しで批判されるほど乗用の違犯が甚だしかったようである。やや時代は下るが、尾張国郡司百姓等解文第一一条には御馬使が「貢御」の威をかりて駅家での人馬の徴発や賄賂の要求などを行い、駅子を苦しめていたことが記されている(16)。

貞観年間の御馬使に関する太政官符をみると、いずれもその濫用の停止を命じたものであり、これらの太政官符からこの時期に八月駒牽が整備されたとは評価できない。むしろ御馬使の濫用の停止を命じた目的について考えた方がよいのではないだろうか。その目的を考える上で興味深いのが、『類聚三代格』承和一二年（八四五）正月二五日太政官符である(17)。本太政官符では位階を有する人々が中央への使者と称して駅家を利用し、それらの人々への供給などによって駅家の負担が重くなり疲弊している現状を指摘している。そのため駅家の負担を軽減することを定めて、陸奥・出羽両国の貢上鷹馬使・四度使以外の諸使には初位以下の人々を充てるとした。一方で駅家に対しては、貢御の事を概怠することがないようにと命じている。したがって貞観年間において、御馬使

に駅家での濫用の停止を命じた目的は駅家の負担を軽減して御馬の安定的な逓送を求めたものであったと評価するべきと思われる。

ただ御馬逓送時における駅家の負担軽減については貞観年間に初めてみえるものではなく、貞観年間以前にもすでにみられる。天長元年（八二四）八月一七日太政官符には「諸国貢上御馬、疋別充二牽夫二人一、以令二上道一、而時属二秋収一、民力難レ堪、宜下自レ今以後、減二定一人一充中行之上、路次之国亦宜レ准レ此」とあり(18)、御馬逓送の時期が秋の収穫時期と重なっていることから、負担を軽減するために牽夫の数を二員から一員に減じている。このように御馬逓送による駅家の負担は大きく、勅旨牧からの御馬の逓送を安定的に行うには駅家の負担をどのようにして軽減するかが常に課題であったと考えられ、牽夫の員数の削減による負担の軽減が天長年間にみられるのは注意すべきことである。

弘仁年間の八月駒牽について検討する前に、承和年間から天安年間の八月駒牽について触れておきたい。先述したように、天長八年（八三一）から貞観八年（八六六）までの間に八月駒牽が行われたことを示す史料はない。この三五年の空白期間について、山口氏は八月駒牽は行われていないとされている。その理由の一つとして、承和九年（八四二）の承和の変を例にあげて「こうした政界事情においては、天皇のもとでの朝廷の一体感を表現し、また天皇と臣下の直接的な君臣関係を確認・強化する意味合いをもつ駒牽を朝廷の正式行事として実施することは、難しい状況にあったのかもしれない」と述べられている(19)。

しかし八月駒牽を、天皇のもとへ貢上された馬を臣下に下賜することを通じて儀式に参加する天皇と臣下との関係（君臣関係）を確認・強化する儀式であったと理解するのであれば、承和の変以前の嵯峨・仁明派と淳和派という官人間の分裂・変後の動揺を抑え朝廷内の一体感を表現するためには、むしろ八月駒牽は行われた方がよ

いように思われる。八月駒牽での臣下への馬の賜与ではないが、当該期間の承和一二年（八四五）正月二五日太政官符には陸奥・出羽国貢御馬使の存在、貞観三年頃の作とされる『田氏家集』「和高侍中鎮夷府貢良馬数十疋有勅頒賜偶題長句次押」から鎮守府より進上された御馬の諸臣への賜与が確認され、馬の貢上・臣下への賜与が行われている。[20] そして当該期間の承和五年（八三八）一一月一八日太政官符・承和一二年正月二五日太政官符・同年六月二三日太政官符・貞観四年（八六二）六月二九日太政官符で、供貢馬使を含む上下諸使の非違が指弾されていることから、[21] この時期に御馬使が御馬を貢上していたことがわかる。

毎年八月駒牽が行われたと考えられている貞観年間においても実施例が確認されるのは七例である。当時八月駒牽を行う諸牧は甲斐国勅旨諸牧・信濃国勅旨諸牧・武蔵国勅旨諸牧・上野国勅旨諸牧であり、仮に年四回の八月駒牽が毎年行われたとすると、貞観年間に八月駒牽は六四回行われたことになるが、その多くが史料上に確認できない。[22] そのことから八月駒牽の実施は国史などの史料に必ず記されるというものではないといえる。

天長八年から貞観八年まで八月駒牽の実施例が史料上にみえないのは確かであるが、次にみる弘仁・天長年間、先にみた貞観年間での八月駒牽の整備・実施からみると、その間の主に仁明・文徳朝に八月駒牽を実施されなかったのかと疑問が残り、以上の状況から私は当該期間に八月駒牽が行われなかったとは断言することはできない。

それでは、画期とされている弘仁年間の八月駒牽について考えていこう。

【史料4】弘仁主税式

凡諸国牧馬入京路次飼秣者、甲斐武蔵等国匹別日四把、信濃上野等国一束、並日行㆓一駅㆒、遣㆓父馬㆒亦准㆑此、

其長牽馬者、不㆑在㆓此限㆒、

【史料4】では甲斐国・武蔵国・信濃国・上野国の四か国の牧馬が貢進される際に路次国が支給する秣量を規

定しており、『弘仁式』段階から八月駒牽が行われていたことがしられる。

弘仁年間の八月駒牽に関する史料は【史料4】しかなく、弘仁年間の八月駒牽を具体的に論じることは難しい状況にあったが、近年の研究の進展によって弘仁年間の八月駒牽についてはより詳細に検討できる状況が整いつつある。まず勅旨牧・御馬の貢上などについて記した【史料1】延喜馬寮式御牧条については鼇頭標目がなく、その内容がいずれの式によって規定されたものであるかが不明であったが、川尻秋生氏・清水潔氏はその内容が『弘仁式』段階にまで遡ることを明らかにされた[23]。次に『弘仁式』段階の貢上数については不明とされてきたが、本書第二編第一章で『新撰年中行事』や『政事要略』などの記載の分析から、『弘仁式』段階での貢上数は信濃国勅旨諸牧八〇疋、甲斐国勅旨諸牧五〇疋であることを指摘した[24]。『延喜式』の貢上数は信濃国勅旨諸牧六〇疋、甲斐国勅旨諸牧三〇疋であり、『弘仁式』の貢上数の方が『延喜式』の貢上数よりも多いことが判明した。御馬逓送時における秣量を定める延喜主税式諸国御馬入京秣条と【史料4】弘仁主税式は同文であり、『弘仁式』段階ですでに整備された御馬逓送が成立していたことがわかる。また勅旨牧の御馬の逓送時に路次国が支給する牽夫の数は天長元年に二員から一員に減ぜられたが、天長元年以前つまり弘仁年間では二員であった。したがって『弘仁式』段階において、八月駒牽はすでに『延喜式』段階と同様に整備された状態で行われていたと考えられる。

ところで弘仁年間の八月駒牽の実施例は、淳和天皇即位後の【史料2】弘仁一四年の信濃国の例を除くと一例もない。『弘仁式』が編纂されたのは弘仁一一年（八二〇）であり、初見記事の弘仁一四年までの三年間には八月駒牽が行われていたとしても、『日本後紀』に記載されていないことになる。やはり八月駒牽は実施されたとしても正史に記載されるとは限らないものであり、遅延などの違例が生じた場合にとくに正史に記載されたと考え

た方がよいように思われる。また『日本三代実録』には他の国史と比べて多くの実施記事が収められていることから、当該期に他の時期に比べて八月駒牽が多く実施されたとみなされているが、やはり『日本三代実録』と他の国史との編纂方針の違いによる可能性も考慮に入れるべきではないだろうか。

先行研究において弘仁年間の八月駒牽についてはその規模や朝廷内での位置づけは不明とされたが、私はその後の研究成果にもとづき弘仁年間において整備された状態の八月駒牽が行われたと指摘した。『弘仁式』は大宝元年から弘仁一〇年までを範囲としてそれ以前に制定された式を取捨選択して編纂されたものであり[25]、そのような編纂方針をもつ『弘仁式』に八月駒牽の関連条文があることから、八月駒牽が『弘仁式』の編纂される以前にすでに成立していたと考えることも可能であろう。節を改めてその点について考えたい。

三　八月駒牽の成立時期

八月駒牽が弘仁年間以前に行われていた可能性を検討していく上で、まず奈良時代と平安時代の貢上体制についてみておきたい。

奈良時代当初の馬政官司は兵部省被官の兵馬司と左右馬寮であった。兵馬司は諸国に置かれた公的牧・兵馬・郵駅・公私馬牛に関することを職掌としたが、直接それらを管理したのではなく、諸国から送られる馬牛帳などの帳簿によって管理していた[26]。諸国に置かれた公的牧は国司のもとに管理されていたが[27]、最終的には兵馬司が管理することになっていた。左右馬寮は御馬の飼養・調習、乗具の供御、飼戸の管理を行っていた[28]。馬寮は所管の牧を有しておらず、諸国から貢上された馬を飼養していたと考えられる。

諸国からの馬の貢上体制がいつ成立したかは不明だが、『続日本紀』天平四年（七三二）八月壬辰（二二日）条に「勅、東海東山二道及山陰道等国兵器牛馬並不レ得レ売二与他処一、一切禁断勿レ令レ出レ界、其常進レ公牧繋飼牛馬者、不レ在二此限一」とあり、『令集解』廐牧令13牧馬応堪条所引古記に「今行事、毎レ年簡試進上、不レ留二於団一」(29)とあることなどから、天平年間には諸国に置かれた公的な牧から中央への恒常的な馬の貢上が行われていたことがしられる。

天平年間の正税帳などには馬の通過時に関する興味深い記載がみられる。

【史料5】天平六年（七三四）尾張国正税帳(30)

自陸奥国進上御馬肆疋飼糠米弐斛壱斗玖升参合三日、々別馬別一斗八升三合、頴稲参拾陸束陸把束別六升、下上野国父馬壱拾疋秣弐拾伍束二日、々別馬別一束、二把五分、

【史料6】天平十年（七三八）淡路国正税帳(31)

阿波国進上御馬玖疋飼秣稲伍拾陸束、

【史料7】天平五年（七三三）越前国郡稲帳(32)

従出羽国進上御馬伍疋経玖箇日飼秣料、稲玖拾束疋別日二束、江沼郡

【史料8】天平十年駿河国正税帳(33)

従陸奥国進上御馬部領使国画工大初位下奈気私造石嶋上一口、従二口、六郡別一日食為単壱拾捌日上六口、従十二口、

従甲斐国進上御馬部領使山梨郡散事小長谷部麻佐上一口、従一口、六郡別一日食為単壱拾弐日上六口、従六口、

【史料5】～【史料7】には陸奥・出羽・阿波の三か国から天皇に進上された御馬の通過に際して、路次国の尾張・淡路・越前の三か国が秣蒭の支給を行ったことが記録されている。【史料8】では陸奥・甲斐両国進上御

馬部領使に食料が支給されたことがみえる。【史料5】には上野国に送られた父馬への秣の支給が確認される。

磯貝正義氏は【史料5】～【史料8】などの天平年間の正税帳の記載をもって、「直ちに延喜の制度にあてはめるのは飛躍である」と前置きされた上で、「甲斐についていえばのちの駒牽の行事の原型が天平時代に既にあったことは認められるであろう」と述べられている[34]。市大樹氏は甲斐国進上馬が伝路を通ったことなどから、「八世紀前半には御牧は成立しておらず、駒牽の儀も未整備であったが、この段階でも他の一般諸国は自国の負担で貢馬していたことを考えると、何らかの原形はあったはずである」と述べられている[35]。

天平年間の正税帳などをみて気づくことは、天皇に進上する御馬への秣蒭の支出に関する記載があっても、諸国に置かれた公的牧から中央に進上される馬牛への秣蒭の支出に関する記載がないことである。先述したように天平年間には、兵馬司所管の諸国の公的牧から中央へ馬牛が進上されていたことは確かであり、それらの馬牛に秣蒭が支給された場合には正税帳にその支出がみえるはずであるが、正税帳に支出に関する記載がみえないことは、兵馬司所管の公的牧から貢上される馬牛に路次国は秣蒭を支給しなかったことになる。

天平神護元年（七六五）二月甲子（二日）には新たに内廐寮が設置され、内廐寮は所管牧（勅旨牧）を有していた。勅旨牧について西岡虎之助氏は皇室の料馬を潤沢にするためと評価され[36]、薗田香融氏は国家が馬の軍事的価値を重視して王臣家などによる蓄馬への国家的統制の強化と表裏をなす措置と論じられた[37]。また内廐寮の設置目的について、亀田隆之氏は藤原仲麻呂没落後の仲麻呂色払拭を目的とした軍事制度の改編と評されて[38]山口氏も同様に指摘されている。吉川敏子氏は長岡京・平安京造営に伴い造営に関与する官司へとその性格を変化させていったと論じられた[39]。本書第一編第一章では内廐寮の成立に勅旨牧の成立が大きく関わっている可能性を示した[40]。

内廐寮が所管牧の勅旨牧を有していたことは『類聚三代格』弘仁三年一二月八日太政官符所引神護景雲二年

（七六八）格によってしられるが、その成立時期は不明である。天平勝宝六年（七五四）一一月一一日「知牧事吉野百嶋解」の分析から、光明皇太后の家政機関の紫微中台が独自に牧を所有していたことが指摘されている。[41]また天平宝字六年（七六二）頃に孝謙太上天皇の家産を管理するために設置されたと思われる勅旨省に前身官司の勅旨所が存在したことが明らかになり、田島公氏は天平勝宝八歳（七五六）七月三日「大井庄勅施入文案」[42]や勅旨田の初見記事の天平勝宝八歳正月一一日「美濃国司移案」[43]をあわせて検討されて、勅旨所が遅くとも天平勝宝八歳までに置かれていた可能性を論じられた。[44]牧が所領の一つであることや光明皇太后の家政機関の紫微中台が牧を有していたことなどからみて、天皇家の家産を管理する勅旨所に勅旨牧が勅旨田と同様に管理されていた可能性は高いように思われ、勅旨牧も天平勝宝八歳前後には成立していたと考えられる。

以上のことを整理すると、天平神護元年の馬政官司には兵馬司・左右馬寮・内廐寮があり、馬の貢上については兵馬司所管牧と内廐寮所管牧の二系統の牧から行われていた。また宝亀一〇年（七七九）から天応元年（七八一）の間に左右馬寮は主馬寮となる。

大同三年（八〇八）正月に馬政官司の統廃合が行われる。まず兵馬司が廃止されて内廐・主馬両寮に併合し、内廐寮・主馬寮が左右馬寮に改称する。[45]兵馬司の職掌はさらに兵部省にも移管された。[46]結果として馬政官司は兵部省と左右馬寮となり、その所管牧も兵馬司所管牧は兵部省所管の諸国牧に、内廐寮所管牧は左右馬寮所管の勅旨牧に再編された。

勅旨牧は甲斐国・武蔵国・信濃国・上野国の四か国に置かれ、『延喜式』段階の総貢上数は二四〇疋であった。[47]勅旨牧の御馬は毎年八月に貢進され、路次国は正税を財源にして秣蒭・牽夫を支給する。延喜主税式正税帳条には「貢上御馬若干疋／飼秣若干束疋別若干束、諸色准レ此、各為二一項一」（／は改行を示す）・「貢上御馬使官位姓名／上下単若干人

使若干人、従若干人」とあり、その支出は正税帳に記載することになっていた。また勅旨牧の御馬が朝廷に到着すると天皇が武徳殿・紫宸殿に出御して儀式が行われ、馬寮などに貢上された御馬が分給される。一方の諸国牧は一八か国に置かれ、馬だけでなく牛も貢進していた。諸国牧の総貢上数は、馬一〇五疋・牛一六頭であった(48)。諸国牧の馬牛の貢進については延喜馬寮式繋飼条に「毎年十月以前長牽貢上、路次之国不レ充二秣蒭牽夫一」とあり、一〇月以前に長牽して貢上されるが、路次国は秣蒭・牽夫を支給しなかった。諸国牧の馬牛は朝廷に到着しても儀式は執り行われず、所管の兵部省ではなく馬寮に送られて直ちに馬寮に分給された。

以上、奈良時代から平安時代前期に至る馬政官司の変遷・馬の貢上体制についてみてきた。奈良時代後期の馬の貢上体制と平安時代の馬の貢上体制を図式化したものが【図1】・【図2】である。馬寮所管の勅旨牧は内廄寮

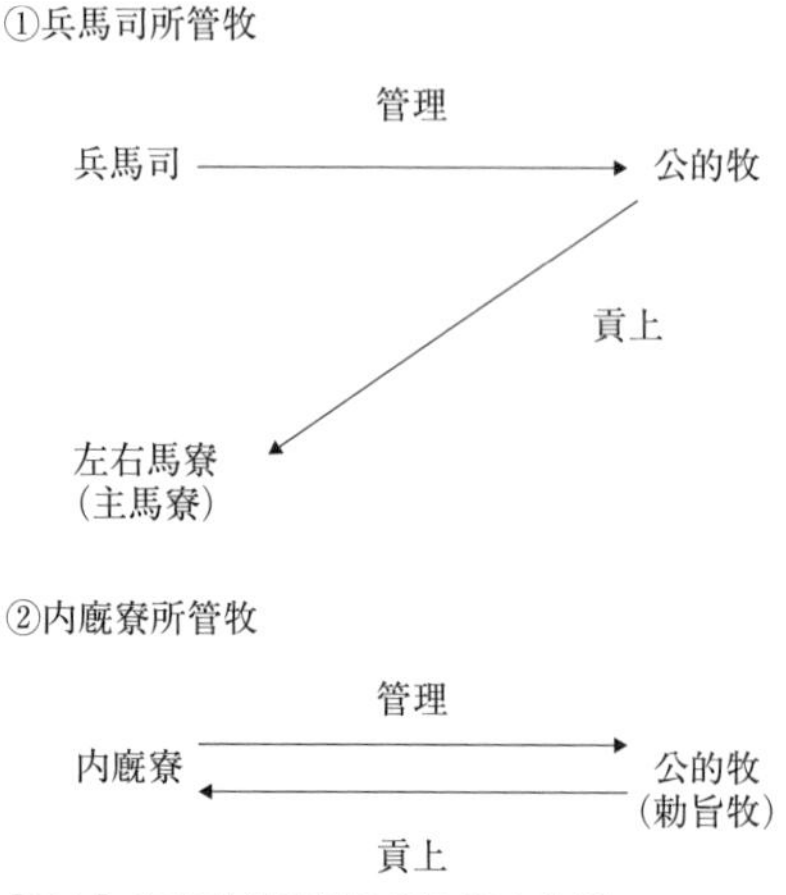

【図１】奈良時代後期の馬の貢上体制

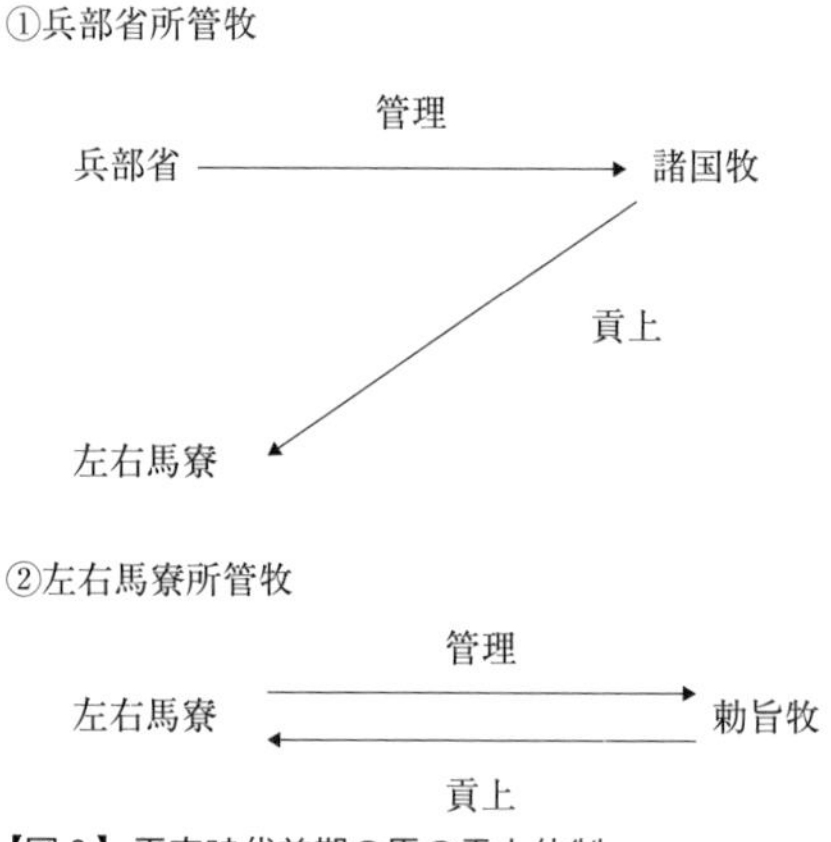

【図２】平安時代前期の馬の貢上体制

所管牧をもとにし、兵部省所管の諸国牧は兵馬司所管牧をもとにした牧であり、奈良時代後期には平安時代前期と同様の貢上体制が成立していたことになる。

勅旨牧の御馬と諸国牧の馬牛への処置について、以下の違いが存在する。一点目は勅旨牧の御馬が朝廷に到着した際には天皇出御での儀式が行われるが、諸国牧の馬牛が朝廷に到着しても儀式は行われずに馬寮に分給される点である。二点目は平安時代前期の勅旨牧の御馬と諸国牧の馬牛の逓送時において、勅旨牧の御馬には路次国は秣蒭を支給したのに対して、諸国牧の馬には路次国が秣蒭の支給を行わない点である。

このような勅旨牧と諸国牧の馬の逓送時における処置の違いは平安時代に成立したのではなく、奈良時代にはすでに成立していた可能性が高い。延喜主税式正税帳条に御馬への秣蒭の支給・御馬使への食料支給が行われた場合にはその支出が正税帳に記載することが規定されており、【史料5】～【史料8】などに一致する。【史料5】には上野国に下される父馬への秣の支給が記載されているが、【史料4】の父馬の逓送時にも秣蒭を支給するとの規定に一致する。また兵馬司所管牧の馬牛には路次国からは秣蒭が支給されなかったと考えられ、この処置も諸国牧の馬牛の逓送時における処置と一致する。

したがって奈良時代には天皇に進上される御馬とその他の馬牛が明確に区別されて逓送されており、平安時代の天皇家の所領である勅旨牧から進上された御馬と諸国牧の馬牛との逓送時の相違は、奈良時代に成立していた相違を引き継いだものといえよう。

勅旨牧の御馬と諸国牧の馬牛の貢上における、もう一つの相違点である天皇出御による儀式の有無、つまり御馬御覧が奈良時代にまで遡るか否かについては次節において八月駒牽の目的とあわせて考えることとする。

四　八月駒牽の目的

先行研究における八月駒牽の評価を改めて示すと、次の通りである。

①東国四か国が馬を貢上して天皇から馬を賜与された人々が天皇の前でその馬を牽くことによって、天皇に対して服属の意志を示し、天皇がそれを確認する儀式【高橋富雄氏(49)】

②天皇を中心に上皇・皇太子・摂関・王卿、そして御牧の在地との関係を包摂する秩序を媒介する貢馬の流れを律するかなめの儀式【大日方克己氏(50)】

③天皇のもとへ貢上されてきた御馬を下賜することを通じて、儀式に参加する天皇と臣下の関係（君臣関係）を確認・強化する儀式【山口英男氏(51)】

先行研究は天皇が諸臣に馬を賜与することに注目して八月駒牽を論じてきたが、先に指摘したように諸臣への馬の賜与を行わないその他の八月駒牽をどのように理解するのかという問題が残る。諸臣への馬の賜与を行わない八月駒牽を考える上で参考になるのが、諸臣への馬の賜与が行われない四月駒牽である。四月駒牽は毎年四月二八日に天皇が武徳殿に出御し、天皇の前に閑廐で飼養される馬や畿内近国で飼養される国飼馬が牽かれ、天皇がそれらの馬を視て五月五日節会・六日競馬で用いられる馬を選び、その後騎射が行われるという儀式である。

八月駒牽と四月駒牽を比較すると、①四月駒牽では馬を選び終えた後に騎射が行われるが八月駒牽では行われない②八月駒牽では諸臣に馬が賜与されるが四月駒牽では諸臣への馬の賜与が行われていない、という二つの相

違点がある。とくに②の相違点は八月駒牽の目的として注目されてきた点である。②が行われない場合にも「駒牽」と呼ばれたことは注目してよいであろう。このような相違点を有しながらも「駒牽」と呼ばれたことに注目すると、四月駒牽と八月駒牽の共通点こそが「駒牽」の本質にあたると考える。両儀式の共通点とは天皇が天皇の前に牽かれた馬を視るという点である。四月駒牽では天皇は武徳殿に出御して馬寮の廐で飼養される馬や畿内近国で飼養される国飼馬を視ている。四月駒牽は「御覧駒式」(『本朝月令』所引弘仁馬寮式逸文)と呼ばれる儀式であり、四月駒牽は天皇が馬を視ることを目的とした儀式であったことを示している。西岡氏は四月駒牽で天皇が馬を視る目的について、馬の検閲にあったとされている。[52]『侍中群要』巻一〇、御馬御覧のなかに八月駒牽も含まれている。それでは八月駒牽において、天皇が天皇家の所領である勅旨牧から貢進された馬を視る目的はどこにあったのだろうか。

天皇が勅旨牧から進上された馬を視る目的について考える上で参考になるのが、令制以前の大王の調庸物の貢納時における関与の仕方である。今津勝紀氏の研究によれば、令制以前に大王に調庸物が進上された際には大王は貢納の場に立ち会ったとし、大王が立ち会う目的は調庸物の貢納の確認であったと指摘されている。[53]若月義小氏は「信濃・駿河以東のミヤケからの「調」には、直営の牧と交易による良馬の貢上が含まれる場合が多かった。」と述べられている。[54]天皇家の所領である勅旨牧から進上された御馬が到着した際に、天皇が出御して馬を視る行為はそのような伝統をふまえている可能性があるように思われる。したがって八月駒牽の目的は天皇が武徳殿・紫宸殿に出御して、勅旨牧から御馬が貢納されたことを視認することであったと考えられ、駒牽が【史料2】のように天皇が出御して貢上されてきた御馬を視たと記されることも理解しやすいように思われる。

従来八月駒牽の目的とされてきた諸臣への馬の賜与は第二義であり、後に付加されたものであったと推測され

る。天皇が諸臣に御馬を賜与することは八月駒牽が成立する以前にも行われていたと思われるが、信濃国勅旨諸牧駒牽などのように毎年賜与されることはなかったと考えられる。

御馬の賜与対象は信濃国勅旨諸牧駒牽では「親王已下参議已上」（【史料2】）であり、上野国勅旨諸牧駒牽では「殿上侍臣〈王卿已下、小舎人以上〉」である[55]。天皇がこれらの人々に御馬を賜与するには少なくとも二〇疋前後の馬が必要となる[56]。しかし天平年間に進上された御馬の数は陸奥国四疋・出羽国五疋・阿波国九疋であり、信濃国勅旨諸牧駒牽と同様の範囲に御馬を賜与することはできない。御馬の支給はまず馬寮に御馬が分給された上で次に諸臣に御馬が賜与されることを考慮すれば、一度に多くの馬を進上できる機関がなければ成立し難い。いずれの勅旨牧も毎年二〇疋以上の御馬を進上しており、一定の諸臣への御馬の賜与の開始と勅旨牧の成立は密接に関わっているように思われる。

また信濃国勅旨諸牧駒牽と上野国勅旨諸牧駒牽では賜与対象が重なっておらず、この二つの八月駒牽が関連していることをうかがわせる。信濃国勅旨諸牧駒牽は賜与対象を「親王以下参議以上」とし、政権上層部の人々に御馬を与えるとする。上野国勅旨諸牧駒牽の賜与対象は「殿上侍臣」であり、殿上に侍して天皇の側近くに仕える集団で王卿以下小舎人以上の人々であった。天皇の公的伺候者としての次侍従・侍臣制度が成立するのは宝亀年間以降という指摘をふまえれば[57]、上野勅旨諸牧駒牽の成立時期は宝亀年間頃と思われる。そのように考えた場合、信濃国勅旨諸牧駒牽は宝亀年間以前に成立していたように考えられる。

以上、八月駒牽の目的を論じ、その成立時期について検討してきた。八月駒牽は勅旨牧の成立などによって奈良時代後期には成立し、本来は天皇が天皇家の所領である勅旨牧から御馬が貢上されたことを視認する儀式であったと考えられる。後に信濃国勅旨諸牧・上野国勅旨諸牧の八月駒牽にて諸臣に馬が賜与されるようになり、

勅旨牧の駒牽においても諸臣に馬を賜与するものとしないものが混在する、平安時代の八月駒牽につながるものが成立したと考えられる。

おわりに

八月駒牽について考察を加えてきた。私見をまとめると以下の六点になる。

①先行研究で八月駒牽は天皇が勅旨牧から貢上された御馬を諸臣に賜与することに注目し、その性格や目的について論じられてきた。しかし八月駒牽のなかで諸臣に馬を賜与するものは信濃国勅旨諸牧駒牽・上野国勅旨諸牧駒牽のみであり、他の勅旨牧の駒牽では諸臣に馬は賜与されていない。

②五月五日節会などで用いられる馬を選ぶ「四月駒牽」では諸臣に御馬は賜与されておらず、「駒牽」と称される上で御馬が諸臣に賜与されるか否かは問題ではなかったことになる。四月駒牽は「御覧駒式」と呼ばれ、八月駒牽も「御馬御覧」と呼ばれていたことからみて、「駒牽」の目的は天皇が馬を視ることにあったと考えられる。

③従来より弘仁年間において八月駒牽が成立していたことは確かであるとされてきたが、その内容は不明であった。しかし弘仁年間の八月駒牽に関する史料の検討によって、整備された状態の八月駒牽が行われていたことを論じた。また大宝元年から弘仁一〇年までを範囲としてそれ以前の式を取捨して編纂された『弘仁式』に八月駒牽の関連条文がみえることから、八月駒牽の成立が弘仁年間以前に遡る可能性がある。

④平安時代に馬を貢進した左右馬寮所管の勅旨牧と兵部省所管の諸国牧は奈良時代の内廐寮所管牧と兵馬司所

管牧をもとにした牧であり、平安時代前期の馬の貢上体制は奈良時代後期の貢上体制をもとにしたものである。この二系統の牧から貢上された馬については、逓送時・朝廷に到着した際の天皇出御のもとでの儀式の有無などにおいて処置の違いがある。逓送時の処置の差違については奈良時代の正税帳の記載から天皇に進上する御馬とその他の馬には逓送時において明確な差異があったことがわかり、平安時代の勅旨牧の御馬と諸国牧の馬の逓送時の差違と一致する。

⑤勅旨牧からの御馬が朝廷に到着した際には天皇出御のもとで儀式が行われる。天皇が御馬を視る目的は勅旨牧から御馬が貢納されたことを視認することであったと考えられる。天皇が勅旨牧からの貢馬を視る行為は令制以前の大王が調庸物の貢納を視認していたことにつながり、天皇が御馬を視る行為は古い伝統をもとにしている可能性が想定される。

⑥平安時代の信濃・上野両国勅旨諸牧駒牽のように、一定の範囲の諸臣に御馬を賜与する八月駒牽では一度に多くの御馬を貢進できる機関が必要であり、そのような駒牽の成立には勅旨牧の成立が不可欠である。諸臣に馬を賜与する駒牽の成立時期については上野国勅旨諸牧駒牽での賜与対象が「殿上侍臣」とあり、次侍従・侍臣制の成立が宝亀年間以降であることを考えれば、上野国勅旨諸牧の成立は宝亀年間頃に求められる。一方の信濃勅旨諸牧での馬の賜与対象は「親王以下参議以上」として政権上層部の人々であり、上野国勅旨諸牧の賜与対象と重なっていないことなどからみて、それ以前に成立していたと思われる。

本章では御馬の逓送時の差違や馬の貢上体制などの検討から弘仁年間において、『延喜式』に記載されるものと同様の整備された状態の八月駒牽が行われていたと考え、その成立は奈良時代後期にまで遡る可能性を提示した。馬の貢上体制においては『延喜式』段階で信濃国は最も多い八〇疋を貢進しており注目されてきたが、上野

国は勅旨牧から五〇疋と諸国牧から四五疋の合計九五疋の馬を貢進しており、馬の貢上体制を考える上で興味深い。

註

（1）駒牽には四月に行われるものと八月に行われるものがあるが、いずれも「駒牽」と称されている。とくに八月に行われる駒牽は室町時代まで行われているが、弘仁・天長年間の実施例は九月・一〇月であり八月ではない。貞観年間以降は八月に行われるようになる。八月に行われていない駒牽を「八月駒牽」と呼ぶことは厳密性を欠くが、弘仁・天長年間の駒牽とそれ以後の八月駒牽は本質的に異なっていないと考えるので、本章では弘仁・天長年間の九月・一〇月にも行われた駒牽も便宜的に「八月駒牽」とする。

勅旨牧からの御馬が牽かれる八月「駒牽」は『西宮記』などの儀式書には「駒牽事」とみえるが、古記録などには「御㆓紫震殿㆒、覧㆓信濃御馬㆒」などと記されることが多く、八月「駒牽」の初見は『政事要略』所引勘物延喜一三年九月一六日条である。また端午節会に用いる馬を選ぶ四月「駒牽」は『儀式』に「廿八日牽駒事」とあり、『本朝月令』には「廿八日駒牽事」とある。四月「駒牽」も「天皇御㆓武徳殿㆒閲㆓覧左右馬寮御馬㆒」などと書かれることが多く、『日本紀略』寛平八年四月二七日条が四月「駒牽」の初見記事となる。『西宮記』巻九、臨時、大将事に「四月駒引」とあり、同じ「駒牽」でも四月と八月が区別されて認識されていたことがしられる。

（2）左右馬寮の所管牧は『延喜式』では「御牧」とされ、『西宮記』・『政事要略』などでは「勅旨牧」とされている。史料によっては御牧とも勅旨牧とも記載されているが、御牧と勅旨牧は同一のものであり、本章では「勅旨牧」を用いる。

（3）御馬逓送については、大日方克己「平安時代の御馬逓送」（『交通史研究』一九、一九八八年。のち「八月駒牽―古代国家と貢馬の儀礼―」と改題して『古代国家と年中行事』、吉川弘文館、一九九三年に再録）を参照した。

（4）大日方克己「五月五日節」（『古代国家と年中行事』、吉川弘文館、一九九三年）、佐藤健太郎「四月駒牽の基礎的考察」（『古

代史の研究』一二、二〇〇五年。本書第三編第一章）。

（5）八月駒牽について考察を加えられたものとして、高橋富雄「古代東国の貢馬に関する研究─「馬飼」の伝統について─」（『歴史』一七、一九五八年）、磯貝正義「甲斐の御牧」（一志茂樹先生喜寿記念会編『一志茂樹博士喜寿記念論集』、東筑摩郡・松本市・塩尻市郷土資料編纂会、一九七一年。のち「古代官牧制の研究」と改題して『郡司及び采女制度の研究』、吉川弘文館、一九七八年に再録）、小林計一郎「駒牽の変遷」（『信濃中世史考』、吉川弘文館、一九八二年）、山口英男Ⓐ「駒と信濃布」（長野県編『長野県史』通史編一、長野県、一九八九年）、大日方克己「駒牽の基礎的考察」（『古代史研究』六、一九八六年。のち「八月駒牽─古代国家と貢馬の儀礼─」と改題して『古代国家と年中行事』、吉川弘文館、一九九三年に再録）、前沢和之「律令体制の崩壊と上野国」（群馬県史編さん委員会編『群馬県史』通史編二、群馬県、一九九一年）、山口英男Ⓑ「御牧の成立」・「駒牽と相撲」（山梨県編『山梨県史』通史編一、山梨県、二〇〇四年）、千葉美知「古代東国の牧と貢馬」（『岩手史学研究』八七、二〇〇四年）などがある。

（6）国史大系本『延喜式』では「沼尾」とするが、土御門本『延喜式』によって「治尾」とする。

（7）高橋富雄註（5）論文二二頁。

（8）大日方克己註（5）論文一三八頁。

（9）山口英男註（5）Ⓑ論文七七六頁。

（10）大日方克己註（5）論文一三七頁。

（11）山口英男註（5）Ⓑ論文七七六頁。

（12）大日方克己註（5）論文一四四頁。

（13）大日方克己註（5）論文一四六頁。

（14）山口英男註（5）Ⓑ論文七七八頁。

（15）『類聚三代格』巻一八、駅伝事、貞観四年六月二九日太政官符。

（16）『平安遺文』三三九号。

(17)『類聚三代格』巻一二、諸使并公文事、承知一二年正月二五日太政官符。
(18)『類聚三代格』巻一八、駅伝事、承和五年一一月一八日太政官符所引。
(19)山口英男註(5)Ⓑ論文七七七頁。
(20)小山憲之監修『田氏家集注釈』上(和泉書院、一九九一年)一三八頁(丹羽博之氏執筆)。
(21)『類聚三代格』巻一二、諸使并公文事・巻一八、駅伝事・『続日本後紀』承和一二年正月壬申条。
(22)九つの駒牽のうち信濃国勅旨諸牧・上野国勅旨諸牧・甲斐国勅旨諸牧・上野国勅旨諸牧以外の勅旨牧は、九世紀後半から一〇世紀初めに後院から馬寮に編入された牧であると考えられており(大日方克己註(5)論文、川尻秋生「院と東国―院牧を中心として―」、千葉歴史学会編『古代国家と東国社会』、高科書店、一九九四年。のち『古代東国史の基礎的研究』、塙書房、二〇〇三年に再録)などを参照)、この時点においては後院が領する牧であり、馬寮所管牧ではないことから外れる。
(23)川尻秋生「御牧制の研究」(『山梨県史研究』七、一九九九年。のち『古代東国史の基礎的研究』、塙書房、二〇〇三年に再録)、清水潔「弘仁式貞観式逸文をめぐって」(『史料』一六八、二〇〇〇年)。
(24)佐藤健太郎「駒牽の貢上数と焼印に関する一考察―『新撰年中行事』の記載を中心に―」(『史泉』一〇二、二〇〇五年。本書第二編第一章)。
(25)『類聚三代格』巻一、序事、弘仁格式序。虎尾俊哉「弘仁式」(坂本太郎・黒板昌夫編『国史大系書目解題』上、吉川弘文館、一九七一年)。
(26)養老職員令25兵馬司条。佐藤健太郎「兵馬司の基礎的考察」(『続日本紀研究』三三六、二〇〇二年。本書第四編第一章)。
(27)養老職員令70大国条。
(28)養老職員令63左馬寮条。
(29)井上光貞「日本律令の成立とその注釈書」(井上光貞・関晃・土田直鎮・青木和夫校注『律令』、岩波書店、一九七六年。のち『日本古代思想史の研究』、岩波書店、一九八六年に再録)九四・九五頁。
(30)『大日本古文書』(編年)一―六一一頁。

(31)『大日本古文書』（編年）二―一〇五頁。
(32)『大日本古文書』（編年）一―四六三頁。
(33)『大日本古文書』（編年）二―一〇八頁。
(34) 磯貝正義註(5)論文三九八・三九九頁。
(35) 市大樹「律令交通体系における駅路と伝路」（『史学雑誌』一〇五―三、一九九六年）五六頁。
(36) 西岡虎之助「武士階級結成の一要因として観たる『牧』の発展」（『史学雑誌』四〇―二・三・五・七・八、一九二五年。のち「武士階級結成の一要因としての『牧』の発展」と改題して『荘園史の研究』上、岩波書店、一九五三年に再録）三三七頁。
(37) 薗田香融「わが上代の騎兵隊」（『史泉』二三・二四、一九六二年。のち『日本古代の貴族と地方豪族』、塙書房、一九九一年に再録）一一四頁。
(38) 亀田隆之「内厩寮考」（『続日本紀研究』五―五、一九五八年。のち「内厩寮」と改題して『日本古代制度史論』、吉川弘文館、一九八〇年に再録）一二頁、山口英男「八・九世紀の牧について」（『史学雑誌』九五―一、一九八六年）一〇頁。
(39) 吉川敏子「古代国家における馬の利用と牧の変遷」（『史林』七四―四、一九九一年）三四・三五頁。
(40) 佐藤健太郎「内厩寮と勅旨牧の成立について」（『続日本紀研究』三六〇、二〇〇六年。本書第一編第一章）。
(41)『大日本古文書』（編年）二―一〇八頁。西山良平氏は内容を分析されて、この文書の提出先が紫微中台であったことを指摘された（西山良平「家牒・家符・家使」『日本史研究』二一六、一九八〇年、一二・一三頁）。その指摘を受けて、山口英男氏は私的性格の強い牧であったと評された（山口英男註(38)論文二一・二二頁）。
(42) 遠藤基郎「（史料採訪）京都大学文学部日本史研究室所蔵「西尾種熊氏文書」の調査」（『東京大学史料編纂所報』三六、二〇〇一年）六〇・六一頁。
(43)『寧楽遺文』中―六六一頁。
(44) 田島公「美濃国東大寺領大井荘の成立事情」（『ぐんしょ』六〇・六一、二〇〇三年）。
(45) 東北大学附属図書館狩野文庫所蔵『類聚三代格』巻四、廃置諸司事。

(46)『類聚三代格』巻四、加減諸司官員并廃置事、弘仁四年七月一六日太政官符。
(47)延喜馬寮式年貢条。
(48)延喜馬寮式繋飼条。
(49)高橋富雄註(5)論文二二頁。
(50)大日方克己註(5)論一三八頁。
(51)山口英男註(5)Ⓑ論文七七六頁。
(52)西岡虎之助註(36)論文三五一頁。
(53)今津勝紀「調庸墨書銘と荷札木簡」(『日本史研究』三二三、一九八九年。のち『日本古代の税制と社会』、塙書房、二〇一二年)一〇五～一〇九頁。
(54)若月義小「「東国の調」の実態と性質—ミヤケの収取機構との関連で—」(『立命館文学』五二一、一九九一年)四七・四八頁。
(55)『政事要略』巻二三、年中行事、八月下、廿八日上野勅旨御馬事所引『清涼記』。
(56)天慶元年九月三日の信濃国勅旨諸牧では諸臣に一二疋が賜与され(『本朝世紀』)、天慶五年九月二日の上野国勅旨諸牧では二一疋が賜与された(『九条殿記』)。
(57)古瀬奈津子「昇殿制の成立」(青木和夫先生還暦記念会編『日本古代の政治と文化』、吉川弘文館、一九八七年。のち『日本古代王権と儀式』、吉川弘文館、一九九八年に再録)。

第三章　古代日本の牛乳・乳製品の利用と貢進体制について

はじめに

古代において牛乳・乳製品（酪・蘇・醍醐など）[1]は食品・仏教儀礼の供物に用いられた。現代の人々にとって牛乳・チーズなどの乳製品は身近なものであるが、古代の牛乳・乳製品は高級品で当時の多くの人々には縁遠いものであった。

これまでの古代の牛乳・乳製品に関する研究には文献史料を中心に牛乳・乳製品の利用実態を論じたものや文献史料をもとに乳製品の酪・蘇を実際に復元して酪・蘇の物性を検討したものがある。[2]これらの研究のなかで、昭和一四年（一九三九）に発表された瀧川政次郎氏の「日本上代の牛乳と乳製品」は、日本の牛乳・乳製品に関する史料に加えてそれまでの研究で利用されていなかった中国の医書などを用いて、古代の日本における牛乳・乳製品の利用実態を考察されたもので[3]、本研究課題の礎となった研究である。

瀧川氏の研究以降も古代の日本の牛乳・乳製品に関する研究は行われ成果をあげてきたが、この間牛乳・乳製品に関する史資料も増加した。まず「牛乳」・「蘇」と書かれた木簡・墨書土器が平城宮跡を中心に出土し、その出土例が蓄積されつつある。次に文献史料においても蘇に関わる重要な発見があった。古代の蘇の貢進体制に関する史料は『延喜式』しかなかったが、発見された藤原行成の『新撰年中行事』に引用された蘇の貢進体制を記

した「弘仁式」逸文が紹介された[4]。

本章では先行研究の成果をもとにしつつ、蓄積されてきた牛乳・乳製品の木簡・墨書土器・弘仁式逸文などの新出資史料を用いて、古代の牛乳・乳製品の利用や貢進体制について改めて考察する。

一　古代の牛乳・乳製品（酪・蘇・乳餔）の利用

古代の乳製品には酪・蘇・醍醐・乳餔などがある。これらの乳製品のなかで蘇・乳餔については使用・製造に関する史料があることから古代の日本に実在したと考えられているが、醍醐・酪については評価がわかれている。まず醍醐については利用・製造に関する史料がなく、瀧川氏は延喜年間に深根輔仁が著した『本草和名』の「醍醐」の下に「唐」の註記があることから「醍醐は舶載によるものの外は造られなかった」と述べられ[5]、その他の研究者も古代の日本には醍醐は実在しなかったと考えられている。次に酪については研究者の見解は一致していない。後述するように私は古代の日本に酪は実在していたと考えており、考察の対象に含めている。以下では、古代の日本における牛乳・酪・蘇・乳餔の利用についてみていく。

〔A〕牛乳

牛乳の存在が史料上初めて確認されるのは孝徳朝で[6]、次にあげた長屋王邸跡から出土した木簡、いわゆる長屋王家木簡に「牛乳」がみえることから、奈良時代の牛乳の利用が判明した（出典表記の「二一―25」は、『平城宮発掘調査出土木簡概報』二一の通し番号25を意味する）。

①・牛乳持参人米七合五勺　受丙万呂　九月十五日〇〔穿穴〕
・　　大嶋書吏　　　　　　　　　　　　　　　〇　　　（二一―25）

②・〇〔穿穴〕牛乳煎人一口米七合五夕受稲万呂
・〇　十月四日大嶋　　　　　　　　　　　　　　　　（二三―82）

①は九月一五日に牛乳を持参した丙万呂に米七合五勺が支給されたことを示し、②は一〇月四日に牛乳を煎た稲万呂に米七合五夕が支給されたことを述べる。①牛乳が長屋王家に持参されていることから、長屋王家が乳牛を飼養する牧を所有していたと考えられている。[7]

廣野卓氏は②に牛乳を煎たとあることから、①の牛乳が煎つめられて蘇が造られたと解されたが、[8]牛乳を煎たことについては別の理解が可能である。唐代の陳蔵器の『本草拾遺』に「凡服レ乳必煮一二沸停冷啜レ之、……」とあり、[9]牛乳を飲用する際には牛乳を一二度沸騰させる、現代の熱気消毒を行うのである。したがって②の牛乳を煎たのは牛乳を飲用するための処置であったとも解釈できる。

その他の奈良時代の牛乳の利用について、瀧川氏は天平宝字四年（七六〇）に随求即得陀羅尼経・大仏頂陀羅尼経を書写するために、経師・画師らに支給された食料などをまとめた「東寺写経所解案」[10]にみえる「乳弐斛」をとりあげ、この「乳」が写経にあたって仏を拝する際に仏前に供えられたものと指摘されている。[11]

平安時代の牛乳の利用については、貴族の日記に薬として用いられたことがみえる。牛乳の効能は虚弱な体質を補い、渇きを潤して下気するというものであった。[12]牛乳を飲用した例として、『小右記』寛仁三年（一〇一九）八月一九日条を引用する。

> 阿闍梨祈統来云、日来看二座主病悩一昨日下、只今登レ山、但座主所レ悩不レ軽、然而時々被レ食、湯治并剃頭等如二尋常一、痢猶不レ止者、……其後内供消息云、昨今弥重発レ悩辛苦、大豆煎不変色出、似レ可レ被レ慎、雖レ然猶レ可レ被レ服歟、又被レ服二生乳一如何者、呼二遣忠明宿祢一問二件事等一、申云、大豆煎、生乳等能煎被レ服可レ良、生乳者半分煎可レ被レ服者、申二達此由一了、入夜内供報レ状、猶無二平気一、

痢病に苦しむ天台座主慶円の様子を祈統から聞いた藤原実資は、典薬頭丹波忠明に生乳（牛乳）の服用について尋ねた。実資は忠明から生乳を半分になるまで煎つめて服用するようにとの返答を得た後、慶円に生乳の服用をすすめている。

藤原実資自身も寛仁四年（一〇二〇）一〇月二日に気力を得るために牛乳を飲用しており（『小右記』）、実資の孫の藤原資房は三宮に牛乳を供御する乳牛院の別当在任時の長暦三年（一〇三九）一〇月一四日に、乳牛院より牛乳を取り寄せて飲んでいる（『春記』）。資房が牛乳を飲用した目的は不明であるが、資房はこの頃子供の病気のことで思い悩み体調を崩しており、資房が牛乳を飲用したのは祖父実資と同様に気力を得るためであったと思われる。なお乳牛院については後述する。

〔B〕酪

酪に関する史料はあまりないが、古代の日本に酪は実在したと漠然と考えられてきた。それに対して東野治之氏・池山紀之氏は『本草和名』が酪を輸入品としていないこと、製法上蘇と不可分なものであることなどを根拠としてあげて、古代の日本に酪は実在していたと述べられた[13]。一方中村修也氏は酪に関する史料を再検討し、『倭名類聚抄』・『医心方』の酪に関する注釈が中国の史料であり日本独自の説でないことや文学作品にみえる酪

は中国の文学作品からの借用であることを指摘し、古代の日本には酪は実在していなかったと論じられた(14)。酪に関する以上の指摘をふまえて、酪が古代の日本に実在したのかそれとも実在しなかったかについて考えたい。まず『倭名類聚抄』の「酪」を左掲する。

　酪、通俗文云、温二牛羊乳一曰レ酪、盧各反、乳酪、和名迩宇能可遊、

中村氏が指摘するように、酪に関する注釈は中国の「通俗文」であるが(15)、むしろ分注の末尾に和名「迩宇能可遊（にうのかゆ）」とみえることに注意を払うべきである。もし日本に酪が実在しないのであれば、ここに和名を載せる必要はないと思われる。

このことを考える上で参考になるのが『医心方』である。『医心方』とは永観二年（九八四）に丹波康頼が編纂した医書で、漢籍を引用して疾患の治療や本草の効能などを説明したものである。その『医心方』は牛乳・蘇・酪を載せるが醍醐を載せていない。醍醐が『医心方』に載せられていないのは、当時の日本で醍醐が存在していなかったためであろう。そのように考えてよければ、『医心方』に牛乳・蘇と並んで載せられている酪は当時の日本に実在していたことになる。酪の利用については『覚禅抄』に北斗御修法の際に用いる堅調糜について「香隆寺云、堅調糜云十一坏、以二五穀蘇蜜乳酪等一和合煮之、私云、炊交飯也、糜上立二蝋燭一云々」とある。酪を薬として用いた例は管見の限り見出せなかったが、その効能は熱を有する腫物に効果があり、虚熱や体・顔などにできた熱癌を治すというものであった(16)。

酪の物性について瀧川氏と渡辺実氏はヨーグルトもしくはコンデンスミルクに類する粥状のものとされ(17)、その他の研究者はヨーグルト（発酵乳）と考えられている(18)。

〔C〕蘇

『右官史記』逸文に「文武天皇四年十月、遣レ使造レ蘇」とあり[19]、文武天皇四年（七〇〇）には蘇が日本で造られていたことが確認される。蘇の用途を大別すると、①薬用②食用③施物・供物用になる。以下、用途別にみていく。

まず①薬用としての蘇であるが、蘇の効能は五臓を補い、大腸に利き、口瘡を治すというものである[20]。蘇を薬として用いたものに「蘇蜜煎」（蘇密煎）がある。『小右記』長和五年（一〇一六）五月一一日条に藤原道長が「蘇蜜煎」を用いたことがみえる。

……摂政命云、従二去三月一頻飲二漿水一、就中近日昼夜多飲、口乾無レ力、但食不レ減例、医師等云、熱気歟者、雖レ不レ服二丹薬一、年来豆汁、大豆煎、蘇密〔蜜カ〕煎、呵梨勒丸等不レ断服レ之、此験歟、

藤原道長は三月頃から漿水をしきりに飲むようになり、近頃では昼夜別なく漿水を飲むようになった。この道長の行動を医師は熱気によるものとした。道長は丹薬を服用せず、豆汁・大豆煎・蘇蜜煎・呵梨勒丸などを服用していたという。

蘇蜜煎は本条以外にみえないが、平城宮跡ＳＤ一七六五〇（第二七四次発掘調査）より「蘇蜜煎」に関する墨書土器が出土している。ＳＤ一七六五〇の埋立土から平城宮Ⅲ古段階の土器が出土しており、ＳＤ一七六五〇は天平一〇年（七三八）前後の大垣の改修に伴って埋め立てられ、廃絶したと考えられている[21]。ＳＤ一七六五〇より出土した本土器は平城分類「坏Ｂ」（高台付椀）の蓋とされるが、田中広明氏は口径が一〇㎝とやや小さく小壺の蓋の可能性を指摘されている[22]。墨書は蓋の外にあり、次に釈文を載せる。

㋐奈良国立文化財研究所「式部省東方・東面大垣の調査─第二七四次」（『奈良国立文化財研究所年報』一九九八─Ⅲ、一九九八年）八頁。

蘇□□〔蜜棗〕

㋑奈良文化財研究所編『平城宮出土墨書土器集成Ⅲ』（二〇〇三年）四二頁。

蘇□煎

本土器の釈文はまず㋐で「蘇□□〔蜜棗〕」とされ、後に㋑では「蘇□煎」とされている。現在「蘇」の下の一字が判読されていないが、藤原道長の使用例からみてその一字は「蜜」・「密」である可能性が高く、田中氏は墨書を「蘇密煎」と釈読できるならば、この蓋は蘇と蜜を練り煎った薬・丸薬を入れた壺、または高台付椀のものであったと指摘されている。(23) そのように考えてよければ、「蘇蜜煎」は天平一〇年頃には利用されていたことになる。

蘇は②食用として正月の二宮大饗・大臣大饗などで用いられた。二宮大饗とは正月二日に諸臣が中宮・東宮のそれぞれの本所にて拝謁し、その後玄暉門の東西廊で開かれる饗宴のことであり、蘇は茎立・苞焼・甘栗とともに出された。(24) 大臣大饗とは大臣が親王以下の人々を自邸に招いて開く饗宴であり、とくに朝廷から蘇・甘栗が大臣家に賜与される。(25) 蘇・甘栗は勅使によって大臣家に届けられる。この使を蘇甘栗使と呼び、『侍中群要』巻八、蘇甘栗使事にその次第がある。

大臣家大饗、内蔵人奉レ仰召二仰出納一、令レ調二蘇甘栗等一、在レ所蘇四壺、栗十六籠、各入二折櫃一合一、合二合也、置二土高坏一、折櫃高坏并召二内蔵一小舎人一人二人歟、仕入二人相従之、……

大臣に下賜される蘇・甘栗は内蔵寮に保管されており、内蔵寮から蘇四壺・甘栗一六籠が出蔵され、(26) 折櫃に入

れられて大臣家に届けられる。

蘇は仏教との関わりが深く、③施物・供物に用いられ、天平勝宝四年（七五二）に来日した鑑真が貴重な経典とともに「牛蘇一百八十斤」を所持していたことからもうかがえ、[27]また仏教儀礼の正月八日から一四日まで行われる御斎会に供奉した講読師・僧綱らに蘇二壺が施物として支給されている。[28]弘仁年間には最澄が空海に蘇一壺を贈っており、贈答品としても使用された。[29]

とくに密教の修法に蘇は不可欠の品物で、[30]鎌倉時代の覚禅の『覚禅抄』には蘇が様々な修法に用いられていたことがみえる。その一例として、大元帥法・真言院御修法・御燈をとりあげる。まず正月八日に行われる大元帥法からみていこう。大元帥法は大元帥明王を主尊とする修法で、承和六年（八三九）に常暁によって日本に伝えられたものである。[31]修法の際には大壇以下の壇が設けられ、大壇にはとくに天皇の御衣が安置されて加持が施される。修法の際に蘇二壺が用いられる。[32]

真言院御修法は正月八日から七日間、真言院にて東寺長者が国家の安泰・天皇の安穏を祈る修法である。[33]本修法においても蘇二壺が使用されている。[34]御燈は毎年三月三日・九月三日に北辰、つまり妙見菩薩に御燈を献じるもので天皇・皇后が御燈を献じる。[35]延喜中宮式潔斎条に皇后の御燈の際に用いられる品物として「蘇」が確認される。

以上のように宮中や都周辺の寺院において蘇を用いた仏教儀礼が執り行われていた。一方地方の寺院においても同様に蘇を用いた仏教儀礼が行われていたかについては史料からは不明であったが、このことを考える上で貴重な発見があった。上総国国分僧寺跡に隣接し、国分僧寺の寺奴や工人などが居住した集落の荒久遺跡（千葉県市原市）から「蘇」と書かれた墨書土器が出土した。また上総国国分僧寺跡からは「油菜所」と書かれた墨書土

器が出土している。以上の墨書土器から上総国国分寺で蘇や油を用いた法会が営まれていたと考えられ[36]、地方の寺院でも蘇を用いた仏教儀礼が行われていたことが判明した。

　蘇の物性については日本・中国の文献や復元実験にもとづいて、バター・チーズ・ヨーグルト・練乳などと様々に考えられてきた。古代の蘇の製法は延喜民部式貢蘇番条に「乳大一斗煎、得㆓蘇大一升㆒」とあり、日本の蘇は牛乳を煮詰めて造られるものであった。なお平城宮木簡の「近江国生蘇三合」によって、蘇には完全に煮つめたものと煮つめられていないものという種類の存在が判明した。この「生蘇」について、東野氏・池山氏は「水分の多い無糖れん乳のようなものであったのではあるまいか」とし、蘇をバター・濃縮乳と考えられている[37]。一方で斎藤瑠美子氏・勝田啓子氏は「蘇は牛乳をおよそ1／10に煮つめた乳製品で折敷に盛られるほどに乾燥したもので、それゆえにわが国の風土的条件を生かした独自の製法によって造られたものである」と述べられ[38]、斎藤氏・勝田氏は蘇の復元実験を行い、加熱濃縮したものを一年間常温で放置しカビが生えるか否かまで実験した上で、蘇が長期保存のきく加濃縮した全粉乳のようなものであったと結論づけられている。田中氏は「天平六年出雲国計会帳」の「盛壺伍口事」という記述をもとに、蘇が固形または顆粒、粉末であったとされている[39]。

〔D〕乳脯

乳脯は『小右記』寛仁三年（一〇一九）八月一三日条に次のようにみえる。

……内供消息状云、座主猶重被㆑悩、……又云、痢病薬乳脯尤良、可㆓求送㆒者、座主料也、求㆓遣乳牛院辺㆒了……乳脯廿枚奉㆓座主御許㆒、……

良円から天台座主慶円が痢病に悩まされていると聞いた藤原実資は痢病に利くとされる乳脯を乳牛院に求め、乳脯二〇枚を得て慶円に贈った。乳脯に関する史料は本条しかなく不明な点が多いが、乳脯が枚の単位で数えられていることから固形のものであったことがわかる。中村氏は乳脯を乾湯葉のようなものであったとし(40)、廣野氏は「生酥を薄くのばして乾燥させた今日のスルメ様の乳製品であろう」と述べられている(41)。

以上、古代日本における牛乳・乳製品の酪・蘇・乳脯の利用についてみてきた。牛乳・酪・蘇は宮廷儀式や仏教儀式などで利用され、薬としても用いられた。節を改めて、それらの需要に対する牛乳・蘇などの貢進体制について考察する。

二　奈良時代の牛乳・乳製品の貢進体制

奈良時代に牛乳・乳製品の生産に携わったのは典薬寮所属の乳長上とその下部に置かれた乳戸などで、乳長上に任ぜられたのは和薬氏であった。和薬氏については『新撰姓氏録』巻二二、左京諸蕃下に次のようにみえる。

和薬使主
出レ自二呉国主照淵孫智聡一也、天国排開広庭天皇〈諡欽明〉御世、随二使大伴佐弖比古一、持二内外典、薬書、明堂図等百六十四巻、仏像一躯、伎楽調度一具等一入朝、男善那使主、天万豊日天皇〈諡孝徳〉御世、依レ献二牛乳一、賜二姓和薬使主一、奉レ度二本方書一百三十巻、明堂図一、薬臼一、及伎楽一具一、今在二大寺一也、(42)

呉国の照淵の孫の智聡は欽明朝に来日し、内外の典薬書・明堂図などを所持していた。子の善那が孝徳天皇に牛乳を献じ、天皇より和薬使主姓を賜った。智聡が来日時に医書や鍼灸に関わる明堂図を所持していたことから、

智聡は医学に通じた人物であったと考えられる。その子の善那は父から医学の知識を受け継ぎ、牛乳を薬として孝徳天皇に献じたことによって、姓に「薬」を有する「和薬使主」を賜ったものと思われる。そのように考えてよければ、孝徳朝には平安時代と同様に牛乳が薬として用いられていたことになる。

この和薬氏は孝徳天皇より姓を賜与されただけではなく、「乳長上」という職に任ぜられている。『類聚三代格』弘仁一一年（八二〇）二月二七日太政官符所引典薬寮解に「難波長柄豊前宮御宇天皇御世、大山上和薬使主福常、習㆓取乳術㆒始授㆓此職㆒、自㆑斯以降子孫相承、世居㆓此任㆒、至㆑今不㆑絶[43]」とあり、難波長柄豊前宮御宇天皇御世、つまり孝徳朝において和薬使主福常が搾乳技術によって初めて乳長上に任ぜられ、福常の子孫が代々乳長上に任ぜられているという。

『新撰姓氏録』は孝徳朝に和薬使主姓を賜った者を「善那」とし、『類聚三代格』は孝徳朝に乳長上に任ぜられた者を「福常」としており、両書で名が異なる。この点について、佐伯有清氏は「善那」と「福常」は同一人物であるとし、善那が和薬使主姓を賜った時に善那から日本式の名の福常に改めたものとされた[44]。

和薬氏が任ぜられた乳長上は、養老三年（七一九）六月丙子（一九日）に宮主・画師・医師・算師らとともに把笏することを許されている[45]。宮主・画師らはいずれも専門職であり、乳長上がこれらの職とともに把笏することを許されたから、乳長上も専門職であったと考えられる。したがって乳長上が和薬氏の世襲する職とされた目的は、搾乳の技術を保護するためであったと思われる。

その乳長上の下に置かれ、牛乳・乳製品の製造に携わったのが乳戸である。乳戸は大宝官員令別記によれば五〇戸が置かれ、一〇丁が一年交替で役に従事し、品部として調雑徭が免除された。乳戸がどこで乳牛を飼養していたかは史料に明記されていないが、牧であったと考えられている[46]。

乳戸と関わるものに「乳牛戸」がある。乳牛戸は『続日本紀』和銅六年（七一三）五月丁亥（二五日）条に「始令㆔山背国点㆓乳牛戸五十戸㆒」とみえる。新井喜久夫氏は乳戸と乳牛戸は同一のものではなく、乳戸は文武天皇四年以前に設けられていたとし、乳牛戸は増設されたものであると指摘された(47)。

中央では典薬寮所属の乳長上・乳戸などが牛乳・乳製品の生産を行っていたと推測されるが、牛乳・乳製品は医療・儀礼に欠かせないものであり、儀礼などの充実によってその需要は高まっていったと想像される。そのようになった場合には乳長上・乳戸のみで需要を満たすことは無理であり、諸国において日持ちのする蘇を生産させて貢進させるようになったと思われる。

諸国においていずれの機関で蘇が生産されたかは不明であるが、そのことを考える上で興味深いのが、長野県塩尻市の吉田川西遺跡から出土した「蘇」の墨書土器である。吉田川西遺跡は奈良時代から平安時代まで継続した集落遺跡である。蘇の墨書土器は九世紀中頃の遺構から出土し、また本遺跡の九世紀末期の遺構からは「榛原」の墨書土器が発見された。この「榛原」は「埴原牧」のこととされており、吉田川西遺跡は埴原牧を管理する集落であったと考えられている(48)。そのような性格を有する遺跡から「蘇」の墨書土器が出土していることに注視すれば、蘇は牧で造られたと思われる。

諸国からの蘇の貢進の開始時期については、『続日本紀』文武天皇四年（七〇〇）三月丙寅（一七日）条に諸国に牧が置かれて牛馬が放たれたとみえることや、『右官史記』に文武天皇四年一〇月に使を遣わして蘇を造らせたとあることから、文武天皇四年と考えられている。これらの史料からは文武天皇四年の時点でどの程度の蘇の貢進体制が構築されていたかは判然としないが、養老六年（七二二）閏四月一七日太政官符で蘇の貢進の際には櫃ではなく、籠を用いるようにと「七道諸国司」に命じており(49)、養老六年には諸国が蘇を貢進する体制が成立して

いたことがわかる。次に蘇の貢進に関する史料をみていこう。

蘇の貢進に関する記述が天平年間の正税帳などにみえる（⑤の欠損箇所については、林陸朗・鈴木靖民編『天平諸国正税帳』（現代思潮社、一九八五年）を参照した）。

①「天平六年出雲国計会帳」（『大日本古文書』（編年）一―六〇四頁）

一、同日進上蘇合参升伍拾、盛壺五口事、

右参条、附二朝集使従七位上勲十二等石川朝臣足麻呂一進上、

②「天平六年尾張国正税帳」（『大日本古文書』（編年）一―六一〇頁）

造レ蘇壱斗参升納壺七口、大壺三口、々別納三升、小壺四口、々別納一升、

用度稲弐佰束

③「天平九年但馬国正税帳」（『大日本古文書』（編年）二―六四・六五頁）

依レ例造レ蘇伍壺、大二、小三、乳牛壱拾参頭、取乳廿日、

単弐伯陸拾頭、秣稲壱伯肆束、牛別日四把、

……

蘇伍壺、担夫壱人、

④「天平十年周防国正税帳」（『大日本古文書』（編年）二―一三八頁）

造レ蘇肆升小、納壺肆口並小、乳牛陸頭取レ乳廿日、飼稲肆拾別捌束牛別日四把、

⑤「天平十年淡路国正税帳」（『大日本古文書』（編年）二―一〇五頁）

造年料［蘇　　　乳牛肆頭］取レ乳廿日、飼稲参拾弐束、牛別日四把、

これらの記述のなかで③但馬国の記述が最も詳しく書かれており、以下但馬国の内容を中心にして当時の蘇の貢進についてまとめる。但馬国は大壺二、小壺三、計五壺の蘇を貢進している。壺には大小があり、それぞれの容量は②によれば大壺が三升で小壺が一升であった。[50]但馬国が貢進した蘇の総量は小九升である。但馬国は九升の蘇を得るために二〇日間乳牛一三頭に日ごと四把の稲を与えて乳牛から生乳を搾った。生乳を加工してできあがった蘇は壺に入れられ、さらに外容器の籠に納められて、担夫によって都に運ばれた。①出雲国が朝集使に付して朝廷に蘇を納めていることから、但馬国も同様に蘇を使に付して朝廷に上納したと考えられる。

次に平城宮跡から出土した木簡のなかから「蘇」に関する木簡を抜き出すと、次のようになる（出典表記の「一―156」は、『平城宮発掘調査出土木簡概報』一の通し番号156を意味する）。

①　近江国生蘇三合　（一―156）
②　参河国貢蘇　（三〇―31）
③・武蔵国進上蘇
　・　天平七年十一月　（三〇―34）
④　上総国精蘇　（三〇―35）
⑤　美濃国蘇　（三〇―36）

①は前節で触れたのでここでは省略する。②～⑤はいずれも平城京左京二坊を通る二条大路の南端に掘られた東西溝状土坑ＳＤ五一〇〇から出土した、いわゆる二条大路木簡である。二条大路木簡は天平八年（七三六）を中心とする年紀をもち、聖武天皇や光明皇后に関わる木簡群を含むというから、[51]②～⑤の蘇は饗宴などに用いられた可能性がある。奈良時代の蘇の貢進時期については史料がなく不明であるが、③武蔵国が一一月に蘇を進上

していることから、平安時代と同様に奈良時代の蘇の貢進時期が一一月前後であった可能性がある。

以上、中央における牛乳・蘇の生産組織である乳長上・乳戸や正税帳・木簡などにみえる蘇の貢進体制について検討した。次に平安時代の生乳・乳製品の貢進体制について検討する。

三　平安時代の牛乳・乳製品の貢進体制

平安時代の牛乳・乳製品の貢進体制は基本的には奈良時代以来の貢進体制をもとにしているが、変化もみえる。最も大きな変化は乳牛院と呼ばれる機関が成立していることである。乳牛院は『西宮記』巻八、諸院事に次のようにみえる。

乳牛院、典薬別所、在㆓右近馬場西㆒、有㆓別当乳師預等㆒、納㆓山城丹波蒭㆒、大炊雑穀、遞取㆓立味原牛㆒、供㆓御三宮乳㆒、

乳牛院は右近馬場の西に所在して院内に廐舎があり、味原牧から送られた母牛七頭と犢七頭の計一四頭を飼養して母牛（乳牛）から毎日大三升一合五勺の生乳をとり、三宮に生乳を供御した[52]。乳牛院が蘇を生産していたかは史料上確認できないが、先にみたように乳製品の一種の「乳脯」を造っていたことがしられており[53]、その可能性はあろう。

乳牛院の職員には別当・預・乳師が置かれ、別当の補任例から別当には蔵人頭が任ぜられている[54]。預は乳牛院の事務全般を預かる事務官であり[55]、乳師は前節でみた乳長上である。乳長上は弘仁一一年（八二〇）二月二七日に終身職から六年の任期職に改められ[56]、天長二年（八二五）四月四日に乳長上は「乳師」に改称されている[57]。乳牛院には以上の他に搾乳作業時に案を執る夫（執案夫）や乳を取る夫（乳夫）などがいた[58]。このような機能・職

員を有する乳牛院の成立時期は史料がなく不明であるが、これまでの研究は延暦年間以前、弘仁・天長年間の二つの時期を提示している(59)。その乳牛院に乳牛を供給する牧として味原牧が置かれている。

それでは蘇の貢進体制をみていきたい。蘇の貢進体制については延喜民部式貢蘇番条にみえ、長文であるが全文を引用する。

伊勢国十八壺七口各大一升、十一口各小一升、　尾張国十五壺五口各大一升、十口各小一升、　参河国十四壺四口各大一升、十口各小一升、　遠江国十四壺四口各大一升、十口各小一升、　駿河国十二壺四口各大一升、八口各小一升、　伊豆国七壺並小一升、　甲斐国十壺並小一升、　相模国十六壺六口各大一升、十口各小一升、

右八箇国為㆓第一番㆒丑未年

伊賀国七壺並小一升、　武蔵国廿壺七口各大一升、十三口各小一升、　安房国十壺並小一升、　上総国十七壺七口各大一升、十口各小一升、　下総国廿壺八口各大一升、十二口各小一升、　常陸国廿壺十口各大一升、十口各小一升、

右六箇国為㆓第二番㆒寅申年

近江国十八壺七口各大一升、十一口各小一升、　美濃国十七壺七口各大一升、十口各小一升、　信濃国十三壺五口各大一升、八口各小一升、　上野国十三壺五口各大一升、八口各小一升、　下野国十四壺五口各大一升、九口各小一升、　若狭国八壺並小一升、　越前国十五壺六口各大一升、九口各小一升、　加賀国十五壺六口各大一升、九口各小一升、

右八箇国為㆓第三番㆒卯酉年

能登国九壺三口各大一升、六口各小一升、　越中国十壺四口各大一升、六口各小一升、　越後国十一壺四口各大一升、七口各小一升、　丹波国十一壺三口各大一升、八口各小一升、　丹後国八壺二口各大一升、六口各小一升、　但馬国十一壺三口各大一升、八口各小一升、　因幡国十一壺三口各大一升、八口各小一升、　伯耆国十一壺三口各大一升、八口各小一升、　出雲国十一壺三口各大一升、八口各小一升、　石見国八壺二口各大一升、六口各小一升、

右十箇国為㆓第四番㆒辰戌年

太宰府七十壺十五口各大一升、卌五口各大五合、廿口各小一升、

右為二第五番一巳亥年

播磨国十五壺六口各大一升、九口各小一升、　美作国十一壺三口各大一升、八口各小一升、　備前国十壺二口各大一升、八口各小一升、　備中国十壺二口各大一升、八口各小一升、　備後国七壺二口各大一升、五口各小一升、　安芸国八壺二口各大一升、六口各小一升、　周防国六壺並小一升、　長門国八壺並小一升、　紀伊国七壺二口各大一升、五口各小一升、　淡路国三壺並小一升、(60)　阿波国十壺四口各大一升、六口各小一升、　讃岐国十三壺五口各大一升、八口各小一升、　伊予国十二壺四口各大一升、八口各小一升、　土佐国十壺四口各大一升、六口各小一升、

右十四箇国為二第六番一子午年

凡諸国貢レ蘇、各依二番次一、当年十一月以前進了、但出雲国十二月為レ限、輪転随レ次、終而復始、其取二得乳一者、肥牛日大八合、痩牛減半、作レ蘇之法、乳大一斗煎、得二蘇大一升一、但飼レ秣者頭別日四把、

当時の貢進体制は蘇の貢進国を一番から六番に分けて番ごとに蘇を貢進するというものであった（以下、延喜民部式貢蘇番条に規定された貢進体制を延喜式制と呼ぶ）。この体制の運用を考える上で興味深いのが、『小右記』永延二年（九八八）正月二〇日・二一日条である。

廿日、今日、摂政殿大饗也、……蔵人主殿助挙直自レ内持二参甘栗一、但無レ蘇、是依二西海道未レ献也、……

廿一日、昨日夕従二鎮西一献レ蘇、今日賜二蘇甘栗勅使左衛門尉兼隆一、

正月二〇日に摂政藤原兼家が大饗を催すことになり、本来であれば朝廷から蘇・甘栗が兼家家に支給されるはずであったが、兼家のもとに遣わされた蔵人主殿助藤原挙直は甘栗のみをもち蘇をもっていなかった。それは大宰府からの蘇がいまだ届いていないためで、大宰府からの蘇はその日の夕方に到着した。翌日に再び勅使藤原兼隆が藤原兼家家に遣わされて蘇が兼家に賜与された。

諸国は一一月以前に蘇を納めることになっており、本条にみえる大宰府の蘇の未進分は前年の永延元年分であ

【表】蘇の貢進国と量（延喜民部式貢蘇番条）　総量＝小999.5升

国名	大壺	小壺	総壺数	総量（小升）
第1番（8か国）丑・未年　総量＝166小升				
伊勢	7	11	18	32
尾張	5	10	15	25
参河	4	10	14	22
遠江	4	10	14	22
駿河	4	8	12	20
伊豆	—	7	7	7
甲斐	—	10	10	10
相模	6	10	16	28
第2番（6か国）寅・申年　総量＝158小升				
伊賀	—	7	7	7
武蔵	7	13	20	34
安房	—	10	10	10
上総	7	10	17	31
下総	8	12	20	36
常陸	10	10	20	40
第3番（8か国）卯・酉年　総量＝195小升				
近江	7	11	18	32
美濃	7	10	17	31
信濃	5	8	13	23
上野	5	8	13	23
下野	5	9	14	24
若狭	—	8	8	8
越前	6	9	15	27
加賀	6	9	15	27
第4番（10か国）辰・戌年　総量＝161小升				
能登	3	6	9	15
越中	4	6	10	18
越後	4	7	11	19
丹波	3	8	11	17
丹後	2	6	8	12
但馬	3	8	11	17

因　幡	3	8	11	17
伯　耆	3	8	11	17
出　雲	3	8	11	17
石　見	2	6	8	12
第５番（９か国と２島）巳・亥年　総量＝117.5升				
大宰府	15	20	35	117.5
第６番（14か国）子・午年　総量＝202小升				
播　磨	6	9	15	27
美　作	3	8	11	17
備　前	2	8	10	14
備　中	2	8	10	14
備　後	2	5	7	11
安　芸	2	6	8	12
周　防	—	6	6	6
長　門	—	8	8	8
紀　伊	2	5	7	11
淡　路	—	3	3	3
阿　波	4	6	10	18
讃　岐	5	8	13	23
伊　予	4	8	12	20
土　佐	4	6	10	18

る。延喜民部式貢蘇番条によれば、大宰府が蘇を貢進するのは巳年・亥年である。永延元年は丁亥年、つまり亥年であり延喜民部式貢蘇番条の規定に一致する。本条によって大宰府（西海道諸国）が蘇を貢進していること、この時点においても延喜式制の蘇の貢進体制が機能していたことがわかる。

【表】は、延喜民部式貢蘇番条にみえる諸国の蘇の貢進量（小升で換算したもの）をまとめたものである。【表】をみて気づくのはすべての国が蘇を貢進していないことである。蘇を貢進していない国は①飛騨国・志摩国・陸奥国・出羽国②河内国・和泉国・大和国・山城国などである。東野氏・池山氏は②河内国などが含

まれていないことについて、畿内に乳戸が置かれていたことから都に近い畿内には生乳をとる意図があったと指摘された[61]。廣野氏は①飛騨国らが貢進国から除外されたのは下国であったり遠隔地であったりして蘇の搬送に不便であり、公的牧が設置されていなかったためとし、②河内国などが含まれていないのは畿内に典薬寮が運営する乳牛の牧や乳牛戸が置かれていたことから、宮中で日々の供御に要する乳や蘇をそのつど納めていたからと論じられている[62]。

このように蘇の貢進体制については延喜民部式貢蘇番条から延喜式制の貢進体制がしられる。それ以前の貢進体制については史料がなく不明であったが、西本昌弘氏によって『新撰年中行事』に引用された蘇の貢進体制に関わる弘仁式逸文が紹介され[63]、『弘仁式』に規定された蘇の貢進体制をしることができるようになった（以下、弘仁式に規定された蘇の貢進体制を弘仁式制と呼ぶ）。次に『新撰年中行事』の貢蘇に関わる弘仁式逸文を引用し、その内容を検討する。

『新撰年中行事』はまず蘇などの効能や先に引用した延喜民部式貢蘇番条を載せ、以下の記述を載せる。

前式作二三番一、東海十四国為二一番一、除二志万一、東山五个国、除二飛騨、陸奥、出羽一、北陸五个国、除二佐渡一、但加賀今加、仍無之、山陰六个国、除二隠岐、丹波一、惣十六个国為二二番一、山陽七个国、除二長門一、南海六个国、大宰、合廿四ヶ国為二三番一、件前式、今所レ不レ用也、然而為レ知二旧跡一所レ載也、

前式とは『弘仁式』のことである。本条は蘇の貢進国を番制にしたがって列挙して分註を加える。ただし蘇の貢進量は省略されている。まずその内容から弘仁式制での蘇の貢進国は五四か国であり、それらの国を一番から三番に分けて三年ごとに蘇を貢進するというもので、弘仁式制においても延喜式制と同様に河内国・和泉国・大和国・山城国や飛騨国・志摩国・陸奥国・出羽国が蘇の貢進国から除外されており、この措置が弘仁式制に遡る

ことが確認された。

次に弘仁式制と延喜式制との貢進体制を比較すると、①貢進国の数と②番制の数などに違いがある。まず①貢進国の数は弘仁式制が五四か国で延喜式制が五七か国であり、延喜式制では蘇の貢進国が三か国増加している。新たな蘇の貢進国は加賀国・長門国・丹波国である。

次に②番制の数についてみると、弘仁式制が三番制であるのに対して延喜式制は六番制であった。延喜式制の六番制は弘仁式制の三番制が分割されて六番制になったものである。この変更の要因について西本氏は蘇を生産する国の増加をあげられた。しかし延喜式制で新たに蘇を貢進する国となったのは加賀国・丹波国・長門国の三か国であり、この増加が貢蘇制度を大きく変更させるほどのものであったとするには疑問がある。さらにいえば加賀国は弘仁一四年（八二三）二月に越前国から分置された国であり[64]、加賀国の蘇の貢進量はもともと越前国の貢進量に含まれていたと推測される。蘇の貢進量からみた場合、延喜式制は弘仁式制に比べて丹波・長門国分の蘇（小二五升）が増加されたことになるが、それは全貢進量（小九九九・五升）の二・五%弱に過ぎない。この増加分が蘇の貢進体制全体を転換させた要因であったとは考えにくく、やはりこの番制の変更には別の要因があったと考えるべきであろう。

この要因を探るために当時の蘇の貢進状況を確認したい。当時の貢蘇の様子を伝えるのが、『類聚三代格』貞観七年（八六五）三月二日太政官符である[65]。

太政官符

応レ責レ違二闕例貢蘇一事

右案二太政官去承和十二年八月七日符一偁、太政官去弘仁六年十一月十三日下二民部省一符偁、右大臣宣、奉

レ勅、諸国所レ貢之蘇、須三十一月以前俾二悉進一レ之、若有二物実不一レ好、并貢進違レ期者、国司科二違勅罪一、使者五位已上亦処二同科一、六位已下、不レ論二蔭贖一、決杖六十者、而頃年国司軽二蔑憲章一、或稽二延乃貢一、或調適太麁、所司漏却、只賖二其罪一、今擬二拠前格一恐多二陥者一、大納言正三位兼行右近衛大将民部卿陸奥出羽按察使藤原朝臣良房宣、宜下申二明旧制一、頒二下諸国一、已往在レ寛、将来必罪上者、而曾不二慎遵一、常致二違闕一、是則結罪称稍重、不レ忍二必行一、国宰積習、棄而不レ勤レ之所レ致也、右大臣宣、奉レ勅、有レ法不レ行、還同レ無レ法、宜下改二前格一更立二新制一、五位已上全奪二位禄一、六位已下折中取公廨五分之一上、

貞観七年三月二日

貞観七年三月二日太政官符には①弘仁六年一一月一三日太政官符と②承和一二年八月七日太政官符が引用されている。内容を時系列にそって整理すると次のようになる。

①弘仁六年（八一五）頃の貢蘇の状況は諸国が粗悪な蘇を貢進し、貢進する時期が守られていないというものであった。そのため弘仁六年一一月一三日に朝廷は、今後粗悪な蘇を貢進したり違期したりした国司には違勅罪を科し、五位以上の使にも違勅罪を科して、六位以下の使には決杖六〇を科すこととし、期日を遵守し良質な蘇を貢進するように命じた(66)。

②弘仁六年一一月一三日の決定には効果がなく、貢蘇をめぐる状況は改善しなかった。承和一二年（八四五）八月七日に、朝廷は前格（弘仁六年一一月一三日太政官符）を厳格に適用した場合、多くの者を処罰しなければならないことになるためにひとまずは不問にし、今後同じことをすれば必ず処罰するとした。

③承和一二年八月七日の決定にも国司はしたがわなかった。貞観七年三月二日に朝廷は前格を改めて、粗悪な蘇を貢進したり違期したりした五位以上の者の位禄を奪い、六位以下の者は公廨五分の一を折取するという

新制を定めた。

貞観七年三月二日太政官符をもとに当時の貢蘇の状況を確認したが、その貢進状況は決して順調なものではなかった。弘仁六年一一月一三日太政官符で、良質な蘇を期日通りに貢進するようにと国司に命じて違反した場合には厳罰に処すとしたが、承和一二年八月七日太政官符によれば、仮に弘仁六年の決定にしたがって国司を処分した場合に多くの者を罰しなければならないと述べているから、相当多くの国司が期日までに蘇を貢進せず、粗悪な蘇を貢進していたと推測される。その結果、貞観七年に新制を打ち出した。

この新制を適用したことが、『日本三代実録』仁和三年（八八七）二月五日条に「奪㆓美濃、下野、若狭、能登、越中、越後、丹後、但馬、因幡、伯耆、石見等国司位禄公廨㆒、以㆓貢蘇違㆑期也、旧制、貢蘇違㆑期、国司五位已上科㆓違勅罪㆒、六位已下不㆑論㆓蔭贖㆒、決笞六十、今改㆓前格㆒、施㆓此新制㆒」とみえ、朝廷が新制にしたがって違期した美濃国以下の国司らの位禄・公廨などを奪っている。以上の施策によっても貢蘇の状況は好転しなかったことがうかがえる。したがって三番制から六番制への変更は、このような貢蘇の状況をふまえて三年に一度の貢進から六年に一度の貢進に変更させることによって諸国の負担を軽減し、確実に蘇を貢進させるためのものであったと考えられる。

それでは貢蘇の弘仁式制から延喜式制への変更はいつ行われたのだろうか。先にみた仁和三年二月五日条に注目したい。まず本条で処罰の対象となった貢蘇の違期がいつのものであったかを特定する。本条にみえる国を延喜式制の番次によって整理すると、①三番次＝美濃国・下野国・若狭国と②四番次＝能登国・越中国・越後国・丹後国・但馬国・因幡国・伯耆国・石見国となる。三番次の諸国が蘇を貢進するのは卯・酉年であり、仁和三年の直近の卯年は癸卯年の元慶七年（八八三）であり、仁和三年直近の酉年は丁酉年の元慶元年（八七七）である。

四番次の諸国が蘇を貢進する年は辰・戌年であり、仁和三年の直近の辰年は甲辰年の元慶八年（八八四）であり、戌年は戊戌年の元慶二年（八七八）である。仁和三年に貢蘇の違期によって国司が処罰されていることから、処罰の原因になったのは仁和三年に近い元慶七・八年の貢蘇の違期によるものと考えられるが、仁和三年に朝廷が三・四年前の貢蘇の違期を責めたとするには疑問が残る。

そこでこれらの国を道別に改めて分類すると、①東山道＝美濃国・下野国②北陸道＝若狭国・能登国・越中国・越後国③山陰道＝丹後国・但馬国・因幡国・伯耆国・石見国となる。さらに番制を延喜式制の番制ではなく弘仁式制の番制に置き換えると、これらは弘仁式制の二番次（東海道・北陸道・山陰道諸国）に一致する。処罰された国司を延喜式制の番制で考えた場合には三・四番次の諸国が混在するが、弘仁式制の番制で考えるとすべての国が二番次に収まる。したがってここで処罰された国司らは弘仁式制の二番次の諸国のなかで粗悪な蘇を貢上したり、違期したりした国司らであったと考えることができる。このことから仁和三年時点において貢蘇が弘仁式制によって運営されていたことが判明する。これ以降は貢蘇に関する史料が『延喜式』までないため、貢蘇の弘仁式制から延喜式制への変更時期は不明であるが、少なくとも仁和三年以降であったと思われる。

おわりに

以上、史料の列挙に終始した部分が少なくないが、本章で述べてきたところをまとめると以下の通りである。

①古代の日本には牛乳・牛乳を加工して造られた酪・蘇・乳脯などが実在した。酪については実在していないとする説があるが、『倭名類聚抄』の酪に和名が載せられていることや当時の実状に即して醍醐を掲載しな

かった『医心方』に酪に関する記述がみえることや仏教儀礼に酪が用いられていることなどから、酪は古代の日本に実在したと考えられる。

②古代の日本における牛乳・酪・蘇・乳脯の利用を史料・木簡・墨書土器などから検討した。牛乳・酪・蘇、とくに蘇には様々な用途があり、その需要量は多い。中央の乳長上・乳戸ではすべてをまかなうことはできず、需要を満たすために諸国にも蘇を造らせて貢進させたものと思われる。諸国において蘇を造った機関は牧であったと推測される。

③正税帳・木簡などから部分的にわかる奈良時代の蘇の貢進体制は平安時代の貢進体制と共通しており、平安時代の貢進体制が奈良時代の貢進体制をもとにしていると思われる。

④平安時代の蘇の貢進体制は延喜民部式貢蘇番条からわかるが、それ以前の体制はこれまで不明であった。しかし弘仁式逸文の発見によって貢蘇体制における弘仁式制が判明した。弘仁式制では三年に一度蘇を貢進する三番制であったが、延喜式制は六年に一度蘇を貢進する六番制であった。この違いの要因については蘇の貢進国が増加したためと考えられたが、当時の貢蘇の状況を確認すると、貢蘇の違期や租悪な蘇が貢進されるなど貢蘇制度自体が大きく揺らいでいた。当時の貢蘇をとりまく状況からみて、三番制から六番制への変更は三年に一度の貢進から六年に一度の貢進への変更によって諸国の負担を減らし、蘇を確実に貢進させるためのものであったと考えられる。

⑤貢蘇制度における弘仁式制から延喜式制への変更時期は史料がなく不明であるが、仁和三年までは弘仁式制で運営されており、延喜式制への変更は仁和三年以降である。

本章では先行研究をもとに文献史学・考古学の新しい研究成果を用いて、古代の牛乳・乳製品の利用と貢進体

制について検討を加えた。とくに蘇に関しては関東地方などの遺跡からの木簡・墨書土器などの出土例が増加している。近年文献史学・考古学の協業作業によって、蘇をはじめとする古代の牛乳・乳製品の研究が行われる環境が整いつつあるように思われる。

註

（1）ソの表記には蘇・酥があるが、本章では「蘇」に統一した。

（2）日本古代の乳・乳製品などに関する研究には、鈴木敬策『牛乳と乳製品の研究』（博文館、一九〇九年）、瀧川政次郎Ⓐ「日本上代の牛乳と乳製品」（『日本社会経済史論考』、日光書院、一九三九年）、江上波夫『ユウラシア古代北方文化』（全国書店、一九四八年）、渡辺実『日本食生活史』（吉川弘文館、一九六四年）、佐伯有清『牛と古代人の生活』（至文堂、一九六七年）、中尾佐助『料理の起源』（日本放送出版協会、一九七二年）、加茂儀一『日本畜産史』食肉・乳酪篇（法政大学出版局、一九七六年）、東野治之・池山紀之「日本古代の蘇と酪」（『奈良大学紀要』一〇、一九八一年。のち東野治之『長屋王家木簡の研究』、塙書房、一九九六年に再録）、瀧川政次郎Ⓑ「日本上代の牛乳と乳製品追記」（『増補新版　日本社会経済史論考』、名著普及会、一九八三年）、和仁皓明「酥酪考」（『飲食史林』七、一九八七年）、有賀秀子・高橋セツ子・倉持泰子・浦島匡・筒井静子「日本における古代乳製品の〝酥〟および〝醍醐〟の本草綱目（李著）にもとづく再現試験」（『日本畜産学会報』五九―三、一九八八年）、中村修也「日本古代における牛乳・乳製品の摂取」（『風俗』一六―四、一九八七年）、斎藤瑠美子・勝田啓子Ⓐ「日本古代における乳製品酪・酥・醍醐等に関する文献的考察」（『日本家政学会誌』三九―一、一九八八年）、斎藤瑠美子・勝田啓子Ⓑ「日本古代における乳製品「蘇」に関する文献的考察」（『日本家政学会誌』三九―四、一九八八年）、廣野卓『古代日本のミルクロード』（中央公論社、一九九五年）などがある。

（3）瀧川政次郎註（2）Ⓐ論文。

（4）西本昌弘「「官曹事類」「弘仁式」「貞観式」などの新出逸文―『新撰年中行事』に引かれる新史料」（『続日本紀研究』三一

五、一九九八年。のち『日本古代の年中行事書と新史料』、吉川弘文館、二〇一二年に再録)。
(5) 瀧川政次郎註(2)Ⓐ論文二六六頁。
(6)『新撰姓氏録』巻二二、左京諸蕃下。
(7) 奈良国立文化財研究所編『長屋王邸宅と木簡』(吉川弘文館、一九九一年)一〇三頁。
(8) 廣野卓註(2)書一五七・一五八頁。奈良国立文化財研究所註(7)書では、「牛乳は、そのまま飲んでいたかもしれぬが、煮詰めてチーズのような「蘇」にしていたのだろう」と述べられている(九一頁)。
(9)『医心方』巻三〇、五宍部第三、牛乳、所引「拾遺」。
(10)『大日本古文書』(編年)一四―三四九頁。
(11) 瀧川政次郎註(2)Ⓑ論文八三八・八三九頁。
(12)『医心方』巻三〇、五宍部第三、牛乳、所引「本草」。
(13) 東野治之・池山紀之註(2)論文四一八頁。
(14) 中村修也註(2)論文一一頁。
(15) 吉田幸一「和名抄引用書名索引(一)」(『書誌学』一〇―四、一九三八年)三〇頁。
(16)『医心方』巻三〇、五宍部第三、酪、所引「本草」。
(17) 瀧川政次郎註(2)Ⓐ論文二五七頁。渡辺実註(2)書五九頁など。
(18) 江上波夫註(2)書八九頁、佐伯有清註(2)書一七七頁、東野治之・池山紀之註(2)論文四二〇頁。
(19)『政事要略』巻二八、年中行事、一二月上、貢蘇事。
(20)『医心方』巻三〇、五宍部第三、蘇、所引「本草」。
(21) 奈良国立文化財研究所「式部省東方・東面大垣の調査―第二七四次」(『奈良国立文化財研究所年報』一九九八―Ⅲ、一九九八年)六頁。
(22) 田中広明「考古学から見た牛の利用―蘇の貢納と牛のいた村―」(山梨県考古学協会編『牧と考古学―牛をめぐる諸問題―』、

山梨県考古学協会、二〇一一年）四六頁。
(23) 田中広明註(22)論文四七頁。
(24)『西宮記』巻一、二日二宮大饗。二宮大饗については、太田静六「大饗儀礼—三宮大饗と大臣大饗」（『寝殿造の研究』、吉川弘文館、一九八七年）を参照した。
(25) 大臣大饗については、倉林正次「大臣大饗の研究」（『国学院大学日本文化研究所紀要』一一、一九六二年。のち「大臣大饗」に改題して『饗宴の研究』儀礼編、桜楓社、一九六五年に再録）、稲田陽一「大饗と貢蘇と乳部」（『岡山法学会雑誌』二八—三・四、一九七八年）、川本重雄「正月大饗と臨時客」（『日本歴史』四七三、一九八七年）、神谷正昌「大臣大饗の成立」（『日本歴史』五九七、一九九八年。のち『平安宮廷の儀式と天皇』、同成社、二〇一六年に再録）などを参照した。
(26)『西宮記』巻一、臣下大饗、給蘇甘栗事によれば、蘇四壺の内訳は大壺二、小壺二である。
(27)『唐大和上東征伝』。
(28) 延喜内蔵式御斎会条。
(29)『平安遺文』四三八五・四三八六号。高木訷元氏は「清蘇一壺」を「蘇油一壺」と解されている（高木訷元『弘法大師の書簡』、法蔵館、一九八一年、一七九頁）。
(30) 廣野卓註(2)書一六四頁。
(31) 大元帥法については、堀池春峰「興福寺霊仙三蔵と常暁」（『歴史評論』一〇五、一九五九年。のち『南都仏教史の研究』諸寺篇、法蔵館、一九八二年に再録）を参照した。
(32)『西宮記』巻一、八日太元所遣御衣事。
(33) 真言院御修法については、中村本然「真言密教の修法と如意宝珠」（『高野山大学密教文化研究所紀要』一八、二〇〇五年）などを参照した。
(34)『西宮記』巻一、真言院御修法所請雑香事。
(35) 御燈については、吉田光邦『星の宗教』（淡交社、一九七〇年）、西本昌弘「八・九世紀の妙見信仰と御燈」（『関西大学文学

論集』五一―四、二〇〇二年。のち『日本古代の王宮と儀礼』、塙書房、二〇〇八年に再録）、並木和子「御燈の基礎的考察―変遷の実態」（『古代文化』五八―三、二〇〇六年）などを参照した。

（36）宮本敬一「上総国分尼寺」では、「これらの遺物は直接には国分僧寺にかかわるものであるが、ナタネ油や蘇が国分尼寺にも供給され、法会や薬食に供されたとみなしてさしつかえないであろう」と述べられている（千葉県史料研究財団『千葉県の歴史』史料篇考古三、千葉県、一九九八年、一三八・一三九頁）。

（37）東野治之・池山紀之註（2）論文四二九頁。

（38）斎藤瑠美子・勝田啓子註（2）Ⓑ論文七五頁。

（39）田中広明註（22）論文三九頁。

（40）中村修也註（2）論文一五頁。

（41）廣野卓註（2）書一九六頁。

（42）李永植氏は和薬使主が将来した文物と、『日本書紀』推古天皇二〇年是歳条に百済味摩之が南朝で伎楽舞を学んで倭国に伝授したこと、百済によって伝えられた仏教が南朝系であること、その祖とする智聡という中国式名であることなどをあわせて考えて、和薬使主は南朝系の百済人の末裔とされている（李永植「古代人名からみた「呉」」『日本歴史』五〇二、一九九〇年。のち『加耶諸国と任那日本府』、吉川弘文館、一九九三年に再録）。

（43）『類聚三代格』巻五、定秩限事、弘仁一一年二月二七日太政官符。

（44）佐伯有清註（2）書七二・七三頁。

（45）『続日本紀』養老三年六月丙子条。

（46）新井喜久夫「官員令別記について」（『日本歴史』一六五、一九六二年）四七頁。

（47）新井喜久夫註（46）論文四七頁。

（48）桐原健「律令時代の塩尻」（塩尻市誌編纂委員会編『塩尻市誌』二、塩尻市、一九九五年）二五六～二六一頁、原明芳『奈良時代からつづく信濃の村・吉田川西遺跡』（新泉社、二〇一〇年）三四～四〇頁。

(49)『政事要略』巻二八、一二月上、貢蘇事。

(50)養老雑令1度十分条「……量、十合為レ升、三升為二大升一升一、十升為レ斗、十斗為レ斛、……」。

(51)奈良国立文化財研究所註(7)書一三一～一三七頁。

(52)『類聚三代格』巻一八、国飼并牧馬牛事、元慶八年九月一二日太政官符、延喜典薬寮式。

(53)『小右記』寛仁三年八月一三日条。

(54)別当の補任例は以下の三例が確認される。①藤原資房（『春記』長暦三年一〇月一四日条）、②藤原実守（『兵範記』嘉応元年八月二七日条）、③源雅清（『続左丞抄』巻三、承久二年三月二五日、定諸司所々諸寺検校）。

(55)乳牛院預の補任例には『春記』長暦三年一〇月一四日・一九日条にみえる「正友」がしられる。二つの記事の内容からみて、乳牛院預が乳牛院の事務全般を預かる存在であったことがわかる。預については、玉井力「九・十世紀の蔵人所に関する考察」（名古屋大学文学部国史研究室編『名古屋大学日本史論集』、吉川弘文館、一九七五年。のち『平安時代の貴族と天皇』、岩波書店、二〇〇〇年に再録）を参照した。

(56)『類聚三代格』巻五、定秩限事、弘仁一一年二月二七日太政官符。

(57)『類聚三代格』巻四、加減諸司官員并廃置事、天長二年四月四日太政官符。

(58)延喜典薬式。

(59)乳牛院の成立時期を延暦年間以前とするのが新村拓氏であり（新村拓「典薬寮別所乳牛院」『古代医療官人制の研究―典薬寮の構造―』、法政大学出版局、一九八三年）、弘仁・天長年間とするのが大江篤氏である（大江篤「典薬寮別所乳牛院の設置をめぐって」『続日本紀研究』二五三、一九八七年）。

(60)淡路国の蘇の貢進量について、『政事要略』は「淡路国三壺並小一升」とし、『延喜式』は「淡路国十壺四口各大一升、六口各小一升」とする。弘仁式逸文によって『延喜式』の記述の方が誤りであることが判明した。したがって本章の淡路国の貢進量は『政事要略』などにしたがう。なお大宰府の貢進量は「七十壺十五口各大一升、卅五口各大五合、廿口各小一升」であるが、【表】の都合上「卅五口各大五合」は記入できなかった。ただし総量には含んでいる。

（61）東野治之・池内紀之註（2）論文四二九頁。
（62）廣野卓註（2）書一五三頁。
（63）西本昌弘註（4）論文九四頁。
（64）『類聚三代格』巻五、分置諸国事、弘仁一四年二月三日太政官符。
（65）『類聚三代格』巻一〇、供御事、貞観七年三月二日太政官符。
（66）六位以下の者が決杖六〇とされたことについて、加茂儀一氏は六位以下の者を搾乳の技術者とし、六位以下の者が五位以上の者に比べて罪が軽くされているのは保護されたためとする（加茂儀一註（2）書二六八頁）。この六位以下の者は上にある「使者五位已上」と対応し、「使者の六位以下」と解すべきである。実際に出雲国は朝集使従七位上石川朝臣足麻呂に付して蘇を進上しており（「天平六年出雲国計会帳」）、六位以下の者は搾乳の技術者ではなく蘇を朝廷に貢納する使者のことと考えられる。

第四編　日本古代の馬政官司

第一章　兵馬司の基礎的考察

はじめに

令制下、馬を扱った官司として左右馬寮が置かれていたことはよくしられている。左右馬寮に関する研究は、これまで主に西岡虎之助氏[1]・山口英男氏[2]・吉川敏子氏[3]らによって行われ成果をあげている。しかし令制当初から左右馬寮と並んで馬政を担った兵馬司についてはあまりしられておらず、兵馬司に関する研究はほとんどなされていないようである[4]。これまで兵馬司への研究が進まなかった要因としては、①兵馬司が大同三年に廃止されたこと②馬を直接扱った官司ではなかったこと③長官の正の相当位が従六位上で史料にほとんどみられないことなどが考えられる。だが令制当初から左右馬寮と並んで当時の馬政を担っていた兵馬司を検討しないままで、当時の馬政を正確にとらえることができるだろうか。令制当初にこの二官司によって馬政が担われるという方針が出されていた事実をみるならば、兵馬司がいかなる役割を果たし、なぜ大同三年に廃止されるに至ったかを確認することは無駄な作業ではないだろう。以下、本章では従来研究されることの少なかった兵馬司について検討を加えていきたい。

一　兵馬司の職掌

兵馬司の正の職掌は職員令によると「掌二牧及兵馬、郵駅、公私馬牛事一」である。「牧」とは馬牛を生産することを目的に置かれた機関であり、「兵馬」は公的牧から軍団に送られて軍団で飼養される馬である。「郵駅」は諸道に置かれた駅馬・伝馬・駅家などを含む駅伝制に関わる全般を指し、「公私馬牛」は官および民間に所属する馬牛を意味する。同じ馬政官司である左右馬寮の馬頭の職掌は「掌下左閑馬調習養飼、供御乗具、配二給穀一及飼部、戸口名籍事上」であり(5)、馬頭が主に御馬の調習・飼養につとめるのに比べて、兵馬正は幅広い職掌を有していた。しかし注意すべきは、兵馬司が牧・兵馬・郵駅・公私馬牛を直接管理下に置いていたわけではなかったことである。諸国の公的牧・兵馬・郵駅・公私馬牛を直接管理するのは国司であり(6)、兵馬司は直接管理していなかった。それでは兵馬司はいかにしてそれらを管理したのだろうか。当時の馬政の根幹を定めた厩牧令に次の二条がある。

【史料1】養老厩牧令10駒犢条

凡在レ牧駒犢、至二二歳一者、毎レ年九月、国司共二牧長一対、以二官字印一、印二左髀上一、犢印二右髀上一、並印訖、具録二毛色歯歳一、為二簿両通一、一通留レ国為レ案、一通附二朝集使一、申二太政官一

【史料2】養老厩牧令25官私馬牛条

凡官私馬牛帳、毎レ年附二朝集使一、送二太政官一

【史料1】によると、国司は年に一度牧を訪れて「官」と刻印された焼印を駒犢に押す作業に立ち会う。その

焼印が押された後に毛色・歯歳を記録した簿が作成される。さらにその簿は二通作られ、一通は国に留められてもう一通は朝集使によって太政官に送られる。【史料2】によると、官および民間にあるすべての馬牛の情報を記した馬牛帳[7]は朝集使によって太政官に送られる。同条義解に「自㆓太政官㆒、更下㆓兵部㆒、即兵馬司職掌云㆓公私馬牛㆒、是」とあり、諸国から朝集使によって太政官に届けられた馬牛帳は太政官から兵部省に送られ、さらに兵馬司に送られ管理されていたと思われる。したがって兵馬司は諸国から提出された馬牛帳によって、全国の馬牛の情報を管理していたと考えられる。諸国から朝集使によって届けられた馬牛帳は現在一通も残っていないので、兵馬司と馬牛帳との関わりは必ずしも明確ではないが、「天平六年出雲国計会帳[8]」に次のような記載がある。

【史料3】「天平六年出雲国計会帳」（〈　〉は割書を示す。丸番号は筆者が付け加えた）

一廿一日進上公文壱拾玖巻弐紙……

一同日進上公文弐拾陸巻肆紙〈①考文一巻　②考状一巻　③兵士簿目録一巻　④兵士歴名簿四巻　⑤点替簿四巻　⑥儲士歴名簿一巻　⑦烽守帳一巻　⑧道守帳一巻　⑨駅馬帳一巻　⑩駅家鋪設帳一巻　⑪伝馬帳一巻　⑫種馬帳一巻　⑬繋飼馬帳一巻　⑭伯姓牛馬帳一巻　⑮兵馬帳一巻　⑯官器仗帳一巻　⑰伯姓器仗帳一巻　⑱津守帳一巻　⑲公私船□〉

この「同日進上公文弐拾陸巻肆紙」は後半部を闕失しているものの、兵部省に提出された文書群であったことが早川庄八氏によって明らかにされている[9]。これらの文書群は①〜⑧が兵部省の職掌に、⑨〜⑮が兵馬司の職掌に、⑯・⑰が造兵司の職掌に、⑱・⑲が主船司の職掌に、それぞれに一致する。⑨〜⑮は兵馬司によって管理された帳簿と考えられ、それぞれを簡単にみておきたい。

⑨駅馬帳・⑩駅家鋪設帳・⑪伝馬帳は兵馬司の「郵駅」に関わる帳簿である。⑨駅馬帳・⑪伝馬帳の作成規定は廐牧令にみえないが、廐牧令20駅伝馬条に毎年国司が駅伝馬を検閲することが規定されており、「天平十年周防国正税帳」には国司が駅伝馬の検閲を行った記録が残されている(10)。⑩駅家鋪設帳に関する規定も廐牧令にはなく「天平六年出雲国計会帳」に記録が残るが、駅家鋪設帳がいかなる帳簿であったかはこれだけでは明確にできない。しかし延喜兵部式駅家条に「凡諸国駅家舎屋及鋪設等帳、与二去年帳一計会、若有二欠損一者、随即返レ帳」とあり、駅家鋪設帳は駅家の建物や鋪設に関する帳簿であったと考えられる。

⑫種馬帳は兵馬司の職掌では「牧」に関連するだろうか。薗田香融氏らがすでに指摘されたように(11)、良馬を生産するためには良い種馬（父馬）を確保することが重要であり、この種馬帳はそのような良質の種馬を記録した帳簿であったと考えられる。

⑬繋飼馬帳は繋ぎ飼われた馬に関する帳簿と考えられる。「繋飼馬」については『続日本紀』天平四年（七三二）八月壬辰（二二日）条に「其常進レ公牧繋飼馬牛」とあり、山口英男氏はこれを諸国から中央に貢上される馬と指摘されている(12)。

⑭伯姓牛馬帳は兵馬司の職掌の「公私馬牛」に関係する。兵馬司が官に所属するものだけでなく、民間にある馬牛の情報を把握していたことを裏付けるものである。多賀城跡出土第一〇四号漆書文書(13)・多賀城市市川橋遺跡出土第一〇六号木簡(14)などからは、諸国において帳簿により民間の馬が管理されていたことがしられる(15)。

⑮兵馬帳は軍団で飼養される兵馬に関する帳簿と考えられ、兵馬司の職掌の「兵馬」に一致する(16)。この帳簿は諸国にある兵馬の重要な情報源となったと思われる。

廐牧令からは兵馬司に諸国から馬牛帳が提出されるという仕組みがわかるだけであったが、「天平六年出雲国

計会帳」によって兵馬司の職掌に応じて様々な帳簿が地方から中央に送られていたことが明らかになった。それらの帳簿は職員令にみえた兵馬司の職掌に一致し、実際に兵馬司が幅広い職掌を有していたと考えられる。

それではなぜ兵馬司は諸国の馬牛の情報を集めていたのだろうか。『令集解』職員令25兵馬司条の諸説のなかで、これに答えているのは義解と令釈である。義解は「其征行大事、公私共給、為二差発一、是故兼知」とし、令釈は「為二征行之日差発一故」としている。

まず「征行」から考えてみよう。「征行」とは「軍事行動を起こす」の意である。八世紀における日本国内の戦争といえば蝦夷・隼人との戦争が想定でき、それらに備えることにあったと考えられる。戦争になれば戦線に物資を運ぶ際に馬牛は重要な存在であり、官民を問わない馬牛の徴発があったであろう。

次に義解のみが指摘した「公私共給」を考える。早川庄八氏が述べられたように、「共（供）給」とは「中央から任務を背負った使者に対して、路次の諸国が人・馬・食料などを提供する」の意である[17]。先に述べたように兵馬司は駅伝制に関わる「郵駅」を職掌としており、また伝馬においては民間の馬が徴発されることが『令集解』賦役令37雑徭条所引古記や公式令51朝集使条・厩牧令21公使乗駅条などにみえる。兵馬司が官だけでなく民間にある馬牛の状況を確認していたのは、右のような私馬牛の徴発に備えるためであろう。つまり兵馬司は征行や供給における臨時的な馬牛の徴発などに備えて、全国の馬牛の情報を常に集めていたと考えられる。

次に兵馬司の起源・成立についてみてみよう。兵馬司の起源については、すでに指摘されたように唐の尚書兵部駕部と関係があると思われる[18]。駕部は全国から送られる帳簿を用いて馬牛の情報や駅制を管理しており、兵馬司の職掌と一致する点が多い。しかし詳しくみると兵馬司と駕部の職掌は完全に一致するものではなく、いくつかの点では異なっている。試みに兵馬司と駕部の職掌を並べてあげる。

兵馬司
　牧及兵馬、郵駅、公私馬牛事、
駕部
　輿輦、車乗、郵駅、廐牧、司牛馬驢騾、闌遺雑畜、[19]

①兵馬司と駕部に共通する職掌
牧・郵駅・馬牛
②兵馬司のみにみえる職掌
　兵馬
③駕部のみにみえる職掌
　輿輦・車乗・驢騾・闌遺雑畜

ここでは二官司の差異を一つ一つ検討することはしないが、②兵馬司のみにみえる職掌の「兵馬」と③駕部のみにみえる「輿輦」の二つについて考えてみたい。

まず②「兵馬」はその官司名にみえるぐらいであるから、兵馬司の職掌のなかでも重要なものであったことは容易に想像できる。「兵馬」とは「取㆓牧馬㆒付㆓軍団㆒令㆑養者也」と義解が述べるように、牧馬のなかで乗用に堪え軍団に送られ軍団で飼養される馬のことであった。兵馬に関する情報を兵馬司は「天平六年出雲国計会帳」にみえた「兵馬帳」を通じて管理していたと考えられる。一方の駕部が兵馬に関する職務を担っていないのはなぜであろうか。

この差異は日唐間の軍事体制の違いによる可能性が高い。すでに先学が指摘されてきたように、日本と唐との軍事体制には大きな違いがある。菊池英夫氏が指摘されるように、唐の軍政は行政と完全に分離したものであった[20]。一方の日本の軍政は行政と分離していなかった。長山泰孝氏が指摘されたように、地方の軍政は文官の国司が担っていた[21]。そのことは国司が軍団を率いて軍事行動をとったことから明らかである。つまり兵馬司の職掌に「兵馬」がみえて駕部の職掌に「兵馬」がみえないことは、当時の日本と唐の軍事体制の決定的な違いに起因すると考えられる。

次に駕部にみえて兵馬司にみえない「輿輦」に検討を加えよう。「輿輦」は「天子の乗物」の意である。駕部は「輿輦」に関することを扱ったが、兵馬司はその職を担っておらず、日本で「輿輦」を扱うのは宮内省被官の主殿寮であった。さらに古くは大化前代から「輿輦」をもって大王に奉仕した車持氏がいた[22]。大化前代から「輿輦」をもって大王に奉仕する車持氏はその後負名氏として主殿寮に出仕しており、車持氏の職掌はそのまま主殿寮に継承されたと思われる。おそらく駕部を基本に兵馬司の職掌を決める際に駕部の「輿輦」を削ったのは、右のような日本の特別な事情によるところであったと思われる。そのために兵馬司には駕部の「輿輦」は継受されなかったと考えられる。

右にみた「兵馬」・「輿輦」に関する二司の間の違いは、いずれも当時の日本と唐における伝統や制度の違いによるものであったと想定される。つまり古瀬氏らが述べられたように、兵馬司は唐の駕部にならって置かれた可能性は高いものの、全くの模倣ではなく当時の日本の事情を考慮した上で作られた官司であったと考えられる。

兵馬司の成立については大宝令制定時に存在したことは明らかであるが、どこまで遡るかは断定できない[23]。同じ馬政官司である左右馬寮の起源は『日本書紀』推古紀の廐戸皇子（聖徳太子）の出生記事にみえる「馬官」や

『続日本紀』天平神護元年（七六五）五月庚戌（二〇日）条にみえる「馬司」に求められ、左右馬寮は大化前代の馬飼部を統括する官司が発展したものと考えられる。しかし兵馬司が左右馬寮のような伝統を有する官司ではないことはその構造から明らかであろう。なぜなら文書行政が地方に行き渡らなければ、文書を通して全国の馬牛の管理を行う兵馬司はその機能を果たすことができない。そのため兵馬司の成立には地方への文書行政の浸透が条件となる。したがって兵馬司の成立は大化前代に遡ることはなく、大宝令制定時にその時期を求めるのが穏当と思われる。

本節では兵馬司の職掌について検討を加えた。兵馬司は諸国から様々な帳簿を集めて諸国の馬牛の情報を把握した官司であったと考えられる。帳簿を集め馬牛の情報を把握する必要性は、「征行」・「供給」における臨時的な馬牛の徴発に備えることにあった。また兵馬司の職掌は唐の駕部に似ているもののすべてを模倣したものではなく、日本の独自の事情を考慮して大宝令制定において成立した、新しい官司であったと評価できる。

二　八世紀の兵馬司

兵馬司の初見記事は次の史料である。

【史料4】『続日本紀』和銅六年（七一三）一一月乙酉（二五日）条

権充二兵馬司史生四人一、

もともと兵馬司には史生が置かれていなかったが、和銅六年一一月に史生が臨時的に四人置かれることになった。史生の設置は和銅年間に集中するが[24]、兵馬司への史生四人設置は他の官司への設置記事と比べて特異なもの

である。というのも①臨時に史生を置くという処置が他にみえないこと②司クラスへの史生設置は二人が一般的であり、兵馬司の史生四人は寮・職クラスと同等で明らかに多いことなどから考えて、兵馬司に対する処置は他の官司の史生設置に比べて特異なものであったと評される。

なぜ兵馬司に特別な処置がとられたのだろうか。私は兵馬司の職掌の一つの「郵駅」と関係があると考えている。「郵駅」＝駅伝制は草創期から充実期に入っていたと評価されている。[25]駅伝制の充実が兵馬司に影響を与えた可能性は高いのではないだろうか。兵馬司は諸国の駅伝制に関わる駅馬帳・伝馬帳・駅家鋪設帳を扱い管理することがその職務の一つであった。もし駅伝制が充実してくれば、当然管理・処理すべき文書は比例して増加する。その結果、文書の繕写・処理を任とする史生を有さなかった兵馬司では増加した文書に対応できなくなり、司クラスでは多い四人の史生設置が行われたと考えられる。[26]

さてこれ以降直接兵馬司に関する記事はなく、兵馬司に関わる記事としては兵馬正補任の五例がある。正に任ぜられた人をまとめたのが次の【表】である。

【表】兵馬正補任一覧

	姓名	位階	就任した年月日	官歴
1	路野上	従五位下	天平宝字四年（七六〇）正月戊寅（一六日）	斎宮頭・大監物・兵馬正
2	田口大万戸	従五位下	天平宝字七年（七六三）正月壬子（九日）	下野国防人部領使・日向守・兵馬正・上野介
3	路鷹甘	従五位下	天平宝字八年（七六四）正月己未（二一日）	兵馬正
4	紀門守	従五位下	宝亀五年（七七四）三月甲辰（五日）	参河目・図書助・勅旨大丞・兵馬正・鋳銭次官・肥前守
5	佐伯諸成	外従五位下	延暦一〇年（七九一）正月己丑（一八日）	園池正・兵馬正

（註）出典は、下野国防人部領使のみが『万葉集』で、その他は『続日本紀』による。

兵馬正の補任を通じて、吉川敏子氏は兵馬正には武官の経歴をもたない人物が任ぜられた傾向があるとされた(27)。私は吉川氏の指摘に賛成したいと思う。なお先学は兵馬司を以下のように評価されている。

①諸国の牧の最終的な管理権を保有していた官司【西岡虎之助氏(28)・山口英男氏(29)】

②軍団と密着した諸国の官牧および公私馬牛のことを掌る官司【森田悌氏(30)】

③太政官に集められた牧に関する書類の保管あるいは集計を行う官司【杉山宏氏(31)】

④非常時に備えて全国の馬牛を帳簿上で管理していた官司【吉川敏子氏(32)】

五氏のなかで最も詳しく兵馬司を検討された吉川氏は次のように述べられている。

兵馬正の職掌は、……このうち牧・郵駅・公私馬牛については、職員令大国条に記されている国司の職掌にも含まれている。そして、廏牧令駒犢条では国司が牧の駒犢の校印に立ち会うことが、同令置駅条では国司が使の稀な場所の駅馬の数を決定することが規定されているので、実際には牧や郵駅の監督義務や権限は在地の国司に存していたことがわかる。公私馬牛については、令集解所引の諸説が説くように征行時の差発に備えて全国の馬の現状を把握しておくというものであったと考えられる。……以上の考察により、兵馬司は積極的に馬政に携わる官司ではなく、非常時に備えて全国の馬疋の帳簿上の管理をする官司であったと位置付けることができる。

吉川氏が右の見解を導き出された根拠は、①兵馬司の職掌の「牧・郵駅・公私馬牛」の管理権が実際には国司にあったこと②「征行」という非常時に備えるために全国の馬牛の情報を把握していたことであろう。しかし私は兵馬司が馬政に積極的に関与しなかったとは考えていない。むしろ成立当初においては、左右馬寮よりも馬政に関与する官司であったと考えている。以下、吉川氏の根拠を検討したい。

ならない。

①「牧・郵駅・公私馬牛」の直接的な管理権が国司にあったことは吉川氏の指摘された通りであるが、律令制のもとで諸国の行政全般を国司に委任したことを考えれば、このことが兵馬司が馬政に関与しなかった根拠には

②「征行」に備えるという点については私も異論はないが、むしろ「征行」という非常時に備えるならば、平時においてこそ正確な馬牛の情報を収集する必要があったと思われる。平時において正確な情報を集めておかなければ、非常時において意味をなさないのではないだろうか。先にみた「天平六年出雲国計会帳」にみえる駅馬帳をはじめとする帳簿は、兵馬司が諸国の馬牛の正確な情報を集めていた証左となるだろう。

また先述したように兵馬司は駅伝制にも関与していた。先にみた駅馬帳・伝馬帳・駅家鋪設帳は兵馬司によって管理されていたと思われ、それは私馬の徴発に備えるためであったと考えられることは先に述べた通りである。そのために兵馬司は平時から公私馬牛の情報を把握していたと思われる。したがって兵馬司が馬政に積極的に関与する可能性がなかったと結論づけることはできない。むしろ兵馬司は軍事や交通に関わり、そのために正確な馬牛の情報を把握する必要があったと考えられる。つまり兵馬司は平時から積極的に馬政に関与していたと考えるべきではないだろうか。

以上、兵馬司について検討を加えてきた。節を改めて兵馬司以外の八世紀の馬政官司について考えてみたい。

三　八世紀の馬政官司の変遷（内廐寮・主馬寮）

令制当初、馬政官司として左右馬寮と兵馬司が置かれた。左右馬寮は大化前代の「馬官」や「馬司」が官司に

発展したものと考えられ、天皇の廐である閑廐を預かり、御馬の調習・飼養をその任とした官司であった。直接馬を扱うという点で、兵馬司とは異なる性格を有していた。

しかし天平神護元年（七六五）二月に大きな変化が起きる。馬寮と同様に直接馬を扱う内廐寮の設置である。亀田隆之氏は内廐寮設置の目的を、藤原仲麻呂没落後の軍事制度改編の一環であったと述べられた[33]。また薗田香融氏は内廐寮設置目的を勅旨牧の成立と関係させて、騎兵重視にもとづく純粋な軍事強化策と評価された[34]。さらに山口英男氏は内廐寮と左右馬寮との違いを指摘されている[35]。第一に内廐寮には所管牧を有したこと、第二に内廐寮には独自の財政基盤を有していたこと、そして山口氏は内廐寮設置の目的を中央軍事機構から仲麻呂色を払拭するための政治的措置と評価され、「内廐寮の設置とは、仲麻呂乱後の中央軍事機構への他から独立した騎用馬供給機関の設置であった」と述べられた。また吉川敏子氏は内廐寮設立時は近衛府への騎馬供給が第一の目的であったとされたが、延暦三年の長岡京造営からその性格に変化が生じたと論じられた[36]。

私は内廐寮がいわゆる道鏡政権下に置かれた令外官でありながら、次の光仁・桓武朝でも廃止されていないことや内廐寮が所管牧（勅旨牧）を有したことに注目したい。官田と勅旨田が区別されて内蔵寮・宮内省に管理されていたように勅旨牧も他の牧と区別されて管理される必要があり、そのために勅旨牧を管理する専当の官司として内廐寮が設置されたと考えている[37]。

次の馬政官司の変化は主馬寮の設置である。ただ主馬寮はその設置年月を示す記事すらなく、また職掌や活動が全く示されていない官司であるため、その多くが明らかにできない。しかし先学の検討から、その設置時期は宝亀一〇年（七七九）九月から天応元年（七八一）五月までの間とされている。その設置には内廐寮が左右馬寮の職域にまで進出した結果、馬寮が左右を統合して主馬寮となったと考えられている。亀田隆之氏は主馬寮官人を

検討されて、主馬寮官人に左右馬寮官人にみえなかった武官出身者がみられることを指摘されている。[38]吉川敏子氏は主馬寮の設置の契機が内廐寮にあるとされ、その設置については長岡京造営などの造営事業に重点を置きつつ設置され、軍事目的の内廐寮とは職域を分けて並立されたと述べられている。[39]

以上が内廐寮と主馬寮に関する先学の評価である。以下では内廐寮と主馬寮と兵馬司の関係について考えてみたい。確認しておくと、兵馬司は牧・兵馬・郵駅・公私馬牛に関することを職掌とし、諸国から集められた馬牛帳と呼ばれる文書によって非常時の馬牛の徴発に備え、馬牛の正確な情報を把握していた官司であったと考えられる。また兵馬司は公的牧の最終的な管理権を有する官司であった。

しかし奈良時代後期に公的牧の管理権に変化が起きる。その変化が最初にみえるのは天平勝宝六年（七五四）一一月一一日「知牧事吉野百嶋解」である。[40]この解を検討された西山良平氏はこの文書の宛先が紫微中台であることを明らかにされた。[41]山口英男氏はこの見解を受けて、「この牧は、兵馬司管下にあって国司が現地責任を持つという令制本来の牧とは異なり、私的性格の強い牧である」と述べられた。[42]紫微中台に属する牧が全国にどれだけあったかは明らかではないが、兵馬司が全国の公的牧の最終的な管理権を有するという令制当初からの方針が崩れはじめたことは明らかである。

天平神護元年に設置された内廐寮には所管牧（勅旨牧）が置かれており、完全に令制当初の最終的には公的牧の管理権は兵馬司にあるとされた方針が転換されたことになる。この内廐寮の所管牧は兵馬司に管理権があるとされた公的牧（官牧）から編入されたものと考えられている。[43]内廐寮がその規模を拡大するにつれて、内廐寮所管牧は増加していったと思われる。内廐寮の所管牧の数が増加すれば兵馬司が管理する公的牧の数は減少する。したがって兵馬司所管牧の数が減少すれば、おのずから兵馬司の存在意義が変化してくる。

つまり諸国に置かれた公的牧の管理権は兵馬司にあるとされた方針が、紫微中台・内廐寮などが独自の牧を保有することによって崩された。その結果兵馬司が最終的な管理権を有する公的牧の数は、令制当初に比べると格段に減少したと思われる。兵馬司の管理権がある公的牧の減少が大同三年の兵馬司廃止の要因となったと考える。

四　大同三年の馬政官司の再編——兵馬司の廃止——

平城天皇は父桓武の政治改革を引き継ぎ官司再編を積極的に推し進め、大同三年（八〇八）正月に大規模な官司の再編を行い[44]、二〇日に馬政官司の整理が行われた。東北大学附属図書館狩野文庫所蔵『類聚三代格』によって、馬政官司の再編が次のような過程をふまれたことがわかる。

【史料5】東北大学附属図書館狩野文庫所蔵『類聚三代格』巻四、廃置諸司事

大同三正廿五詔　隼人司併㆓衛門府㆒、内兵庫併㆓左右兵庫㆒、兵馬司併㆓内廐主馬寮㆒、即依㆑令左右馬寮、詔書略㆑之、

【史料5】の読み方や内容については諸説分かれているが[45]、山口英男氏は右の内容を「同詔によって兵馬司は内廐寮と主馬寮に併合され、それと共に両寮も令制の名称である左右馬寮に改められた」とされた[46]。私もそのように解すべきであると思う。したがって【史料5】から兵馬司の併合先が内廐寮・主馬寮であったことがわかり、その上でこの改革を兵馬司から考えてみたい。

先述したように令制当初の兵馬司は諸国に置かれた公的牧の最終的な管理権を有した官司であったが、紫微中台・内廐寮などが独自の牧を有していくようになるにつれて、兵馬司所管牧の数は減少していったものと思われ

る。そのために兵馬司は一つの官司として存在する必要性がなくなり、内廐寮・主馬寮に併合されていったと考えられる。この改革で馬寮が兵馬司を併合した意味について、森田悌氏は「令制左右馬寮が主に都城内での馬匹の管理供給を行っていたのに対し全国の公私馬牛を管轄下に置くようになったと考えられるのである」と述べられた[47]。しかし全国の馬匹の管理についてはその前身である内廐寮に一部みられ、兵馬司併合によるものではない。また森田氏は兵馬司併合が左右馬寮の軍事力強化につながったと指摘されたが、直接馬牛を管理せず文書を通して全国の馬牛を管理した兵馬司自体にはそれほど軍事力があったとは考えにくく、兵馬司の併合が馬寮の大幅な軍事力強化につながったとは思われない。

兵馬司は『官職秘抄後付[48]』や東北大学附属図書館狩野文庫所蔵『類聚三代格』（【史料5】）から左右馬寮に併合されたことがみえ注目されてきたが、弘仁四年（八一三）七月一六日太政官符によれば、兵馬司は兵部省にも併合されたことがしられる。次に兵部省に併合された意味について考えたい。

【史料6】『類聚三代格』巻四、加減諸司官員并廃置事

太政官符

応レ置二書生十八人一事

右得二兵部省解一偁、省中公文、其数不レ少、繕写之事、任在二史生一、而或奉二使諸国一、経レ日無レ帰、或事縁二病仮一、累レ旬不レ上、是以文書填委、無レ人二繕写一、加以依二去大同三年正月廿日詔書一、廃二兵馬司一、自レ茲以後、彼司之務、惣帰二於省一、衆務繁劇、既殊二昔時一、望請、准二式部省一、置二件書生一者、被二右大臣宣一偁、奉レ勅、式部省書生惣卅人、宜下停二其十八人一、依レ件令レ補、試二其身才一、然後補上之、不レ得レ令三濫吹輩輙備二其員一、

弘仁四年七月十六日

兵部省に兵馬司の職掌が移管されたことを具体的に確認するために延喜兵部式を検討すると、兵馬司の職掌のなかで兵部省に移管されたものは、「郵駅」つまり駅伝制に関するものであったと思われる。兵馬司は馬寮にも併合されたが延喜馬寮式には駅伝制に関するものはなく、馬寮には「郵駅」は受け継がれなかったようである。

延喜兵部式のなかから駅伝制に関するものを抜き出すと、①省符条②駅家条③諸国牧条④駅伝条⑤駅家条の五条である。駅家の廃止に関する規定の①省符条や諸国の駅家を列挙した④駅伝条などから、兵馬司廃止後に兵部省が駅伝制を管轄する官司であったことは間違いない。

右の五条のなかで私は③諸国牧条と④駅伝条に注目したい。③諸国牧条の存在から、効率化を一つの目標とした大同三年正月の馬政官司の再編においても、諸国に置かれた牧が一つの官司のもとにまとめられることはなかったことがわかる。大同三年以降もなぜ兵部省に諸国牧が所属したのだろうか。その理由として先学は以下のように述べられている。

「官司の変遷から見て、それは兵馬司の職掌を引き継いだための現象であろう。それゆえ、諸国牧は令制の牧と制度上直接連続する存在であり、大同三年に所管が移動されたに過ぎないと解し得る」【山口英男氏(49)】

「令制官牧を前身とする諸国牧も、むしろ在地の官馬供給を中心目的として経営されたものと考えられるべきで、貢上制に焦点を当てて、それを諸国牧の衰退の基準とするのは不当であろう」【吉川敏子氏(50)】

両氏は兵部省に諸国牧が所属した理由を大同三年に兵部省が兵馬司を併合した結果とされており、そのこと自体に私も異論はないが、諸国牧が兵部省に所属した意味は兵馬司の職掌からより具体的に説明できるように思われる。

まず『延喜式』にみえる牧は左右馬寮の勅旨牧・近都牧、兵部省の諸国牧の三種類である。勅旨牧は甲斐国・武蔵国・信濃国・上野国の四か国に置かれ、近都牧は摂津国・近江国・丹波国・播磨国の四か国に置かれており、

ある地域に集中して置かれたという特徴がある。一方の諸国牧は特定の地域に集中せず、全国に分布するという特徴がある。また勅旨牧から中央への貢上数は年に二四〇疋であったが、諸国牧からの貢上数は一〇五疋であり、勅旨牧に比べて少ない。勅旨牧より少ない諸国牧の貢馬数を山口氏は令制の衰退化によるものと位置づけたが、(51)吉川氏が述べられたように、(52)この時期には諸国から中央への馬の貢上の意味が減り諸国の牧は在地に馬を供給していたと考えられ、諸国牧の貢上数からは令制の衰退化を論じることは無理ではないだろうか。

それでは諸国牧の果たすべき役割は何であったのだろうか。諸国牧が兵部省の管轄下にあったことから交通＝駅伝制と関連づけて考えてみたい。

牧は馬の生産機関であり、安定的な供給こそ牧設置の最大の目的であった。そのように考えると、勅旨牧のように一地域に集中せず全国的な分布をもつ諸国牧こそ、当時の交通制度を国家側から支えるものであったと思われる。それでも全国の交通を支えるにしては牧の数が少ないとも考えられる。しかし当時の交通をとりまく変化からそのことは説明できるだろう。延暦年間以降に一時的ながら伝馬が駅馬に吸収されるなど、令制当初からの駅伝制の方針が転換されている。(53)またこの時期になると民間における馬の所有が広がっている。つまり諸国牧は全国的な分布をもつものの、牧の数は私馬の利用がさらに広まったこともあって、令制当初のように多くある必要はなかったと考える。

兵部省は兵馬司から「郵駅」の職掌を受け継いだ結果、駅伝制を支える公的牧も同時に引き継いだものと思われる。中央への貢上を目的として置かれた勅旨牧と交通を支える諸国牧は、大同三年の馬政官司再編においても一つの官司のもとに統合されることはなかった。左右馬寮は勅旨牧を管轄下に置き、兵部省は兵馬司を併合したことによって諸国牧を管轄下に置くことになった。その背景には勅旨牧と諸国牧がもつ性格の違いによって、一

つの官司のなかに併置することが難しかったということがあると思われる(54)。

最後に兵馬司併合後に行われた兵部省の史生増員についても触れておきたい。大同四年（八〇九）四月三日に兵部省は史生四人の増員を認められている(55)。大同四年に増員された四人は和銅六年に兵馬司に臨時的に置かれた史生の数と同じである（【史料4】）。先に述べたように兵馬司は駅伝制を管理する官司であり、和銅六年の処置は駅伝制の充実に伴って増加した文書処理のための措置であり、文書の量が減らない限り和銅六年に臨時的に置かれた史生は置かれ続けたと思われる。だが大同三年に兵馬司が廃止されると、その職掌は兵部省と左右馬寮に移された。

兵馬司の職掌は兵部省に受け継がれたが、兵馬司の史生はそのまま兵部省へ転属するということはなかった。そのため兵部省は職務が増加したにもかかわらず、従来から兵部省に所属する一六人の史生で省全体の文書の処理にあたることになった。しかし一六人では処理できず、かつて兵馬司に所属した史生と同数の四人の増員を求めて許可されたというのが大同四年四月三日太政官符なのであろう。

さらに兵部省はそれから四年後の弘仁四年（八一三）七月一六日に書生の設置を願い出て許可されている（【史料6】）。兵部省は書生設置の理由に、①文書を処理すべき史生が怠惰であること②兵馬司の併合によって兵部省の職務が増大したことなどをあげている。

大同三年の馬政官司再編によって馬政を担う官司は馬寮と兵部省となり、兵部省には諸国牧が所属した。その理由として兵馬司が兵部省に併合された結果とされてきたが、延喜兵部式から判断して、兵馬司の職掌の「郵駅」が兵部省に移管されたことによるものと思われる。とくに諸国牧はある地域に集中して置かれなかったという特徴をもつことなどから考えて、交通を支えるという性格を有した牧であったと思う。

おわりに

以上、兵馬司について考察を加えてきた。私見をまとめると、以下の五点になる。

①兵馬司は諸国から提出される帳簿によって、諸国の公的牧・兵馬・駅伝制・官民にある馬牛の情報を把握していた。それらの情報を記した帳簿は現在伝わっていないが、「天平六年出雲国計会帳」に兵馬司の職掌に一致する帳簿がみえる。それらを用いて兵馬司は全国の馬牛を管轄下に置いていたと考えられる。

②兵馬司は従来の研究では軍事力をもつ官司ではないと指摘されてきた。そのために平時においても馬政に積極的に携わる官司ではなかったと考えられてきたが、むしろ非常時に備えて全国の馬牛の情報を把握するためには平時においてこそ正確な情報を把握しておかなければならず、むしろ馬政に深く関与している可能性がある。

③兵馬司は文書によって諸国の馬牛を管轄下に置くのであって、文書行政が地方に浸透しなければ十分に機能せず、兵馬司の成立時期が大化前代に遡る可能性は低い。

④諸国に置かれた公的牧の最終的な管理権は令制当初から兵馬司にあったが、勅旨牧を有する内廐寮などの出現によってその原則が崩れた。内廐寮は職域を拡大していくなかで、兵馬司に所属する公的牧を吸収していった。その結果として兵馬司に所属する牧は減少したと推測される。つまり兵馬司に所属する公的牧の数は令制当初と比較すれば格段に減少していたと考えられ、兵馬司廃止の要因の一つとなったと思われる。

⑤大同三年正月に兵馬司は兵部省と左右馬寮に併合された。延喜兵部式諸国牧条・駅家条などから、兵部省には兵馬司の職掌の「郵駅」＝駅伝制が移管されたと考えられる。諸国牧は兵馬司廃止後に駅伝制を受け継い

だ兵部省に所属し、交通を支える牧であったと考えられる。中央への貢上を目的とする勅旨牧と交通を支える諸国牧にはこのような違いがあったために、大同三年の馬政官司再編の際にも一つの官司に牧が集められることが行われなかった。

以上のことから兵馬司は馬政全般に携わる官司であったと考えられる。兵馬司は「征行」や「供給」という有事や交通において、官民を問わない馬牛の徴発に備えるという機能を有した。そのような状況に備えるためには兵馬司は平時から正確な馬牛の情報を把握しておかなければならず、左右馬寮よりも馬政に関与する必要があった官司と考えられる。

註

（1）西岡虎之助「武士階級結成の一要因として観たる『牧』の発展」（『史学雑誌』四〇―二・三・五・七・八、一九二五年。のち「武士階級結成の一要因としての『牧』の発展」と改題して『荘園史の研究』上、岩波書店、一九五三年に再録）。

（2）山口英男「八・九世紀の牧について」（『史学雑誌』九五―一、一九八六年）。

（3）吉川敏子「古代国家における馬の利用と牧の変遷」（『史林』七四―四、一九九一年）。

（4）兵馬司に関する論文としては、杉山宏「律令制下の馬匹管理について」（『史正』二、一九七二年）がある。

（5）養老職員令63左馬寮条。

（6）養老職員令70大国条。

（7）『朝野群載』巻二一、雑文上に牧馬生益勘文書様として康和五年の「御馬帳」が収められている。先学は本帳をとりあげ、奈良時代の馬帳と同一のものと評価された。しかし、この「牧馬生益勘文文書様」はすでに形式化が進んでおり、また当時の牧の経営はすでに請負制に移行しており、奈良時代の牧運営とは異なっていると考えられる。そのために私は『朝野群載』に収め

られる馬帳を奈良時代の兵馬司が管理した馬牛帳と同一のものとは考えていない。なお『朝野群載』所載の「牧馬生益勘文書様」については、福田豊彦氏が詳細な考察を加えられている（福田豊彦『平将門の乱』岩波新書、一九八一年、七七～八二頁）。

(8)『大日本古文書』（編年）一―五九八頁。

(9) 早川庄八「天平六年出雲国計会帳の研究」（坂本太郎博士還暦記念会編『日本古代史論集』下、吉川弘文館、一九六二年。のち『日本古代の文書と典籍』、吉川弘文館、一九九七年に再録）。

(10)『大日本古文書』（編年）二―一三六頁。

(11) 薗田香融「わが上代の騎兵隊」（『史泉』二三・二四、一九六二年。のち『日本古代の貴族と地方豪族』、塙書房、一九九一年に再録）二一三頁、村岡薫「律令国家の官牧兵馬政策とその意義」（竹内理三先生喜寿記念論文集刊行会編『律令制と古代社会』、吉川弘文館、一九八四年）九九・一〇〇頁。

(12) 山口英男註(2)論文七頁、村岡薫註(11)論文九三・九四頁。

(13) 宮城県多賀城跡調査研究所『宮城県多賀城跡調査研究所年報一九八九　多賀城跡』（一九九〇年）。

(14) 多賀城市埋蔵文化財調査センター『市川橋遺跡』（二〇〇四年）。

(15) 平川南氏は福岡県太宰府市国分松本遺跡木簡（左掲）の検討から、七世紀後半に軍事的な緊張状態に置かれていた大宰府において管内の官馬のみではなく私馬の保有状態も厳密に管理し、必要な時に馬を徴発できるような体制が整えられていたことを明らかにされた（平川南「付　最古の馬関係帳簿木簡」『律令国郡里制の実像』下、吉川弘文館、二〇一四年、三八四頁）。

福岡県太宰府市国分松本遺跡木簡（『木簡研究』三五、二〇一三年）一三一～一三三頁。

「∨竺志前国嶋評　私□板十六枚目録三枚／父母方板五枚并廿四枚」

本木簡の作成時期は「評」と記していることから、大宝元年以前と考えられている。

(16)「兵馬」については従来から騎馬を意味するか、駄馬を指すのかをめぐって議論がある。橋本裕氏は軍防令5兵士為火条から兵馬を駄馬と理解されて、この兵馬帳は駄馬を記載した文書であると指摘された（橋本裕「律令軍団制と騎兵」『続日本紀研究』二一七、一九八一年。のち『律令軍団制の研究　増補版』、吉川弘文館、一九九〇年に再録、二五四頁）。また村岡氏は軍

防令5兵士為火条の駄馬を民間において飼養される私馬であると理解され伯姓牛馬帳に記載されたと述べられ、兵馬帳は駄馬を含まない官牧から軍団に配属された騎馬を記載した帳簿であったと述べられた（村岡薫註(11)論文九四・九五頁）。

(17) 早川庄八「供給をタテマツリゴトとよむこと」（『月刊百科』二一〇、一九八〇年。のち『中世に生きる律令』、平凡社、一九八八年に再録）。

(18) 古瀬奈津子「律令官制成立史についての一考察」（『お茶の水女子大学紀要』五、一九八二年。のち『日本古代王権と儀式』、吉川弘文館、一九九八年に再録）、黒川総三「射水郡駅路の位置をめぐって―万葉集からみた駅制」（『万葉』一七二、二〇〇〇年）。古瀬氏は『通典』の職掌字句と「職員令」の職掌字句との比較から、兵馬司は駕部に比定して置かれた官司と論じられている（二二頁）。黒川氏は『唐六典』の駕部の職掌字句を引用して、兵馬司と駕部とのつながりを指摘されている（三五頁）。

(19)『通典』巻二三、職官五。

(20) 菊池英夫「日唐軍制比較研究上の若干の問題」（唐代研究会編『隋唐帝国と東アジア世界』、汲古書院、一九七九年）。

(21) 長山泰孝「国司と軍団」（直木孝次郎先生古稀記念会編『古代史論集』中、塙書房、一九八八年。のち『古代国家と王権』、吉川弘文館、一九九二年に再録）。

(22) 志田諄一「車持氏とその部について」（『続日本紀研究』九―七・八、一九六二年。のち『古代氏族の性格と伝承』、雄山閣、一九七一年に再録）。

(23) 杉山宏註(4)論文四頁。杉山氏は持統天皇四年の八省の制となった時点では、兵部省のもとに兵馬司が存在していたと述べられている。しかし浄御原令に兵馬司があったかは史料からは明確にはできない。

(24) 小林泰文「史生に関する一考察」（『史聚』八、一九七八年）。小林氏は和銅年間における史生の始置・加置の理由として、①文書行政の発展②平城京遷都などをあげられている。

(25) 馬場基「駅と伝と伝馬の構造」（『史学雑誌』一〇五―三、一九九六年）。

(26) 杉山宏註(4)論文五頁。この史生設置について、杉山氏は職員令にみえないことから考えて、養老令成立時にはすでに廃止されたのか、近い将来廃止を考えられていたのではないかと指摘されている。しかし私は兵馬司の史生が職員令にみえないこ

とに関しては、臨時に置くという特殊的な処置と関係があるものと考えている。また兵馬司の史生は後述するように、その後も置かれた可能性が高い。したがって私は杉山氏の指摘に同意できない。

(27) 吉川敏子註(3)論文二八・四五頁。
(28) 西岡虎之助註(1)論文三三〇頁。
(29) 山口英男註(2)論文一〇頁。
(30) 森田悌「平安初期の馬寮の一考察」(『日本歴史』二七一、一九七〇年。のち『平安前期国家の研究』Ⅱ、関東図書、一九七二年に再録)一八九頁。
(31) 杉山宏註(4)論文五頁。
(32) 吉川敏子註(3)論文二八頁。
(33) 亀田隆之「内厩寮考」(『続日本紀研究』五―五、一九五八年。のち「内厩寮」と改題して『日本古代制度史論』、吉川弘文館、一九八〇年に再録)。
(34) 薗田香融註(11)論文一一五頁。
(35) 山口英男註(2)論文一〇・一四頁。
(36) 吉川敏子註(3)論文三五～三八頁。
(37) 佐藤健太郎「内廐寮と勅旨牧の成立について」(『続日本紀研究』三六〇、二〇〇六年。本書第一編第一章)。
(38) 亀田隆之註(33)論文一一頁。
(39) 吉川敏子註(3)論文三八～四〇頁。
(40) 『大日本古文書』(編年)四―三一頁。
(41) 西山良平「家牒・家符・家使」(『日本歴史』二一六、一九八〇年)。
(42) 山口英男註(2)論文二二頁。
(43) 山口英男註(2)論文三〇～三二頁。

(44) 大同三年の改革に関する研究には、山本明「律令政治の進展における貴族と官人―九世紀における天皇制権力の一考察」（東京教育大学昭史会編『日本歴史論究』、二宮書店、一九六三年）、大塚徳郎「平安初期の政治史上における平城朝」（『史潮』六九、一九五九年。のち「平城朝の政治」と改題して『平安初期の政治史研究』、吉川弘文館、一九六九年に再録）がある。

(45) 目崎徳衛「平城朝の政治史的考察」（『長岡工業短大・高専研究紀要』一―一、一九六二年。のち『平安文化史論』、桜楓社、一九六八年に再録）、春名宏昭「内薬侍医について」（『律令国家官制の研究』、吉川弘文館、一九九七年）、橋本義則「掃部寮の成立」（奈良国立文化財研究所創立四十周年記念論文刊行会編『文化財論叢Ⅲ』、同朋社、一九九五年）などを参照した。春名宏昭氏は内廐寮がこの改革の直前に廃されて、兵部省に吸収されたとする（一九四頁）。しかし内廐寮が兵部省に併合されたことを示す史料はなく、かつ春名氏は兵馬司の職掌移行状況から考えたとされるが、別に具体的な例を示されたわけではない。

(46) 山口英男註(2)論文一〇頁。

(47) 森田悌註(30)論文一八九・一九〇頁。

(48) 『官職秘抄後附』「兵部省被官　兵馬司大同三年正月併㆓馬寮㆒」。

(49) 山口英男註(2)論文一五～二〇頁。

(50) 吉川敏子註(3)論文五五～五八頁。

(51) 山口英男註(2)論文一五～二〇頁。

(52) 吉川敏子註(3)論文五五～五八頁。

(53) 大日方克己「律令国家の交通制度の構造―逓送・供給をめぐって」（『日本史研究』二六九、一九八五年）。

(54) 佐藤健太郎註(37)論文。

(55) 『類聚三代格』巻四、加減諸司官員并廃置事。

第二章　馬寮御監に関する覚え書

はじめに

平安時代の左右馬寮には頭よりも上位官の御監が置かれている。この御監は宣旨によって任ぜられる宣旨職であり(1)、とくに近衛大将をもって任じられる職であった。この御監について、坂本太郎氏は次のように述べられた(2)。

御監は大将の兼任する事実からも明らかに、馬寮の長官たる馬頭よりも上位官であるものであるから、馬寮には事務長官の上に、政務長官または名誉長官ともいうべき上部機構があったことになる。それはちょうど蔵人所に頭の上に別当があり、大学寮に頭の上に別当がおかれたのと同じ事象であり、上層貴族の政務機構独占の欲望にそうた、事務機構と政務機構との分離策の成果と見ることができよう。

坂本氏の研究の主眼は奈良時代の馬寮監に置かれており、坂本氏は馬寮監と馬寮御監の連続性を検討されるなかで間接的に馬寮御監に触れられたようであり、御監の具体的な役割に関しては馬寮奏の執奏についてのみ言及されている。また髙橋昌明氏は「御監は一種の名誉職とはいえ、寮馬を自由に使用できたようである」と論じられている(3)。

平安時代後期などの史料にみえる御監を名誉職であったと評価することについては、私も異論はない。しかし従来の研究では馬寮御監が名誉職であるという結論から、その設置時期や設置目的について十分な検討がなされ

なかったように思われる。本章では、御監の役割や設置時期・設置目的などを考察してゆきたいと思う。

一　一一世紀の馬寮御監

馬寮御監は馬頭よりも上位官ではあるが、名誉職であったという理解の根拠の一つとして、御監をつとめた人物の日記に通常の馬寮の運営に関する記述が少ないことがあげられた。しかし逆に考えれば、御監の日記のなかで馬寮が登場する場面に注目することによって、御監の馬寮への関わり方がわかるように思われる。本節では長く右近衛大将として右馬寮御監を兼任した藤原実資の日記である『小右記』をもとにして、一一世紀の馬寮御監の役割について考えることにする。

『小右記』には儀式関係以外に馬寮に関する記事はあまりみられないが、記載された内容をみると共通して馬寮に問題が生じ、馬寮から御監実資に問題の解決の指示を仰いでいる。その一例として、寛仁二年（一〇一八）一〇月四日より二一日までの右馬頭藤原輔公からの報告を概観してみよう(4)。

後一条天皇の上東門第への行幸が寛仁二年一〇月二二日と決まり、馳馬が催されることとなった。馳馬に備えて右馬寮は様々な用意をはじめるが、右馬寮では調達できない物資が出てくる。一〇月四日に右馬寮は鞍四具を用意できないと実資に伝え、それに対して実資は鞍四具を貸し出している。同時に実資は当日の馬部・居飼の装束について指示を与えている。同月八・一〇・一九日にも輔公は実資のもとを訪ね、二二日に駒を馳せさせるか否かについて、あるいはそれに伴う馳馬奏の書様について議論を重ねている。

行幸の前日である二一日に輔公は実資に、右馬寮がいまだ馳馬に用いる御馬二疋を調達できていないことを報

告する。実資は調達できていない御馬二疋のうち一疋については、実資家の廐で飼われている馬を右馬寮に送ると答える。それに対して輔公は、残りの一疋については自分で調達すると述べる。これによって右馬寮が抱えていた御馬二疋の不足という問題が解決し、馬寮は行幸の日を迎えている。実資はこれ以外にも右馬寮から報告を受けて様々な指示を下し、右馬寮の求めに応じて鞍・馬などを貸し出している[5]。実資がとった行動はいずれも馬寮御監としての行動であったと考えられる。とくに馬寮御監の馬寮に対する影響力を考える上で興味深いのが、『小右記』長和元年（一〇一二）四月一八日条である。

左中弁来云、御禊点地事等兼給二宣旨於山城国一令二勤行一也、仍任二旧例一給二宣旨一、其返解持来、其状云々、以二愛宕郡司一所レ令二勤仕一、而被レ召二籠右馬寮一不レ能二召仕一、今一人依二左馬寮召捕一逃隠云々、件解文以二左中弁一奉二左相府一御返報云、更不レ可レ奏、右馬寮事御監可二仰下一者、従二官方一可二召仰一之由仰レ弁了、亦召二年預允貞国一、仰下愛宕郡司可レ令レ請二国司一之由上、若有下可二弁申一事上者、過レ祭間可レ令二弁申一、……

左中弁藤原経通が実資を訪ねて次のように語った。斎王選子内親王の御禊点地のことを山城国に勤行させるために旧例にしたがって宣旨が下された。それをうけて山城国は愛宕郡司をもって勤仕させるつもりであったが、一人が右馬寮に拘禁され、もう一人は左馬寮の捕縛から逃れるように姿を隠したために、山城国はその任を果たし難いと返答した。その返答を左大臣藤原道長に送ると、道長からの返答はさらに奏する必要はなく、右馬寮のことは御監が仰せ下すべきであるというものであった。実資は経通から道長の意向を聞いた上で、右馬寮に召し籠めている愛宕郡司を解放した後に、官方が愛宕郡司を召して御禊点地などに勤仕するように仰せよと指示した。次に実資は年預馬允貞国を召して愛宕郡司の身柄を国司に請けとらせることになり、もし郡司が弁申することがあれば賀茂祭が終わった後に弁申させせよと伝えた。

ここで問題となっていたのは、右馬寮が蔚未進によって寮内に監禁していた愛宕郡司の身柄であった。右馬寮御監実資は「右馬寮事御監可二仰下一」と述べた道長の意向を汲んで、右馬寮に監禁されていた愛宕郡司の身柄を右馬寮から解放して、国司に引き渡している。この問題の対処からみても馬寮御監が単なる名誉職ではなく、右馬寮に対して相当の影響力を有する存在であったといえよう。

また『小右記』長元四年（一〇三一）三月二八日条では、御監実資が右馬寮の御馬を疲痩させた理由で右馬頭源守隆から過状をとり、同年三月二一日条には「……馬寮進二上〔日脱カ〕文二通一、一通頭以下庁頭已上、一通馬医代、久レ進二上日文一、仍召二仰事由一所レ令レ進……」とあり、御監のもとに頭以下の馬寮官人の上日文が送られ、馬寮官人の上日の管理が御監によって行われていた。本条によると久しく上日文が御監に提出されなくなっていたという。実資が御監に就任して右馬寮に厳格化を求めたのであろう。

このように御監は馬寮に強い影響力を有していたが、通常の馬寮の運営は馬頭のもとで行われていたと考えられる。『小右記』長和三年（一〇一四）四月二四日条に次のようにある。

……召二馬允貞国属光忠等一、仰二競馬事一、即向二頭頼親朝臣許一、小時参来云、令レ申二身病不レ軽難レ行之由一者、答云、彼日縦雖レ不レ参、寮中雑事仰二官人等一令二勤行一、有二何煩一乎、……

五月一六日の三条天皇の上東門第行幸の際に競馬が行われることになり、実資が右馬允貞国・馬属光忠[6]を召してその旨を伝えた。それを受けた貞国・光忠は右馬頭源頼親のもとに向かい、競馬が催されることを頼親に申上したところ、頼親は病気であるために馬寮を指揮することはできないと答えた。貞国・光忠は実資のもとに戻りその旨を報告した。病気を理由にでてこない頼親に対して、実資は競馬が行われる日に出仕できなくとも、それに伴う馬寮の雑事を馬寮官人に仰せることはできようと述べている。やはり馬寮の雑事は馬頭の指揮のもとで行

われるものであった。

以上のことをまとめると、通常の馬寮の政務運営は頭以下の官人によって行われていたが、馬寮に頭では処理できない案件が生じた場合には、最高責任者の御監がその案件を処理するために現れるということになろう。

このようにみてくると、御監が馬寮に関わるのは臨時的な場合のみであり、最高責任者でありながら御監は通常の馬寮のことについてはあまり関与しなかったと考えられるが、御監には興味深い特権が与えられていた。それは馬允の推挙権である。『小右記』寛弘二年（一〇〇五）正月二二日条に「……右頭中将来伝二綸旨一云、可下上中申請二馬允一之奏状上事、依レ請者、且恐申レ由レ令二奏聞一……」と、二四日条には「……左馬頭朝臣触二属転任奏事一、答云、御監有下請二申馬允一之例上、仍今年可二請申一、重転任奏不レ可二放給一也、……」とあり、実資が馬允を推挙していたことがみえる。また『魚魯愚鈔』巻六、一諸司奏に引用された『綿書』には「大将、請二方馬允一、御監奏也」とあり、蔵人方にその推挙する申文が出されていたことがわかり、『大間成文抄』巻六には馬允を推挙する御監奏が収録されている。[7]

御監は馬寮の人事に対して一定の影響力を有する存在であり、とくに馬允の推挙権を得ていた意味は大きい。平安時代中期における馬寮の政務運営の中心的な役割を果たしたのが馬允であったと思われるからである。例えば固関で三関に勅使が派遣される時に用いられる馬は、馬允を介して馬寮から引き出される馬であった。[8]そして、御監の任官を伝える宣旨が下されるのも馬允であった。[9]また平安時代中期には、官司の運営の上で中心的な役割を果たす年預が諸司にそれぞれ置かれるが、先に引用した『小右記』長和元年四月一八日条から、馬寮では馬允をもって年預に任ぜられていたことがわかる。以上のことから、平安時代中期における馬寮の政務運営の中心には馬允がいたと思われる。

馬允は馬寮の政務運営のみを担う存在ではなく、御監の警護を近衛府とともに担った。近衛大将には朝廷から身辺の警護として随身（本随身）が支給されるが、本随身以外にさらに権随身が派遣されている。『北山抄』巻八、大将儀に「参二氏神社等一之時、府并馬寮官人一員陪従、府官即仮随身也、馬寮允以下同相従、但大臣之大将者、少将、助各一人加レ之」とあり、近衛大将が氏神社等に参詣する場合には、本随身以外に近衛府官人・馬寮官人が陪従する。細字双行注によると、大将（御監）の警護として馬寮から派遣される官人は馬允であり、大将の本官が大臣であれば馬助・馬允が陪従した。馬寮官人が大将に供奉していたことは『小右記』などの平安時代中期の史料にみえるが、(10) この制度がいつ成立したかは不明である。

しかし天暦八年（九五四）一〇月一六日に、右大臣兼右近衛大将藤原師輔が比叡山横川に自らが建立した法華常行堂に参詣し、二一日に下山した時に少納言・外記・史・近衛府・馬寮が陪従している。(11) 師輔はこの時陪従しなかった弁・近衛少将に対して「已以失二故実一」と非難しており、遠藤基郎氏が指摘されたようにこのような供奉は一〇世紀中頃にはすでに慣例化していたと考えられる。(12)

以上のように馬允は馬寮の政務運営の中心的な役割を果たし、かつ御監の警護の任を担う存在でもあった。御監は馬允の推挙権をもって、自らに近い武略に長けた人物や政務に通じた人物を馬允に配することができたと思われる。とくに政務運営を担った馬允は、通常馬寮の政務運営に関わらない御監と馬寮をつなぐ重要な存在であったと考えられよう。

また『官職秘抄』下、左右近衛府条には「将監、良家子任レ之、無官者不レ任レ之、但大臣子孫并大将請必不レ然、或云、大将請、猶可レ嫌二無官一……」とあり、御監である近衛大将には近衛将監の推挙権が与えられていた。この将監も近衛府の政務運営の重要な役割を果たしていたと考えられている。(13) 馬寮御監を兼任する近衛大将は近衛府と馬寮に対して

将監・馬允の推挙権を有しており、近衛府・馬寮に対して一定の影響力を有する存在であった。

本節では長年にわたって右馬寮御監をつとめた藤原実資の日記である『小右記』を中心に、平安時代中期における御監の役割について検討を加えてきた。『小右記』にみえる右馬寮御監実資は右馬寮官人から右馬寮が置かれた状況を聞き、右馬寮に指示を下して問題を解決している。もし御監が従来考えられてきたような名誉職にしか過ぎない存在であれば、馬寮は問題の解決を御監に求めることはないだろう。つまり通常の馬寮の政務運営は頭以下の官人によって行われるが、頭以下では処理できない案件については最高責任者である御監が馬寮に指示を与えるということであろう。『小右記』の書かれた平安時代中期の馬寮御監は単なる名誉職ではなく、馬寮の最高責任者であった。

次節では馬寮奏から馬寮御監と馬寮との関わりをみてみよう。

二　馬寮御監と馬寮奏

『西宮記』によると、〔A〕正月七日〔B〕四月二八日〔C〕五月五日〔D〕五月六日の儀式において馬寮は天皇に奏を進める。これらの四奏はいずれも馬頭ではなく御監によって進められる。これらの四奏はどういうものであったのだろうか。以下、それぞれについてみていきたい。

〔A〕正月七日　白馬節会

正月七日に白馬をみることで一年の邪気を遠ざけるという風習によって、宮中では白馬をみる儀式が行われる

ことから、七日節会は白馬節会とも呼ばれた。白馬節会はその内容から、①叙人に位記を給う叙位儀②天皇・群臣が白馬をみる白馬御覧の二つに分けられる。新たに叙位された人やその親族による拝舞が終わった後に御監は白馬奏を奏上する。『西宮記』巻一、七日節会の細字双行注に馬寮御監の白馬奏に関する加署がみえる。

……左右御監奏二白馬奏一、（御監等下二立東階壇上一、馬允各執レ奏令レ持レ硯、史生等入レ自二日華門一参進取二御監名一、不レ参者、於二里亭一取レ名、御監執二奏杖一登、付二内侍一奏進、……）

御監は殿上より東階壇上に降り立つ。白馬奏をもつ馬允と筆・硯をもつ史生が日華門より参入して、御監のもとに進む。御監は馬允から奏を受け取り、披見する。奏に問題がなければ御監は史生がもつ筆を用いて署を加える。馬寮官人の署が揃った後に、御監は白馬奏を文杖に挿して再び殿上に昇り、内侍に付して奏を進める。これに続く細字双行注には御監が何らかの理由で節会に参加できない場合には、馬允が御監の里第に赴いて署をとるとある。つまり白馬奏は頭以下の馬寮官人の加署だけでは成立しえない文書であった。この奏に書かれた内容は不明であるが、他の三奏から考えて牽かれる白馬の出身国名などが載せられていたと推測する。そして白馬奏が御監によって奏上された後に白馬が牽かれてくる。

〔B〕四月二八日　駒牽（四月駒牽）

四月二八日に行われる駒牽は、天皇臨御のもとに五月節に行われる騎射などで用いられる御馬を簡定する儀式である。駒牽で牽かれていない馬は五月節に用いることができないとされており、駒牽は五月節の前提儀式であった[14]。

天皇が武徳殿に出御して大臣等が着座すると、御監は馬頭から御馬奏を受け取り、白馬奏と同様に内侍に付して奏を進める。御監の奏上後に御馬が牽かれる。御監が奏上した御馬奏の内容は判然としないが、延喜馬寮式御

覧駒式条には「御馬名奏」とありその奏名から考えると、牽かれる馬の「馬名」を載せた奏であったと思われる。馬名とは御馬の出身国名と毛色のことであり、御馬名奏とは牽かれる馬の出身国名と毛色を列挙したものであったと推測する。

〔C〕五月五日　端午節会

五月五日には四月駒牽の時に牽かれた御馬に近衛府・兵衛府官人が騎乗し、騎射・走馬などが天皇臨御のもとで行われる。五月五日節は淳和天皇の時、母贈皇太后藤原旅子の忌日に近いために廃止されそうになったが、国家にとって重要であるとされて廃止されなかった(15)。五月節は、天皇が閑廐馬や騎射の様子をみることに意味があったように思われる。当日の儀式の次第は延喜馬寮式五日式条に、

右当日早朝鞍二簡定馬一授二二府一、騎射官人率二舎人一到来装束、居駕幸二武徳殿一、左右各以二奏文一附二御監一、一寮奏載二射手官人以下官姓名一、一寮載二所レ出之国毛色一、左右隔年互奏、其後騎レ馬陣列而行、……

とある。すなわち天皇が武徳殿に出御した後に、馬允から奏（『儀式』では走馬簿とする）を受け取った御監は内侍に奏を付して奏上する。左右から一通ずつ出され、合わせた二通の奏の内容は「射手官人以下官姓名」と「所レ出之国毛色」であった。つまり一通には騎射を行う官人の官姓名が書かれ、もう一通には騎射で用いられる馬の出身国名と毛色が書かれていた。御監は馬寮の最高責任者として御馬について書かれた奏を奏上するが、ここでは騎射を行う官人について記された奏も奏上している。御監が天皇に進める二通の奏には、武官の最高官である近衛大将と馬政を担う馬寮御監の二つの立場が統合された形であらわれている。

〔D〕五月六日　競馬

六日には五日と同様に騎射と競馬が行われるが、諸衛の雑芸が披露されることや穏座があることなどから、五日に比べて余興的な面が強いとされる[16]。天皇が武徳殿に出御した後に御監は奏を内侍に付して奏上する。その後細馬が牽かれる。奏文の内容は不明であるが、六日儀が五日儀と類似している点からみて、御馬に騎乗する官人の官姓名と馬の出身国名・毛色が載せられた奏であったと思われる。

以上、馬寮が儀式のなかで天皇に奏上する四奏に検討を加えてきた。五日儀で御監が進める奏のうち一通には騎射を行う官人の官姓名が、もう一通には騎射で用いられる御馬の出身国名・毛色が書かれていたことがしられるが、その他の奏の内容は『延喜式』などに載せられていないために不明である。しかし五日儀をみてゆくと、他の奏の内容を考える手がかりがある。五日儀では前述したような二通の奏が進められるが、近衛府・兵衛府官人が御馬に騎乗して天皇の前に進むと、二人の奏事大夫が口頭で騎乗する官人の官姓名や用いる御馬の出身国名・毛色を奏上する[17]。つまり天皇に対して、同内容の事柄を文書と口頭によって奏上することになっている。この関係に注目すると、他の馬寮奏の内容を推測できる。四月二八日の四月駒牽では御監が奏を進めた後に馬が天皇の御前に進むと馬允が御馬の出身国名・毛色を奏上しており、御監が進めた奏の内容は牽かれる御馬の出身国名・毛色であったと考えられる。同様に六日儀で進められる奏は、御馬に騎乗する官人の官姓名と用いられる御馬の出身国名・毛色であったと推測される。

この二つの方法による奏上の出現の過程は、はじめに御馬の出身国名や毛色を口頭で奏上していたものが、口頭での奏上に加えてしだいに文書が作られて天皇に進められるようになったものと思われる。本来これらの儀式

は天皇が武徳殿に出御して御馬や騎射などをみることが重要であったが、文書が整備されてくるなかで天皇が長時間にわたってその様子をみることよりも、御馬やそれに騎乗する官人について書かれている文書をみるという行為がより重視された結果であったと考えられよう。

また馬寮が進める四奏が成立した時期には大きな違いがある。四奏のうち駒牽に出される奏については「弘仁馬寮式云、四月廿七日御覧駒式、……頭御馬名奏進二於御監一、御監即執奏……」（『本朝月令』四月廿八日駒牽事）とあり、五月六日の競馬において進められる奏については「弘仁馬寮式云、五月六日競馬并騎射式、……登時頭御馬名簿進二於御監一、別伝奏、……」（『本朝月令』五月六日競馬事）とあり、それぞれ『本朝月令』に引用された弘仁馬寮式逸文にすでにみえ、この二奏は弘仁年間までには成立していたことになる。『本朝月令』に端午節会に関する弘仁馬寮式逸文が引用されておらず、当日の様子は判然としないが、四月二七日・五月六日に奏を進めたとあることからみて、弘仁馬寮式には五月五日に馬寮奏が奏上されていた可能性は高いように思われる。したがって三奏は弘仁年間には整えられていたと想定されるが、一方の正月七日の白馬奏のみが『内裏儀式』から『延喜式』までの儀式書などにはみえず、『西宮記』に至って確認されるという違いがある。『九暦』天慶二年（九三九）に白馬奏のことがみえるが、それ以前には確認されない。『九暦』の記事と『西宮記』の編纂された時期に大きな時間の差がないことから、それ以前には白馬奏は成立していなかったように思われる。それでは白馬奏と残りの三奏の成立時期の違いは何によるものであろうか。

馬寮が出す奏の意味を考える上で興味深い史料が、『本朝月令』に引用された弘仁馬寮式五月三日小五月式条である。

弘仁馬寮式云、五月三日小五月式、右当日、二府官人率二近衛兵衛一就レ寮、寮経レ奏令レ騎、簡二定御馬五十三

疋、卌二疋近衛府、十一疋兵衛府、列㆓向近衛埒㆒騎射、諸衛官長共加㆓検閲㆒、寮官率㆓馬医等㆒、於㆓埒下㆒点㆑馬、能不㆑准㆑状相代、……

五月三日には、五日に行われる騎射に参加する近衛府・兵衛府官人が馬寮に着くと、馬寮は奏を進めている。その後、騎射で用いる御馬を選び定めた後に近衛府馬場に場所を移し、近衛大将・兵衛督の監督のもとで官人が御馬に騎乗して騎射を試す儀式が行われた。

ここで馬寮が天皇に奏を進めた意味を考えると、馬寮が天皇の御馬に官人を乗せることへの許可を天皇に求めるということであろう。馬寮は天皇が所有する御馬を用いる許可を求めるために、一連の儀式に際してそこで牽かれる御馬の出身国名・毛色について書かれた奏を進めたと思われるのである。

一方の白馬節会に用いられる白馬は馬寮官人によって天皇や群臣の前に牽かれる。注目されるのが当日に出される宣命の内容である。宣命は「今詔久今日波正月七日乃豊楽聞食須日爾在故是以御酒食閇恵良岐常毛見青馬見多万閇退止為氏奈毛酒幣乃御物給久止宣」（『内裏儀式』七日宴会条）として、天皇が群臣に白馬をみることを宣する。馬寮は天皇の命令を宣した宣命にしたがって白馬を牽くのであり、馬を用いる許可を天皇に求めなくてよいはずである。このようなことから『延喜式』編纂段階でも白馬奏は成立していなかったと思われるが、『西宮記』が編纂された頃にはなぜ白馬奏は作られるようになったのだろうか。

『西宮記』が編纂された一〇世紀後半には、諸司奏に一つの変化があったことが確認される。諸司から出される奏は『延喜式』まで口頭での奏上を規定していたが、『西宮記』では従来の通り口頭での奏上と、「或付㆓内侍㆒」として文書に付して内侍を介して奏上する方法が併記されるようになる。この諸司奏全体にみえる変化が白馬奏の成立に作用した要因の一つであったと思われる。白馬奏が進められる七日節会において兵部省が奏上す

る御弓奏の変遷を参考にし、この変化を確認しておきたい。

兵部省は天皇が用いる弓・矢を献上する際に「兵部省申久造兵司乃供奉礼留正月七日乃御弓又種々矢献久平奏給久止奏」（『内裏儀式』七日宴会条）と奏上する。これを御弓奏と呼ぶ。御弓奏は『内裏儀式』から『延喜式』までは口頭での奏上しか載せないが、『西宮記』になると口頭での奏上とともに文書を作り内侍に付す方法が併記される。御弓奏のように天皇に物品を献上する際には、諸司はその旨を口頭で奏上するかもしくは文書にして奏を進めるのは当然であるが、白馬は天皇が所有する馬であり天皇に献上されるものではない。したがって馬寮は奏を進める必要がなかったために白馬奏を作成しなかったように思われる。しかし『西宮記』が編纂された頃には文書行政の進展によって、諸司が文書を作成して天皇に奏上することが一般化し、馬寮も諸司と同様に白馬奏を作り奏上するようになったと考えられる。

また馬寮から進められる四奏に共通する点は、馬寮御監が内侍に付して奏上する点である。奏には御監の加署が必要であり、頭以下の官人たちの署では成立しえない文書であった。御監がもし馬寮の政務運営に関与せず責任を負わない存在であれば、奏に御監の署は必要ではない。しかし御監の署が馬寮奏に必要であったことは、御監が馬寮の最高責任者であったことを文書の上で明確に示しているように思われる。

三　馬寮御監の成立

前節まで馬寮御監の職能を中心に検討してきたが、本節ではその成立時期や設置目的について考えておきたい。御監の成立を明記した史料はなく、そのため御監の設置目的や設置年は判然としない。前述のように『本朝月

令』に引用された弘仁馬寮式逸文によると、四月駒牽や競馬の際には馬頭が御馬名奏を御監に進めて御監がこれを奏上するという規定があり、弘仁年間には御監がすでに設置されていたことになる。また弘仁馬寮式逸文は、四月駒牽・競馬が行われる場所をいずれも「射殿」とする。弘仁馬寮式逸文にみえる「射殿」は武徳殿の旧称つまり弘仁九年（八一八）以前の殿舎号であると考えられており[18]、このことから弘仁馬寮式逸文の内容が弘仁九年以前の内容を載せている可能性があり、馬寮御監は弘仁九年以前までに設置されていたと考えることができる。

御監が置かれたと思われる弘仁期やそれ以前の大同期は、官制改革が断行された時期であった。まず大同二年（八〇七）四月に近衛府を左近衛府に、中衛府を右近衛府に改称した。大同三年正月には隼人司を衛門府に併合し、兵馬司を内廐寮・主馬寮に併合した後に内廐寮・主馬寮を左右馬寮とし、内兵庫を左右兵庫に併合する。同年七月には衛門府を左右衛士府に併合した上で、左右近衛府・左右兵衛府・左右衛士府の官人数を削減した。

弘仁期に入ると、大同期に削減された衛府官人の数が次々ともとに戻されてゆく。弘仁元年（八一〇）一二月には削減された近衛府官人の数がもとに戻され、弘仁二年一〇月には兵衛・衛士府も削減された官人数がもとに戻される。同年一二月に左右衛士府が左右衛門府に改称される。これによって左右近衛府・左右衛門府・左右兵衛府からなる六衛府体制が完成した。

また弘仁期には、軍事警察面において注目される官司が設置されている。検非違使である。検非違使は平安京の治安維持を担う官司として、弘仁六年前後に創置されたと考えられている。平安時代中・後期の京中の治安面における検非違使の役割はめざましいが、平安時代前期の京中で多発していた群盗の捕縛には六衛府が深く関わっていた。山田充昭氏によると本来京中の治安は京職によってなされるべきであったが、京職の警備力の低さによって群盗が多発していた。そのため六衛府は京中警備に関わるようになり、その過程のなかで検非違使や左

右近衛府看督長などが成立したと述べられている。[19]平安京の治安が悪化してゆくなかで、近衛府の果たす役割は大きかったと思われる。その群盗の追捕に赴く官人たちが騎乗する馬が馬寮の馬であったことを想起すれば、近衛大将が兼任する馬寮御監の創設には左右近衛府の活動を左右馬寮が支えるという意味を見出すことができよう。

だが左右近衛府と左右馬寮とのつながりは弘仁期になって突如としてあらわれたものではなく、大同三年に復置された左右馬寮の前身官司の一つである内厩寮と近衛府との間にすでにうかがうことができる。内厩寮は天平宝字八年（七六四）の藤原仲麻呂の乱で孝謙太上天皇に勝利をもたらした授刀衛が近衛府として整備された天平神護元年（七六五）二月甲子（三日）に同じく設置されたことから、内厩寮は設置当初から近衛府と深いつながりを有する官司であったと考えられている。[20]近衛府と内厩寮とのつながりは、内厩寮官人の特徴に象徴的にみえる。亀田隆之氏は内厩頭・助が近衛中将・将監の兼任するところであったことを指摘された。[21]それではこの特徴は大同三年以降の左右馬寮にも引き継がれたのであろうか。

次の【表1】は大同三年以前の内厩寮官人の兼官、【表2】は大同三年以降の左右馬寮官人の兼官の状況をまとめたものである。【表1・2】をみると、大同三年の馬政官司再編後に置かれた左右馬寮には馬寮官人が近衛府官人によって兼任されるという特徴は確認できず、内厩寮官人の特徴は大同三年以降の馬寮官人には引き継がれなかったようである。この変化の要因としては大同三年正月に行われた馬政官司の再編によって馬寮の性格が変化したことが想定されるが、大同三年以前の内厩寮と大同三年以後の馬寮の活動を比較すると、大きな違いは確認できない。むしろ大同三年以降の左右馬寮は内厩寮の職掌を引き継ぎ、より大きな馬政官司に発展していたと評価でき、[22]先の想定は成立し難い。

ところである人物が複数の官職を兼任する目的は、その人物を通して複数の官司の機能を有機的に結びつける

【表１】　内廐頭・助の兼官状況

内廐頭	年月日	兼官	出典
藤原雄依	←宝亀２.閏３.１	備前守	『続日本紀』
道嶋嶋足	←宝亀11.３.17	近衛中将・播磨守	『続日本紀』
紀船守	天応１.７.10→	近衛中将・員外中将・常陸守	『続日本紀』
三嶋名継	延暦４.１.15→	山背守・山背介・美作守	『続日本紀』
坂上石津麻呂	←大同１.１.28	因幡介	『日本後紀』

内廐助	年月日	兼官	出典
紀船守	宝亀５.→	近衛員外中将・少将・将監・紀伊守・土左守	『続日本紀』・『公卿補任』
和家麻呂	←延暦10.１.28	美濃介	『続日本紀』・『公卿補任』

【表２】大同三年以降の左右馬頭・助の兼官状況

左馬頭	年月日	兼官	出典
安倍男笠	弘仁１.９.10→	三河守	『日本後紀』
小野岑守	弘仁５.１.28→	美濃守	『公卿補任』
安倍雄能麻呂	弘仁６.１.10→	上野守・越中介	『日本後紀』
在原行平	天安２.４.２→	播磨守	『日本三代実録』
清原秋雄	貞観１.１.13→	但馬介	『日本三代実録』
源興基	←元慶４.２.８	伊勢守	『日本三代実録』

左馬助	年月日	兼官	出典
紀有常	←仁寿２.２.28	但馬介	『日本文徳天皇実録』
紀春枝	斉衡３.１.12→	左衛門権佐・木工助	『日本文徳天皇実録』

右馬頭	年月日	兼官	出典
藤原長岡	承和１.３.21→	但馬守	『続日本後紀』
藤原良仁	仁寿２.２.15→	中宮亮	『日本文徳天皇実録』
藤原良仁	斉衡３.１.12→	左京大夫	『日本文徳天皇実録』
藤原秀道	天安２.９.14→	信濃介	『日本三代実録』
藤原門宗	←元慶４.２.５	肥後権守	『日本三代実録』

右馬助	年月日	兼官	出典
藤原秀道	天安１.２.23→	信濃介	『日本三代実録』
源昇	元慶８.５.29→	土左権守	『日本三代実録』・『公卿補任』

〔凡例〕
藤原雄依　←宝亀２.閏３.１　……宝亀二年閏三月一日以前に就任していた。
紀船守　天応１.７.10→　……天応元年七月一〇日に就任する。

ことにある。このことを近衛府官人による内廐寮官の兼任にひきつけて考えると、近衛中将らが内廐頭などを兼ねた目的は近衛府が軍事に欠くことのできない内廐寮の馬を安定的に確保することにあった。そのように考えてよいとすれば、弘仁期の盗人の捕縛における近衛府の活動からは近衛府が馬寮の馬を不要としたとは考えにくい。したがって近衛府官人による馬寮官の兼任という便法を近衛府が放棄する必要性は認められないが、なぜか大同三年以降の近衛府官人が馬寮官を兼任しなくなっているのである。

大同三年以前・以後の近衛府官人による馬寮官の兼任の有無という変化を引き起こした要因を、私は近衛大将が兼任する御監の創設であったと考える。近衛府の長官である大将が創設された御監を兼任すれば、近衛府は官制を変更することなく馬寮を抑えることができる。近衛大将が馬寮の最高官の御監を兼任することによって、近衛中将らが馬寮官を兼任する必要はなくなり、大将による御監の兼任を通して近衛府と馬寮は以前よりも強いつながりを有するようになったと考えられる。したがって御監の創設時期は、大同三年から弘仁九年までの間と推定できる。馬寮と近衛府との結びつきを考える上で、以下の例が興味深い。

承和九年（八四二）七月の承和の変において、右馬助佐伯宮成は右近衛少将藤原富士麻呂とともに勇敢なる近衛を率いて、変の首謀者とされた伴健岑・橘逸勢らの宅を囲み、その身柄を捕獲した[23]。藤原富士麻呂の働きについては、彼の卒伝[24]や右近衛少将であったことなどから右近衛大将良房の命を受けたものと理解された[25]。藤原良房によってこの変が鎮圧される際に、中心的な役割を果たしたのが右近衛府であったことはつとに指摘されているが、なぜ右馬助佐伯宮成が右近衛少将藤原富士麻呂とともに動いたかについては不明とされるか、もしくは宮成が変の後に右兵衛権佐に任ぜられたことから彼が武略に長じていたと考えられた。しかし右近衛大将良房は右馬寮御監を兼ねていた可能性が高いから、宮成の行動も御監良房の命を受けたものと理解することができる。その

ように考えてよいとすれば、変の勃発直後に良房の指揮下にあったのは右近衛府・右馬寮であった。

『日本文徳天皇実録』天安二年（八五八）一一月乙酉（二二日）条に「遣㆘左近衛少将従五位下坂上大宿祢当道、右近衛少将従五位上藤原朝臣有貞等、率㆓左右馬寮官人并近衛㆒捜ㆥ捕京中群盗㆖」とあり、左右近衛少将が左右馬寮官人と近衛を率いて盗人捕縛に赴いた。近衛府が馬寮を率いることができたのには馬寮御監である近衛大将の存在を考えてよいように思われる。

また馬寮は儀式でも近衛府と行動をともにするが、象徴的なのは白馬節会である。正月七日に馬寮は白馬を牽くが、白馬の前に近衛府は陣を敷く。白馬節会の次第を定める白馬列見は一二月二七日もしくは二八日に行われるが、その時馬寮は近衛府を招いて次第を定めた後に饗宴を開く[26]。これ以外にも馬寮は近衛府の饗宴料を出すこともあった[27]。

近衛大将の兼任職である御監の創置によって、近衛府は官制を変えることなく馬寮との結びつきをより一層強固なものにすることができたが、この動きは蔵人所の創設期にみえる特徴を想起させる。蔵人所は従来の官制を変えることなく、内廷官司の官人に蔵人を兼任させることによって様々な官司の機能を蔵人所に集約させることができたと考えられている。弥永貞三氏は蔵人所設立当初の蔵人頭巨勢野足と藤原冬嗣がそれぞれ鎮守府将軍や兵衛督を歴任もしくは在任していたことから、蔵人所の設置には天皇の禁衛を堅くする意図があったのではないかと指摘された[28]。玉井力氏は蔵人の帯官を検討された結果、成立期の蔵人所には武官的色彩が濃厚であったことを説かれ、蔵人所の性格について「律令制の重要機構を、非常時がおきた時には天皇が掌握しうるように配慮された官職であったということになる」と述べられた[29]。

非常時に対応することを求められる近衛府は、近衛中将・将監が蔵人に任ぜられることによって蔵人所と深い

つながりを有した。しかし馬寮は騎兵隊を編成するには欠くことのできない馬を保有していながら、馬寮官人が蔵人に任ぜられた例はあまりない。蔵人所と馬寮との接点を見出すことは難しいが、馬寮御監を介して近衛府と結びつけて考えれば、蔵人所とのつながりを想定できるように思われる。

そして馬寮御監と類似する性格を有したと思われるのが所々別当である。佐藤全敏氏は所々別当の機能を、①別当は職員の選任を通じて所を把握する②所の職員の勤務日数を把握し、職員の勤務状態について最終的な責任を負う③所々の活動を統括するが、日常的な政務運営にはほとんど関与しない。しかし天皇・諸司・諸国など、所の外部にはたらきかける際には所の代表責任者として立ち現れる、の三点にまとめられた[30]。今までみてきた馬寮御監の特徴と類似しているように思われる。

また諸司に置かれた別当も基本的には所々別当と大きな違いはないと思われるが、今正秀氏の研究によると、諸司別当は貞観期までに成立したと考えられている[31]。御監はそれよりも早い弘仁期には設置されていたと推定される。御監は別当とほぼ同様の職掌を有しながらも、別当と呼ばれなかったのはなぜであろうか。そこで想起されるのが奈良時代に置かれていた馬寮監の存在である。

馬寮監については、坂本太郎氏[32]・吉川敏子氏[33]・松本政春氏[34]・鷺森浩幸氏[35]の研究がある。馬寮監については馬寮監を、①軍事に関わるもの【坂本太郎氏・松本政春氏】②造営事業に関わるもの【吉川敏子氏】③供御の馬や家産の馬の管理に関わるもの【鷺森浩幸氏】として諸説分かれているが、馬寮監が馬頭よりも上位官であることについては諸氏が同じく説かれるところである。

坂本氏は馬寮監と馬寮御監の間に、①御の字の有無②馬寮監に任ぜられた人々の位階が四・五位であるのに対して馬寮御監に任ぜられた人々は三位以上であること③馬寮監は左右を兼ねて一人が任ぜられるに対して馬寮御

監は左右馬寮に近衛大将をもって一人ずつ任ぜられることなどの違いを指摘された。その上で坂本氏は馬寮監から馬寮御監に発展したもので、発展による相違はあっても本質的な方向の差があるわけではないとされ、その発展の時期を廐馬関係の官庁組織の変動のあった奈良時代末から平安時代の初めとされている(36)。

馬寮監に関する史料はあまりなく本章では検討しないが、馬寮監と馬寮御監の関係については坂本氏の理解にしたがいたいと思う。

おわりに

これまで述べてきたことを確認しつつ、要点をまとめると以下の三点になる。

①一一世紀の左右馬寮の政務運営は頭以下の官人によって行われ、馬寮御監は通常の馬寮の政務運営に関わるものではなかったが、馬頭によって処理できない問題が生じた場合には御監がその案件を処理する。御監には馬寮の政務運営の中心的な役割を果たし、御監の警護を担う馬允の推挙権があった。御監である近衛大将は同様に将監の推挙権を有し、近衛大将に任ぜられた人物は大将として、御監として、近衛府・馬寮の人事に一定の影響力を保持していた。

②左右馬寮は正月七日白馬節会・四月二七日駒牽（四月駒牽）・五月五日端午節会・五月六日競馬の際に奏を進める。駒牽（四月駒牽）・端午節会・競馬での三奏は『弘仁式』段階で成立していたが、白馬奏は『西宮記』段階で確認される。白馬奏以外の三奏には天皇に閑廐の様子を報告することや天皇の御馬に衛府官人が騎乗することへの許可を求めるという意味があった。白馬節会では白馬が牽かれるが、馬寮が白馬を牽くの

は天皇の宣命にしたがうものであるので本来馬寮は奏を発給する必要がなかったが、文書行政の進展による諸司奏の充実という変化のなかで、馬寮は白馬奏を作り天皇に奏上するようになった。四奏は発給される目的が異なり、そのことが四奏の成立時期に影響した。また馬寮が天皇に進める奏には御監の加署が必要であった。このことは御監が天皇から閑廐を預かり、馬政を掌る馬寮の最高責任者であったことを示している。

③『本朝月令』に引用された弘仁馬寮式に御監が確認されることから、『弘仁式』が編纂された頃にはすでに御監は創置されていた。また大同三年に復置された左右馬寮と前身官司である内廐寮の兼官状況を比較すると、内廐寮時代にみられた近衛府官人による馬寮官（内廐寮官）の兼任という傾向が大同三年以降では消失している。近衛府官人が内廐寮官を兼ねる目的は近衛府の良馬の確保にあったと思われ、この傾向が確認できなくなる大同三年以降の近衛府の活動を考えると、近衛府において良馬を必要としなくなったとは考えにくい。近衛府官人による馬寮官の兼任という傾向が消えたのは、近衛大将の兼任職として頭よりも上位官である御監が創置された結果であったと思われる。むしろ近衛大将の馬寮御監の兼任という処置によって、近衛府と馬寮とのつながりはより強められたと評価できる。

従来、馬寮御監は近衛大将の兼任職であることから名誉職であると評価されてきたが、設置当初は単なる名誉職ではなかった。近衛大将が馬寮御監を兼ねることで、近衛府は馬寮との結びつきをより強固なものにしたものと考えられ、一方で馬寮は近衛府を支える官司としての側面を有するようになったと思われる。

註

（1）『西宮記』巻一五、諸宣旨事。

（2）坂本太郎「馬寮監」（『続日本紀研究』一―七、一九五四年。のち『日本古代史の基礎的研究』下、東京大学出版会、一九七八年に再録）二五四頁。
（3）髙橋昌明「近衛府と武官系武士」（『武士の成立　武士像の創出』、東京大学出版会、一九九九年）七〇頁。
（4）この行幸で馳馬を行うことを決定させたのは藤原道長であり、右馬頭藤原輔公は道長の家司でもあった。輔公が実資へ報告する際には、大殿の意向として道長の考えを伝えている。
（5）『小右記』長元四年三月二二日条では、右馬頭源守隆が実資のもとを訪ねて、石清水臨時祭で行われる走馬に用いる御馬を右馬寮が調達できていないことを報告している。実資はここでも代馬を進めようとしている。また『小右記』長元四年八月六日条では、実資が馬寮に馬一疋と鞍五具を貸し出している。馬寮御監は馬寮に指示を下すとともに、物質的にも馬寮を支える存在であったように思われる。
（6）右馬属茨田光忠は後に治安元年八月二一日の実資家の家所充で、少書吏に任ぜられている。このことについて、渡辺直彦氏は光忠が右馬属として右馬寮御監実資の下僚として仕え、この期間が結合の契機となり、少書吏に任ぜられたと指摘されている（渡辺直彦「藤原実資家「家司」の研究」『日本古代官位制度の基礎的研究　増訂版』、吉川弘文館、一九七八年、二〇八・二〇九頁）。
（7）『大間成文抄』巻六、春、京官一、請。
（8）『西宮記』巻一一、固関儀事。
（9）『小右記』長和四年一一月五日条。
（10）『小右記』寛仁二年三月二三日条など。
（11）『九暦』天暦八年一〇月一六日条。
（12）遠藤基郎「平安中後期の家産制的儀礼と朝廷諸部局の動員」（五味文彦編『中世の空間を読む』、吉川弘文館、一九九五年）一五三・一五四頁。また、天暦四年七月二三日、憲平親王の立太子の儀に際して馬寮は屯食二具を供した（『九暦』）。遠藤氏は師輔が馬寮との直接的な関係を用いて右馬寮を動員したと述べられた。同様の例として天慶三年二月一五日の成明親王の元服

の儀に際して、左馬寮は御監藤原仲平の仰せによって屯食五具を供した（『河海抄』巻一、桐壺）。また『小右記』長和四年一〇月五日条では実資が馬寮と家夫に自邸の東池の掃除をさせており、これも御監の立場によって馬寮を動員したとみなせよう。

(13) 平安時代中期の近衛府の運営については、佐々木恵介「『小右記』にみる摂関期近衛府の政務運営」（笹山晴生先生古稀記念会編『日本律令制論集』下、吉川弘文館、一九九三年）、鳥谷智文「王朝国家における近衛府府務運営の一考察」（『史学研究』一九九、一九九三年）などを参照。

(14) 佐藤健太郎「四月駒牽の基礎的考察」（『古代史の研究』一二、二〇〇五年。本書第三編第一章）。

(15) 『類聚国史』天長元年三月丁未条。

(16) 倉林正次「五月五日節」（『饗宴の研究』文学編、桜楓社、一九六九年）、大日方克己「五月五日節」（『古代国家と年中行事』、吉川弘文館、一九九三年）。

(17) 『西宮記』巻三、年中行事、五月供菖蒲事条「……両大夫入レ埒、四位一人、近衛中将若馬頭五位一人、外衛佐帯二弓箭一着二行縢一、騎レ馬レ着二銀面尾袋緋色総鞦一、各令レ持レ簡入二緋袋一、……左馬五位一人在二官馬前一北度、装束馬等同、両大夫官馬是四府射手馬也、両大夫執レ簡随二馬至一奏、四位奏二騎者官姓名一、五位奏二馬所レ出国毛色一、馬度訖、右馬五位一人在レ後、両大夫還二入埒内一、相次北度訖、……」。

(18) 西本昌弘「初期平安宮にいたる宮城十二門号」（薗田香融編『日本古代社会の史的展開』、塙書房、一九九九年。のち『日本古代の王宮と儀礼』、塙書房、二〇〇八年に再録）一七〇・一七一頁。

(19) 山田充昭「検非違使成立期前後の京中警備の実態」（『日本史研究』四〇六、一九九六年）三一～三六頁。

(20) 山口英男「八・九世紀の牧について」（『史学雑誌』九五―一、一九八六年）一〇頁、吉川敏子「古代国家における馬の利用と牧の変遷」（『史林』七四―四、一九九一年）三五頁。

(21) 亀田隆之「内厩寮考」（『続日本紀研究』五―五、一九五八年。のち『日本古代制度史論』、吉川弘文館、一九八〇年に再録）五頁。

(22) 佐藤健太郎「平安前期の左右馬寮に関する一考察」（『ヒストリア』一八九、二〇〇四年。本書第四編第三章）。

(23) 『続日本後紀』承和九年七月己酉条。

(24)『続日本後紀』嘉祥三年二月乙丑条。

(25) 佐伯有清『伴善男』(吉川弘文館、一九七〇年) 六〇・六一頁、笹山晴生「左右近衛府上級官人の構成とその推移」(土田直鎮先生還暦記念会編『奈良平安時代史論集』下、吉川弘文館、一九八四年。のち『日本古代衛府制度の研究』、東京大学出版会、一九八五年に再録) 二五二～二五四頁。

(26)『北山抄』巻九、羽林要抄「白馬節、旧年、於二馬寮一有二列見事一、次将参着、定二御馬次第等一、盃酒之次、脱レ衣給二饗頭物節一云々」。

(27)『小右記』長元二年七月一九日条。

(28) 弥永貞三「律令政治」(『体系日本史叢書　政治史』一、山川出版社、一九六五年) 一〇三頁。

(29) 玉井力「成立期蔵人所の性格について」(『名古屋大学文学部研究論集』五九、一九七三年。のち『平安時代の貴族と天皇』、岩波書店、二〇〇〇年に再録) 一二三頁。

(30) 佐藤全敏「所々別当制の特質」(『史学雑誌』一〇六―四、一九九七年。のち「宮中「所」と所々別当制」と改題して『平安時代の天皇と官僚制』、東京大学出版会、二〇〇八年に再録)。

(31) 今正秀「王朝国家における別当制と政務運営」(『史学研究』一九九、一九九三年)。

(32) 坂本太郎註(2)論文。

(33) 吉川敏子註(20)論文。

(34) 松本政春「馬寮監について」(『続日本紀研究』三〇〇、一九九六年。のち『奈良時代軍事制度の研究』、塙書房、二〇〇三年に再録)。

(35) 鷺森浩幸「奈良時代の牧と馬の貢上―天平勝宝六年吉野百嶋解について―」(『奈良学研究』一五、二〇一三年)。

(36) 坂本太郎註(2)論文二五五・二五六頁。

第三章　平安前期の左右馬寮に関する一考察

はじめに

左右馬寮は閑廏を預かり、天皇の馬を飼育するとともに朝廷で用いられる馬牛を飼育し、諸司の求めに応じてそれらの馬牛を支給することを職務とする官司であった。

さて左右馬寮の理解として代表的なものは森田悌氏の見解である。森田氏は大同三年（八〇八）に復置された当初からの馬寮を六衛府と並ぶ軍事警察官司であると評された[1]。森田氏が馬寮をそのように理解された根拠を整理すると、①兵馬を飼養していたこと②京中に赴いて盗人の捕縛に関わったこと③大同三年に兵馬司を併合したこと④弓馬に勝れた人物が馬寮官人に登用されたことの四点になる。

しかし私は前章で、兵馬司は全国の馬牛を全国から送られてくる馬牛帳などの帳簿によって管理する官司であったと論じた[2]。左右馬寮がそのような官司を併合したことによって、軍事警察官司へと発展したという考えには疑問をもつ。そこで史料上にみえる平安時代前期の馬寮の活動を検討し、平安時代前期における左右馬寮の実態について考察を加えてゆきたいと思う。

一　大同三年の馬政官司の再編

平安時代前期の左右馬寮は大同三年正月の馬政官司再編によって復置された官司である。平安時代前期の馬寮を考える前に、八世紀の馬政官司の変遷を簡単に確認しておく。

律令制の導入に伴い、天皇の閑廐を預かり朝廷で用いられる馬の調習・飼育を担当する左右馬寮[3]・諸国から送られてくる馬牛帳などの帳簿によって諸国に置かれた公的牧や軍団の兵馬・駅伝制や公私の馬牛の情報を管理する兵馬司[4]が、馬政を担う官司（馬政官司）として置かれた。天平神護元年（七六五）には所管牧・財政基盤を有する馬の飼育を担当する内廐寮が新たに設置され[5]、しだいに左右馬寮を圧倒していきその活動の場を奪っていった。その結果、光仁朝に左右馬寮は左右を統合し主馬寮と改称された[6]。

延暦期の馬政官司は兵馬司・内廐寮・主馬寮であり、大同三年正月には以上の馬政官司が再編された。大同三年正月二五日詔によれば[7]、まず兵馬司が内廐寮と主馬寮に併合され内廐寮と主馬寮が令制にならって左右馬寮になったという。だが弘仁四年（八一三）七月一六日太政官符によると[8]、兵馬司の職掌のすべてが馬寮に移ったのではなく、兵部省にも移管されたことがしられる。したがって兵馬司の職掌は兵部省と馬寮に移管されたことになる。

それでは兵馬司の職掌のうち、何が兵部省と馬寮に移管されたのだろうか。延喜兵部式の検討から本編第一章で論じたように、兵部省が兵馬司より移管された職掌は駅伝制と公的牧の管理権であったと思われる。

同様に延喜馬寮式を検討するが、延喜兵部式にみられたような兵馬司の職掌と断定できるものはない。このこ

とから馬寮が兵馬司から引き継いだものは、兵馬司が廃されるまで保持していた公的牧の管理権であった可能性が高く、馬寮の牧は旧内廐寮所管牧と移管された旧兵馬司所管牧からなっていたと思われる。(9) 馬寮はその管轄下にある勅旨牧（御牧）や兵部省に所属する諸国牧から馬牛を送られ、近都牧で飼養することになった。(10)

大同三年以降兵部省と馬寮が馬政官司になったが、同じ馬政官司であっても兵部省と馬寮ではその馬牛の管理目的も方法も異なっていた。大同三年の馬政官司の再編によって、馬寮はより大きな馬政官司へと発展したと考えられ、一方の兵部省は駅伝制を支えるための馬を確保して駅伝制の維持を最大の目的として諸国牧の管理を行っていたと想定される。

二 『延喜式』にみえる馬寮

〔A〕官人構成・職掌

本節では『延喜式』にみえる馬寮と八世紀の馬政官司との比較を行い、大同三年以降に復置された馬寮とそれ以前の八世紀の馬政官司とがどのようなつながりを有するのかを検討する。まず職員令（【表1】）と延喜馬寮式（【表2】）にみえる馬寮の職員を比較すると、大同三年以降の馬寮には①新置された職員②減員された職員③増員された職員がある。①新置された職員は、御監・騎士・寮掌である。御監は頭よりも上位官で最高責任者でもあり、近衛大将が兼任する職であった。(11) 騎士は騎牽などの儀式において暴れ馬に騎乗して馬芸を披露する技術者である。(12) 寮掌は下級官人であるが、馬寮に何人配属されていたかは不明である。(13) なお馬寮の所管牧の勅旨牧に置か

【表１】職員令にみえる馬寮の職員

職員名	相当位	員数
頭	従五位上	1
助	正六位下	1
大允	正七位下	1
少允	従七位上	1
大属	従八位上	1
少属	従八位下	1
馬医	従八位上	2
馬部		60
使部		20
直丁		2
飼丁		

【表２】延喜式にみえる馬寮の職員

職員名	相当位	員数
御監	相当位なし	1
頭	従五位上	1
助	正六位下	1
大允	正七位下	1
少允	従七位上	1
大属	従八位上	1
少属	従八位下	1
史生		4
馬医	従八位上	2
馬部		15
騎士		10
使部		
寮掌		
飼丁		

れた牧監・別当については後述する。

②減員された職員は馬部であり、六〇人から一五人に減らされた。馬部はかつての馬飼部の伴造で行幸に馬子とし供奉し、神馬を奉納する際には社に赴き、飛駅では馬部は内裏から最も近い駅まで文書を運んだ。[14]

③増員された職員は史生である。大同四年（八〇九）に史生は二人から四人に増員されている。大同四年三月一四日太政官符によると、大同三年に復置された左右馬寮史生は当初二人であったことがわかる。[15] しかし前身官司の内厩寮には史生四人が置かれていたから、[16] 大同三年の復置では二人に減員されたのである。主馬寮に史生がいたかどうかは不明であり、その前身官司である馬寮にも史生がいたことを示す史料はない。仮に主馬寮に史生が所属していなかったとすると、復置後の馬寮史生は旧内廐寮史生しかいなかったことになり、復置当初の左右各二員の史生は旧内廐寮所属の史生四人を分割したものであったと考えられる。内廐寮ではその寮務を四人で処理していたのに対して、兵馬司併合後に処理すべき寮務が増加したにもかかわらず、逆に史生の数が半減すれば

必然的に寮務に支障をきたすであろう。大同四年の史生増員という処置について、森田氏は馬寮が兵馬司を併合した結果寮務の増大に伴う措置であると評されたが[17]、史生の数を四人としたことは内廐寮時代の四人に戻したという措置であったと考えられる。

弘仁四年（八一三）三月一三日太政官符では、馬寮が史生の帯剣許可を太政官に申請し許された[18]。この処置は延喜兵部式府生条に引き継がれている。森田氏はこの処置についても馬寮の軍事警察力が認められたものとされた[19]。馬寮は武官であるから、その官人に帯仗が許されるのは当然であろうし、許可された要因に馬寮の軍事力を認めてもよいであろう。しかし馬寮が復置された大同三年から史生への帯剣が許可された弘仁四年までには五年間の空白があり、突如として太政官が馬寮の軍事力を認めたということが史生の帯剣許可の最大の理由になりうるのかという疑問が残る。そこで許可された弘仁四年という時期に注目すると、この措置への評価についてはその他の推測の入る余地も残されているように思われる。弘仁年間は嵯峨天皇のもとで儀式が一層整備された時期であり、馬寮は正月七日節会・五月五日節会などで中心的な役割を果たす官司であった。例えば正月七日節会つまり白馬節会で、馬寮は近衛府とともに白馬を牽く。

馬寮と近衛府は儀式でよく行動をともにするが、近衛府府生に帯仗が許されるのに対して馬寮史生が帯仗を許されないという点で、馬寮は近衛府に対して威儀の面で劣るという状況にあったと想像される[20]。その現状を改善するために馬寮は史生への帯剣許可を太政官に求めたのではないだろうか。以上のように考えてよいとすれば、史生への帯剣許可の背景に馬寮の有する軍事力が太政官に認められたと考える必要はなく、儀式整備一環と評価することも可能であると思われる。したがって史生への一連の措置は必ずしも馬寮の軍事力が重視された結果とみなす必要はない。

【表3】職員令に規定された馬寮と延喜馬寮式に規定された馬寮の職掌比較

	職員令にみえる馬寮の職掌	延喜馬寮式にみえる馬寮の職掌
1	閑廐調習養飼（馬寮の廐舎での馬牛の飼養について）	飼馬条（馬寮の廐舎で飼養される馬牛の数と馬牛の一日に与える飼料について）・衛府馬牛条・検非違使条（衛府・検非違使に支給される馬牛の数について）
2	供御乗具（天皇が騎乗の際に用いる馬具などについて）	御馬条（行幸の馬について）・造御鞍条（御鞍の製造料について）
3	配給穀草（馬寮の廐舎で飼養する馬牛に与える穀草の収集について）	飼馬条・秣料条・蒭条・閏月料条・諸衛営条・廐畠条（馬牛に与える飼料の収集について）
4	飼部戸口名籍（飼部の管理について）	飼戸条（飼戸の管理について）
5	—	御牧条（四か国の勅旨牧について）・繋飼条（諸国から貢上される馬牛の数について）・覧駒条（四月二八日駒牽について）・青馬条（正月七日節会で用いる白馬について）など

次に大同三年以前の内廐寮・主馬寮と『延喜式』に規定された馬寮の職掌について考えたい。内廐寮と主馬寮の職掌を明記した史料はないが、基本的には二寮と馬寮は類似した性格を有するとされ、その指摘をふまえれば職員令に規定された馬寮の職掌を内廐寮・主馬寮の基本的な職掌とみなしても大過ないと思われる。そこで職員令に規定された馬寮の職掌字句と延喜馬寮式の条文を対応させたものが【表3】である。

職員令にみえる職掌字句には、延喜馬寮式条文に対応するものがある。しかし延喜馬寮式条文にはあって職員令の職掌字句にみえないものがある。職員令と『延喜式』との性格に異なる部分は少なくないが、この差異について考えたい。

職員令と対応しない延喜馬寮式条文は儀式関係条文と牧関係条文に分類される。職員令に規定された馬寮と儀式との関係は明瞭ではないが、宝亀六年（七七五）正月七日に内廐寮が青馬（白馬）を牽いたことがしられるように[21]、律令制当初から馬に関わる儀式には従事していたとみてよいと思われる。

また牧関係の職掌が大同三年の復置の際に付与された職掌であるかについては、すでに内廐寮が所管牧の勅旨牧を有していたこ

とから考えて、新たに付与された機能であるとみなす必要はなく、牧に関する機能は内厩寮から引き継いだものと思われる。

　そのなかで馬寮が勅旨牧の最高責任者である牧監や別当の考課に関わることは注目される。『延喜式』が編纂された頃には信濃国・甲斐国・上野国の三か国には複数の牧を管理する牧監が置かれ、武蔵国では牧ごとに別当が設置されている。牧監の設置目的については、『貞観交替式』天長元年（八二四）八月二〇日太政官符に「……国司者政事忙、不レ可三兼掌二牧事一」とあることから、それ以前まで国司が有していた牧に関する機能を独立させて国司の負担を軽減するところにあったという(22)。牧監・別当の任命手続きは『西宮記』臨時二、宣旨事に「上卿奉レ勅、下二宣旨於弁官一給二官符一」とあり、上卿が勅を奉じて宣旨が弁官に下され太政官符が発給されるものであったことがしられる。

　ところが三か国に置かれた牧監のなかで、信濃国の牧監は他国の牧監とは異なっていた可能性がある。『西宮記』臨時二、宣旨事に「信濃掾兼二牧監一事」とあり、信濃掾が牧監を兼ねたのである。先に述べたように、牧監は国司が有していた牧に関する機能を独立させることによって、国司の負担を軽減することを目的として設置されたが、のちにはこの方針が放棄されていたのである。他の三か国の牧監に国司が兼任するという規定がみえないことを考えれば、この措置は信濃国のみと評価できよう。このような処置がとられた背景を考えると、馬寮と信濃国との特別な関係がその背景に想起される。信濃国と馬寮のつながりは、その前身官司である内厩寮の勅旨牧が信濃国に置かれていたことからしられるように少なくとも内厩寮の頃まで遡る。また勅旨牧の数も信濃国が最も多く、馬寮の財政を支える馬寮田の七割が信濃国に設置されている(23)。八月駒牽においても信濃国勅旨諸牧は他と区別されて大所駒牽と称された(24)。他国にはみえない掾による牧監の兼任という処置がとられたのは、右にあ

げた事例からもわかるような馬寮と信濃国の特別なつながりによるものであったと考えられる。

以上、職員令に規定された馬寮と『延喜式』（延喜馬寮式）に規定された馬寮との職員および職掌について比較・検討した。職員令にみえず『延喜式』にみえる職員の御監・騎士・寮掌は政務・儀式に関する職員である。馬寮は諸国から貢上された馬牛を閑廐・近都牧で飼養し、馬牛を様々な用途に充てることをその職務とする官司であり、その馬牛を生産する牧の最高責任者である牧監・別当の中央任命は、牧に対する直轄化の強化策とみなせる。また嵯峨朝において儀式が一層整備されるなかで、馬寮には儀式の場で重要な役割を果たす御監・騎士が新置されている。したがって『延喜式』にみられる馬寮はそれ以前の馬政官司の組織・機能をもとにして、牧や儀式に関わる部分をより強化した官司であったと考えられる。

〔B〕馬寮の馬牛調達

馬寮は以上のような組織を有して諸国の牧から馬牛を集め、閑廐や近都牧で馬牛を飼養していた。西岡氏は馬寮の馬牛の調達能力は年間五〇〇疋と想定され[25]、従来『延喜式』に規定された諸機関が問題なく機能すれば何ら支障をきたさないものであったと考えられてきたが、加瀬文雄氏は馬寮の馬牛調達能力について疑問を示された[26]。馬寮は調達した馬牛を用いて様々な活動を行えるわけであるから、加瀬氏による指摘の可否を検討する必要がある。

加瀬氏は馬寮所属の馬牛の用途を、①祭祀②儀式③乗用④荷駄⑤賜禄に分類されるなかで、祭祀に用いられる馬の数二五〇疋という多さからこれだけの馬を奉納すれば馬寮の馬が不足するとして、神馬が馬寮や牧に戻されることを記した延喜馬寮式祭馬条や返却条（本書での返印条）に注目された。そこでまず加瀬氏の指摘の根拠となっ

た二条について検討を加えよう。

祭馬条は諸祭で用いられる祓馬・神馬・走馬の数と社に赴く馬寮官人の構成に関する条文であるが、一部には奉納された神馬を馬寮などに戻すという規定がある。それを整理すると、①園韓神祭・平野祭→馬寮に戻す②春日祭・大原野祭→本牧に放つ、となる。

馬寮から送られる神馬にこのような特別な措置がとられた四社には、一つの共通点がある。四社が創設当初から天皇家と直接つながりを有する社ではなく、むしろ創設した氏とのつながりが強かった社であった点である。春日社・大原野社は藤原氏の氏社であり、平野社は桓武天皇の母高野新笠の出自の和氏と土師氏との関わりが深い。園韓神社はもともと秦氏とのつながりを有する社である。四社の祭は本来それらの氏族の私祭であったが、後に天皇家との結びつきが強化されるなかで次第に公祭化されていった。岡田荘司氏によると、四社の祭が公祭化された時期は春日祭がすでに奈良時代に、平野祭・園韓神祭は桓武朝に、大原野祭が文徳朝に想定されている[27]。この四社は本来氏神を祀るものであったが、天皇家との結びつきが強まるなかで特別な位置が与えられるに至った。神馬に対する特別な措置は、この四社と天皇家との特別なつながりにもとづいているように思われる[28]。

【史料1】延喜馬寮式返却条（条文名・訓点は国史大系本による）

凡諸祭并大祓料、繋飼馬及給㆑人馬者、皆焼二返印一[29]、但臨時奉二名神一非二此限一、

加瀬氏は本条を祭祀に用いる馬が馬寮に返却されることを規定した条文と理解された上で、「皆、印を焼き返す」では意味が通じないとして、「皆焼二返印一」の訓点を新註皇学叢書本のように「皆焼二返印一」と改めて「皆、返印を焼け」と訓まれている[30]。

右にあげた国史大系本の訓点にしたがえば「凡そ諸祭并に大祓の料の繋飼馬及び人に給ふ馬は、皆印を焼き返

せ。但し臨時に名神に奉るは其の限りに非ず」となり、その内容は「諸祭や大祓で用いる繋飼馬や人に与える馬は、印を焼き返せ。但し臨時に名神に奉る御馬にはこの処置を行わない」であろう。本条が対象とする馬は諸祭や大祓に用いられる馬や人に下賜される馬であり、いずれも馬寮から離れて他所に移る馬である。したがって本条は、馬寮で飼育される官馬が他所に移る際にとられる何らかの手続きに関する規定であろう。本条を理解する上で参考になるのが唐の焼印制度である。天聖廏牧令唐11条に「……経レ印之後、簡入二別処一者、各以二新入処監名印一、印二左頬一、官馬賜レ人者、以二賜字印一、配二諸軍一、及充二伝送駅一者、以二出字印一、並印二右頬一」とあり、唐では官馬が他所に移る際には新たな焼印が押されることになっていた。

　日本での馬に押される焼印に関する規定としては、養老廏牧令10駒犢条に「凡在レ牧駒犢、至二二歳一者、毎レ年九月、国司共二牧長一対、以二官字印一、印二左髀上一、犢印二右髀上一、……」とあり、「官」と刻まれた焼印が二歳になった駒・犢に押されることになっていた。また延暦一五年（七九六）二月二五日太政官符には「……右得二上野国解一偁、部内百姓等私馬牛印、過二官印大一、姧盗之徒盗二取官馬一、焼二乱其印一淪二亡明験一、……」[31]とあり、百姓らが官の所有する馬牛を盗み出し、馬牛に押されていた焼印を不鮮明にするために焼き乱して、さらに自らの所有する馬牛であることを示す焼印を押していたという。

　以上の考察から【史料1】を見直すと、本条は国家所有の馬の所有変更に伴う焼印の処置を規定したものと考えられる。官馬を神馬として奉納する場合や人に下賜される際に行われる印を焼き返すという処置は、国家の所有であることを示す官馬に押された焼印を焼き乱して不鮮明にし、その効力を失わせるためのものであったと思われる。そのように考えると、臨時に奉納される神馬にこの処置がとられないとした意味が理解できる。つまり焼印を焼き返す処置によって神馬を傷つけることを避けるためであろう。

【表4】官司別京中出動回数比較表（平城朝～村上朝）

	近衛府	兵衛府	衛門府	検非違使	馬寮	兵庫寮	京職
平城朝							
嵯峨朝							
淳和朝							1
仁明朝	4	3	4				1
文徳朝	3	3	3	2	2		
清和朝	2	3					1
陽成朝	1						
光孝朝				1			
宇多朝				1			
醍醐朝		1	1	2			1
朱雀朝	1	3	4	5	1	2	
村上朝	1	1	1	3	3	2	1
合計	12	14	13	14	6	4	5

（註）諸史料で「諸衛」が出動したとする場合は、本表ではその例として含んでいない。「諸衛」は六衛府のことと思われるが、本表では六衛府・近衛府などのように特定できる場合のみ出動例として数えた。

したがってこの祭馬条・返却条（返印条）からは、馬寮の馬牛の調達能力を評価することはできないと思われる。私は、従来のように『延喜式』にみえる諸機構が機能すれば、朝廷で必要とされる馬を馬寮は十分に調達できたと考える。

〔C〕京中における馬寮の活動

馬寮は諸国の牧から貢上された馬牛を閑廐や近都牧などで飼養して諸司に支給するが、この他にも馬寮の活動が諸史料に確認される。まずすでに指摘されてきたことであるが、馬寮が京中における盗人の捕縛に関わっていたことが確認され、大同三年に復置された当初から軍事警察官司であったとみなされている。

【表4】は官司別の京中への出動回数をまとめたものであり、この状況からみて従来指摘されたように馬寮が六衛府と同様に京中のことに関わっていたとみなすことができるだろうか。また馬寮

は朱雀朝以降、以前に比べて京中に出動しているという変化をみることができる。

さて平城朝から醍醐朝までの間で、馬寮が京中の盗人を捕縛した例は次の文徳朝の天安年間の二例のみである。

【史料2】『日本文徳天皇実録』天安元年（八五七）三月癸丑（一六日）条

遣下二左右近衛左右兵衛及検非違使左右馬〔寮脱カ〕於京南一捕中群盗上、

【史料3】『日本文徳天皇実録』天安二年（八五八）二月乙酉（二二日）条

遣下二左近衛少将従五位下坂上大宿祢当道、右近衛少将従五位上藤原朝臣有貞等一、率二左右馬寮官人并近衛一、捜中捕京中群盗上、

【史料2】によれば近衛府・兵衛府・検非違使とともに馬寮が京南にて群盗を捕縛するために出動し、【史料3】では左右近衛少将が左右馬寮官人と近衛を率いて京中の群盗を捜索したという。近衛府が馬寮官人と近衛を動員したことは興味深い。

また馬寮は直接盗人の捕縛に出動していないが、京中に向かう人々に馬を送り、側面でその活動を支えていたことが『日本三代実録』貞観九年（八六七）二月二七日条などにみえる。京中の盗人などの一斉摘発を目的とする大索でも馬寮は御馬を送っている(32)。

さらに範囲を広げて、村上朝までの馬寮による京中への出動についてみてみると、朱雀朝に一例・村上朝に三例が確認される。文徳朝以降八〇年間の空白を経て、朱雀朝・村上朝に連続して馬寮は京中に出動したのである。それぞれについてみてみよう。

【史料4】『本朝世紀』天慶二年（九三九）四月二八日条

……此間、大納言伊望卿依レ召参入、召二外記一、仰云、京中捜二求盗人一例如何、申云、近則〔例〕延長三年也、差文

等在レ別紛失、仍召二賑給定文一被レ定レ之、其後召二諸衛左右馬寮等一、仰下明日可レ捜二求京中盗人一之由上、不レ依二□次第一、任二参入遅速一仰レ之、又大臣以下可レ献レ馬之由、被二仰下一了、諸家之司等同参入、承二此由一了、

【史料5】『本朝世紀』天慶二年四月二九日条

卯剋、諸卿参入、被レ定乙京中盗人可下捜二嫌疑一索中下手者上之由甲、仍先召二左右検非違使等一、密々仰下可レ固二会坂龍花越大枝山々埼淀等道一之由上、次召二諸衛一仰レ之、巳剋、東西各分レ手率二随兵一随二差文一罷出、捜二索京中一、又有レ勅、蔵人仰二小舎人左右近番長已下等一捜二索宮中司々一、申剋、使々申二返事一、京条宮中无二殊事一、又外記於二春華門前一左右馬寮并大臣已下諸家馬等充二行諸衛一了、条里差文手〔年〕々次第委見レ記、

【史料6】『貞信公記抄』天慶二年四月二九日条

令下二六衛府左右馬寮等一捜中索京中盗上、

【史料7】『日本紀略』天暦二年（九四八）三月二九日条

……又左大臣仰二外記一云、強盗横二行京中一、奪二取人物一、宜下仰二四府馬寮一、令上レ勤二夜行一者、

【史料8】『西宮記』臨時六、捜盗事

天徳四年十一月十四日、仰二左大臣一云、近来京中盗起云々、須下検非違使之外、差二副諸堪武官人一、勤中夜巡上事云々、申云、除二検非違使馬寮官人等一之外、宜下給二寮馬一巡行上、仰依レ請、

【史料9】『西宮記』臨時六、捜盗事

応和元年十一月十五日、給二右大将藤原一、検非違使勘申、相共可レ追二捕索京中盗一、諸衛馬寮兵庫等官人、又仰下二宣旨一又仰二左右馬寮一、毎夜引二夜巡料御馬各三疋一、

【史料4】〜【史料6】は大索についてのものである。二八日に大索を明日行うとの指令が六衛府・検非違使

と馬寮に出され、馬寮には大索で用いる御馬を出すようにとの指示が下される。二九日には検非違使が都に通じる道を封鎖し、六衛府・馬寮が京中に出動している。

【史料7】によると、京中の治安回復のために四衛府と馬寮が夜行するようにとされている。【史料8】は夜行についての記事であるが、馬寮が御馬を出すようにとの指示が下されていたことがわかる。夜行の際に御馬を与えられる対象から馬寮と検非違使の両官人が除かれているのは、すでに馬寮の御馬を与えられていたためであろうから、馬寮が夜行に参加していたとみてよい。【史料9】では京中の盗人捕縛のために諸衛・馬寮・兵庫寮に命じて夜巡を行い、さらに馬寮には夜行で用いる馬三疋を毎夜引き出すように命じられている。

天安年間にのみ出動した馬寮が朱雀朝・村上朝には連続して出動している。検非違使に比べれば少ない出動回数であるが、本来出動することのなかったと思われる馬寮が出動するようになったことは注目される。また醍醐朝に成立したと考えられる京中賑給にも馬寮は従事している。[33] つまり馬寮は朱雀朝頃から京中の治安に関わるようになっていたと想定される。この馬寮の変化は何によって引き起こされたのだろうか。

馬寮が京中の治安に関わるようになったのに対して、天慶年間までに京中の治安に関わらなくなったとされるのが近衛府である。本来近衛府はその軍事力をもって京中の治安維持につとめる官司であったが、[34] 次第にその軍事力を低下させていったと笹山晴生氏が指摘され、下向井龍彦氏は近衛府の役割が軍事面から儀礼面にその中心を移したと評されている。[35] いずれにせよ近衛府が京中の治安維持に関与しなくなり、より一層京中の治安は悪化していった。そのために平安京の治安に関わる官司の枠組みの再編が行われるなかで、近衛府にかわって馬寮が京中の治安に関わるようになったのではないかと思われる。

以上三節にわたって検討してきたが、大同三年に復置された馬寮は諸国から馬牛を集めて、閑廐や近都牧など

で馬牛を飼養して様々な用途に充て、衛府をはじめとする諸司の求めに応じて馬牛を支給する官司であった。文徳朝に盗人の捕縛のために京中へ出動したことが二例確認されるが、その後八〇年間京中に出動したことを示す史料がみられない点から考えて、この二例は異例な出動であったとみなせよう。

しかし朱雀朝以降、馬寮は平安京の治安や京中賑給等に従事して、京中の治安に関わるようになっている。この馬寮の変化の要因としては、本来京中の治安に関与していた近衛府が関与しなくなったという変化があげられるように思われる。

三　平安時代前期の馬寮官人

これまで平安前期の馬寮について検討を加えてきたが、本節では馬寮官人の補任状況を確認しておきたい。平城朝～村上朝までの頭・助の補任をまとめたのが次の【表5】～【表8】である。まず馬頭については左馬頭が二五名検出され、その内訳は藤原氏一一名、源氏三名（興基王を含む）、諸王・安倍氏各二名、平氏・良峯氏・久賀氏・在原氏・清原氏・小野氏・坂上氏各一名である。右馬頭は三〇名確認され、その内訳は藤原氏一二名、源氏七名、坂上氏三名、橘氏・佐伯氏・在原氏各二名、良峯氏・紀氏各一名である。全体の補任状況をみれば、藤原氏が補任例の半数に近いが藤原氏が独占する官司ではなく、二世王を含む皇親と藤原氏の任用例が拮抗している。また光孝朝までは諸氏からも登用されていたが、宇多朝以降には藤原氏と源氏からの登用に限られてゆき、とくに源氏からの登用がめざましい。

次に助については左馬助が一九名検出され、その内訳は藤原氏六名、源氏・紀氏各三名、坂上氏二名、平氏・

和気氏・良峯氏・安倍氏・多治比氏各一名である。右馬助は一九名確認され、藤原氏六名、源氏三名、平氏・在原氏・清峯氏・文室氏・坂上氏・佐伯氏・道嶋氏・安倍氏・伴氏・小野氏各一名である。助も次第に藤原氏・源氏からの登用に偏ってゆく傾向がうかがえる。

頭・助に補任された人々についてみてみると、藤原氏と皇親が並んで任ぜられていることがわかるが、先にも述べた安倍氏などの諸氏も少なからずみえる。そして諸氏のなかで最も多い任用例が確認されるのが坂上氏である。坂上氏は田村麻呂に代表される武門の家として注目されるが、坂上氏には興味深い家風があったことがしられる。田村麻呂薨伝には「……家世尚レ武、調レ鷹相レ馬、子孫伝レ業、相次不レ絶、……(36)」とあり、坂上氏は鷹の調教と馬を相ることを家風として、代々絶えることなくその技能を受け継いできたというのである。それに全く一致するのが、左右馬助を経て左馬頭に進んだ坂上貞守である。彼の卒伝には「……善相二鷹馬一、凡其所レ説、駑駿之骨及所生之地、一無二相違一、……(37)」とあり、貞守は鷹・馬をみればその能力および出生地を言い当てることができたという。まさしく坂上氏の家風である。坂上氏が諸氏のなかで最も多く任用されたのには、坂上氏が代々馬や鷹の知識を受け継いできたことが馬寮への出仕に影響したのではないだろうか。

また安倍氏も、弘仁年間にのみ二人の左馬頭を輩出している。二人は鷹の知識を有していたことが卒伝にみられる。安倍男笠は他に才学無しと評された人物であるが、伝に「……調レ鷹之道、冠二絶衆倫一、桓武天皇寵レ之。屢侍二龍顔一、……(38)」とあるように、男笠は鷹に関する豊富な知識によって鷹を好んだ桓武天皇の側近くに仕えたという。また安倍雄能麻呂も「……初以レ調レ鷹得レ達、無二他才学一、品秩顕要、一身之幸也(39)」と伝にあり、鷹に通じていたことから官途の道を切り拓くことができたとされる。この二人は嵯峨天皇の勅を受けて、当時の鷹への知識を集めた『新修鷹経』の編纂に関わっている(40)。

【表5】左馬頭補任表

姓名	位階	就任年月日	出典
藤原清主	従五位上	大同3．6．9→	『日本後紀』
藤原真雄	従四位下	←大同4．11．5	『類聚国史』
安倍男笠	従五位下	弘仁1．9．10→	『日本後紀』
良峯安世	従四位下	弘仁5．2．→	『公卿補任』
小野岑守	従五位上	弘仁5．5．23→	『公卿補任』
安倍雄能麻呂	従五位上	弘仁6．1．10→	『日本後紀』（伝）
藤原長良	従四位下	承和6．1．11→	『続日本後紀』
藤原勢多雄	従五位下	承和9．7．25→	『続日本後紀』
正行王	従四位下	承和9．→	『日本文徳天皇実録』（伝）
藤原岳守	従四位下	承和13．1．13→	『続日本後紀』
久賀三夏	従五位上	承和13．7．27→	『続日本後紀』
雄風王	従四位下	仁寿2．1．15→	『日本文徳天皇実録』
藤原仲統	従四位下	斉衡3．1．12→	『日本文徳天皇実録』
坂上貞守	従五位上	天安2．2．5→	『日本文徳天皇実録』
在原行平	従四位下	天安2．4．2→	『日本三代実録』
清原秋雄	従五位上	貞観1．1．13→	『日本三代実録』
藤原秀道	従五位上	貞観7．3．9→	『日本三代実録』
興基王（源興基）	従四位上	貞観19．1．15→	『公卿補任』・『日本三代実録』
藤原利基	従四位下	←仁和1．3．7	『日本三代実録』
藤原玄上	従四位下	延喜12．12．25→	『公卿補任』・『貞信公記』・『醍醐天皇御記』
源正明（斉明）	従四位下	延喜21．1．30→	『公卿補任』・『吏部王記』
平惟扶		←承平6．1．4	『九条殿記』・『本朝世紀』
藤原朝頼		←天慶4．9．10	『九条殿記』・『本朝世紀』
源重信	従四位下	天慶8．11．25→	『公卿補任』
藤原有年		←天徳4．8．7	『西宮記』・『村上天皇御記』・『公卿補任』

【凡例】
藤原清主　大同3．6．9→…大同三年六月九日に就任する。
平惟扶　←承平6．1．4…承平六年正月四日以前に就任している。

【表6】右馬頭補任表

姓名	位階	年月日	出典
坂上石津麻呂	従四位下	大同3．6．9→	『日本後紀』
藤原継業	従四位下	大同3．→	『続日本後紀』（伝）
良峯安世	従四位下	弘仁5．1．13→	『公卿補任』
橘常主	従五位下	弘仁8．9．29→	『公卿補任』
橘氏公	正五位下	弘仁10．2．5→	『公卿補任』
藤原長岡	従五位上	承和1．3．21→	『続日本後紀』
紀名虎	正五位下	承和2．8．14→	『古今和歌集目録』
藤原長良	従四位下	承和3．1．11→	『続日本後紀』
坂上浄野	従四位下	承和6．2．18→	『続日本後紀』
藤原春津※	正五位下	承和9．7．25→	『続日本後紀』
佐伯雄勝※	従五位下	承和15．1．13→	『続日本後紀』
坂上正野	従五位上	嘉祥3．8．5→	『続日本後紀』
藤原良仁	従四位下	仁寿2．2．15→	『日本文徳天皇実録』
源冷	従四位上	仁寿4．8．28→	『日本文徳天皇実録』
藤原良仁	従四位下	斉衡3．1．12→	『日本文徳天皇実録』・『日本三代実録』
佐伯雄勝	従五位下	天安2．2．5→	『日本三代実録』
藤原秀道	従五位上	天安2．9．14→	『日本三代実録』
在原業平	従五位上	貞観7．3．9→	『日本三代実録』
藤原国経※	従四位下	貞観19．1．15→	『古今和歌集目録』
藤原門宗	正五位下	←元慶4．2．5	『日本三代実録』
在原弘景		←昌泰1．10．20	『昌泰元年歳次戊午十月廿日競狩記』
藤原連並		←延喜1．4．21	『醍醐天皇御記』
藤原定文	従四位下	←延喜7．10．17	『扶桑略記』・『春記』
源宗于		延喜8．1．9→	『古今和歌集目録』・『三十六歌仙伝』・『政事要略』
源浣		←承平4．1．4	『九条殿記』
源寛信		←天慶4．11．10	『本朝世紀』・『九暦』・『吏部王記』
源忠清		応和1．10．13→	『公卿補任』・『本朝世紀』
源博雅		←天徳1．11．27	『九暦抄』
源兼材		←天徳4．1．11	『九条殿記』
藤原遠量		←康保4．11．12	『職事補任』

※藤原春津・佐伯雄勝…藤原春津は承和九年七月二五日から少なくとも嘉祥三年六月三日までの間、右馬頭に就いていた。佐伯雄勝は春津の在任期間中の承和一五年正月甲戌（一三日）に右馬頭に任じられている。二人の在任期間が重複しているが、『日本文徳天皇実録』天安二年三月乙酉（二四日）条の雄勝の卒伝に承和一五年の右馬頭就任が書かれていないことを考えると、雄勝は頭ではなく助であった可能性があるが本表では「頭」とした。

※藤原国経…『公卿補任』元慶六年条藤原国経尻付に「十九年正月三日従四位下、同十五日左馬頭」、『古今和歌集目録』には「十九年正月三日従四位下、同月十五日任右馬頭」とある。また『公卿補任』寛平三年条源興基尻付には「十九年正月十五日左馬頭」とし、『日本三代実録』元慶四年二月八日条などにも「左馬頭」とみえる。このことから国経は貞観一九年正月一五日に右馬頭に任ぜられたと考え本表に加えた。

【表7】左馬助補任表

姓名	位階	就任年月日	出典
藤原大津	従五位下	承和1.→	『日本文徳天皇実録』（伝）
坂上貞守		承和5.→	『日本三代実録』（伝）
紀貞守	従五位下	嘉祥3.1.15→	『続日本後紀』
紀有常	従五位下	←仁寿2.2.28	『日本文徳天皇実録』
和気巨範	従五位下	仁寿3.1.16→	『日本文徳天皇実録』
紀春枝	従五位下	斉衡3.1.12→	『日本文徳天皇実録』
良峯清風	従五位上	天安1.2.16→	『日本文徳天皇実録』
坂上瀧守	従五位下	天安2.2.5→	『日本文徳天皇実録』
平有世	従五位下	天安2.9.14→	『日本三代実録』
多治比藤善	従五位上	←貞観6.1.7	『日本三代実録』
安倍三寅	従五位下	元慶5.1.7→	『日本三代実録』
藤原連並	従五位下	元慶8.3.9→	『日本三代実録』
藤原恒佐	従五位下	昌泰1.5.10→	『公卿補任』・『異本公卿補任』
藤原俊蔭（後蔭）	従五位下	延喜3.12.26→	『古今和歌集目録』
藤原忠文※	従五位上	延喜7.9.29→	『異本公卿補任』・『江談抄』
源清景		←承平5.7.28	『西宮記』・『九条殿記』・『吏部王記』
源国珍		←天慶4.9.10	『本朝世紀』
藤原有時		←天慶7.5.	『九条殿記』・『北山抄』
源満仲		←康保2.7.21	『本朝世紀』・『扶桑略記』・『村上天皇御記』・『百練抄』

※藤原忠文…『公卿補任』では「左馬頭」とするが、『江談抄』は「助」としてみえ馬寮官人の模範と評されている。それを重視すれば「助」であった可能性が高く、『異本公卿補任』では「左馬助」とあるので本章では「左馬助」とした。

【表8】右馬助補任表

姓名	位階	就任年月日	出典
文室秋津	従五位下	弘仁7.12（7）.→	『公卿補任』
清峯門継	外従五位下	弘仁10.1.7→	『日本文徳天皇実録』（伝）
坂上貞守		承和1.→	『日本三代実録』（伝）
佐伯宮成	従五位下	承和6.2.18→	『続日本後紀』
藤原秀道	従五位上	←天安1.2.23	『日本文徳天皇実録』
藤原広基	従五位下	天安2.閏2.20→	『日本文徳天皇実録』・『日本三代実録』
道嶋瀧嶋	外従五位下	天安2.9.23→	『日本三代実録』
安倍三寅	従五位下	元慶3.11.25→	『日本三代実録』
藤原恒興	従五位下	←元慶6.6.26	『日本三代実録』
源昇	従五位上	元慶8.5.29→	『公卿補任』
在原載春	従五位下	仁和1.2.20→	『日本三代実録』
源当時	従五位下	寛平3.10.8→	『公卿補任』
源悦		寛平4.5.23→	『公卿補任』・『類聚三代格』
平定文	従五位下	延喜17.5.20→	『古今和歌集目録』
藤原有良		←延長3.11.20	『吏部王記』
藤原有利		←承平7.8.15	『九暦』・『本朝世紀』
伴仲舒		←天慶7.5.	『九暦』・『本朝世紀』
藤原助信		←天徳1.3.14	『九暦』
小野国興		←天徳2.4.26	『村上天皇御記』・『日本紀略』

鷹を好んだ桓武天皇の子である嵯峨天皇も鷹を好んだ天皇の一人であり、そのような時代に鷹に通じた安倍氏の左馬頭が二人いたのである。嵯峨朝以外には安倍氏から馬頭に就いた例は確認できない。後に陽成朝に左馬助安倍三寅がいるが、彼も『日本三代実録』貞観八年（八六六）一一月二九日条に、とくに鷹の飼養を許されたことがみえる。

これら以外にも馬寮官人の薨卒伝には、しばしば馬だけではなく鷹に関する知識を有していたことがみえる(41)。なお鷹と馬をつなげるものは鷹狩であろう。宇多上皇が行った鷹狩の様子を記した『昌泰元年歳次戊午十月廿日競狩記』から馬寮官人が従事していたことがわかり(42)、天皇の鷹狩である野行幸に際して、馬寮は多くの馬を擁して従事していた可能性を有していたように思われる。

さて、馬寮官人について先学は次のように述べている。

①頭・助は原則として五位以上の貴族的官人が登用されたが、必ずしも文官的な者ではなく武略に長じた者が宛てられる。……清和源氏の嫡流がほとんど例外なく代々馬寮の頭・助に補任される。……一貫して弓馬に勝れた者が登用され、著しい馬寮の軍事警察官司化に対応する【森田悌氏(43)】

②光孝朝には安倍氏が鎮守府将軍に転出し、あらたに馬寮の職員に参加するのは総継流の連並と嵯峨源氏である。つまり、陽成朝には他氏に与えられていた一つの座席が、准皇族にふりかえられた。これを皇親的な貴族体制への傾斜と呼ぶことができないであろうか。……馬寮も皇親の拠点に変貌しつつある【弥永貞三氏(44)】

③多くの者が侍従・内舎人・春宮坊官人・近衛府官人を経たり、天皇の血縁者であることによって天皇側近となっていたことがわかる【吉川敏子氏(45)】

森田氏らが注目された馬寮官人経験者の薨卒伝は現在二七例確認される。森田氏は左馬頭藤原真雄等の八人の

薨卒伝に弓馬に勝れていたことがみえることから、馬寮官人には武略に長じた人物が任じられたとみなされた。しかし薨卒伝をみると、私は吉川氏が説かれたように天皇の側近であったことを記していることに注目すべきであると思われる。その例は一三例であり、むしろこちらの例の方が多いからである。森田氏が武略に長じた人物とした藤原真雄も平城天皇の側近であった。

また補任状況をみると、源氏・在原氏・平氏などの准皇族やそれらを含む二世王の任用例が確認される。桓武天皇皇子良峯安世・仁明天皇皇子源冷、阿保親王王子在原行平・業平、万多親王王子正行王・雄風王などである。弥永氏は陽成朝・光孝朝の馬寮をみて馬寮が皇親の拠点になりつつあったことを指摘されたが、次の宇多朝以降では皇親である源氏の任官が以前よりも多くなり、その傾向が強まっている。森田氏も源氏が進出していることに注目されたが、それを清和源氏の進出としてみられた。しかし馬寮にみえる源氏は、武力を有する清和源氏よりも貴族的な嵯峨源氏・光孝源氏・宇多源氏・醍醐源氏などの方が多いのである。したがって武略に長じていることは馬寮官人にとって必要ではなかったと思われる。

右の補任状況によって、私は森田氏が述べられたような、馬寮官人に一貫して弓馬に勝れた人物が任ぜられていたとはみなし難いように思われる。むしろ弥永氏・吉川氏が指摘されたように、馬寮官人に皇親や天皇の側近が任ぜられたことに注目すべきであると考える。しかしなぜ政治的な地位が高くない馬寮に、このように天皇の側近や天皇の血縁者が任ぜられたのだろうか。仁藤智子氏によると、馬寮は内延官司として禄制などの面で他官司に比べて優遇された官司の一つであったことを指摘された(46)。その指摘をふまえると馬頭・助に天皇の側近や血縁者が任ぜられたことは、馬寮を通じてその優遇を与える、その人物への優遇措置であったと考えられる。

おわりに

以上に述べたところをまとめると次の四点になる。

①大同三年に行われた馬政官司再編によって復置された馬寮は兵馬司から公的牧の管理権が移され、より多くの牧をその管理下に置き、それらの牧から送られてくる御馬を閑廐や近都牧で飼養して朝廷で用いられることに備えた。

②従来の馬寮に関する理解は閑廐にある馬を強力な軍事力とみなして、衛府と並ぶ軍事力の強い官司であったというものであった。しかし国史などにみえる馬寮の活動をみると、衛府と並ぶような軍事行動をとることは少なく、馬寮が盗人の捕縛に関わった天安四年以降、次に馬寮が盗人の捕縛に関わったことが確認されるのは天慶二年である。約八〇年間京中に出動していないことから考えると、馬寮が六衛府と並ぶ軍事警察官司であったとは考えにくい。復置された当初の馬寮は閑廐や近都牧で馬牛を飼養し、それらを諸司の求めに応じ支給する官司であった。

③しかし朱雀朝以降馬寮は京中の治安に関わるようになり、それまで京中の治安に関わっていた近衛府が関与しないようになっている。この馬寮の活動の変化は近衛府の変化に連動したものであったように考えられる。

④馬寮官人となった人物をみると、武力に長じた人物が多いとは決して評価できるものではなく、むしろ天皇の近臣や血縁者などがその大半を占めている。とくに宇多朝以降、源氏の馬寮への進出は以前よりも顕著になる。政治的地位がそれほど高くないと思われる馬寮への皇親の進出は、馬寮が内廷官司として他の官司に

比べて優遇されていたことにもとづく、皇親への優遇措置であったと思われる。

従来より馬寮は大同三年に復置された当初からその軍事力の高さから京中の治安維持に関わっていたとされたが、国史によると馬寮が京中の治安に関わったのは天安年間の二度の出動のみである。やはり大同三年に復置された馬寮は馬牛を飼養して馬を近衛府などに支給し軍事活動などを支える官司であり、軍事力を行使する官司ではなかったと考えられる。しかし朱雀朝以降の馬寮は京中の治安に関わるようになっている。それまで平安京の治安に関わっていた近衛府がその軍事力低下によって京中の治安に関与しなくなったことによって、馬寮が新たに平安京の治安に関与することになったと想定できる。その役割を担えるだけの軍事力を馬寮がもちえていたことは注目され、平安京の治安維持に関わるようになったことが馬寮の軍事力を高めてゆく一つの契機になったと考えられる。したがって馬寮の軍事力を論じるには朱雀朝を一つの画期としてとらえ、朱雀朝以前・以後を区別して論じなければならないと思われる。その上で平安時代中期以降の馬寮と武士との関わりを改めて論じたいと思う。

註

（1）森田悌「平安前期の左右馬寮について」（『日本歴史』二七一、一九七〇年。のち『平安前期国家の研究』Ⅱ、関東図書、一九七二年に再録）。

（2）佐藤健太郎「兵馬司の基礎的考察」（『続日本紀研究』三三六、二〇〇二年。本書第四編第一章）。

（3）奈良時代の馬寮に関する研究に、西岡虎之助「武士階級結成の一要因として観たる『牧』の発展」（『史学雑誌』四〇—二・三・五・七・八、一九二五年。のち「武士階級結成の一要因としての『牧』の発展」と改題して『荘園史の研究』上、岩波書

店、一九五三年に再録）、山口英男「八・九世紀の牧について」（『史学雑誌』九五―一、一九八六年）、吉川敏子「古代国家における馬の利用と牧の変遷」（『史林』七四―四、一九九一年）がある。

(4) 佐藤健太郎註(2)論文。

(5) 亀田隆之「内厩寮考」（『続日本紀研究』五―五、一九五八年。のち「内厩寮」と改題して『日本古代制度史論』、吉川弘文館、一九八〇年に再録）、山口英男註(3)論文一〇頁、吉川敏子註(3)論文三四～三八頁。

(6) 亀田隆之註(5)論文一一頁、吉川敏子註(3)論文三八～四〇頁。吉川氏は主馬寮が造営事業に従事する官司であったと述べられている。

(7) 東北大学附属図書館狩野文庫所蔵『類聚三代格』巻四、廃置諸司事。

(8) 『類聚三代格』巻四、加減諸司官員并廃置事。

(9) 佐藤健太郎註(2)論文。

(10) 延喜兵部式諸国牧条・延喜馬寮式御牧条・国飼条。

(11) 佐藤健太郎「馬寮御監に関する覚え書」（『日本歴史』六七〇、二〇〇四年。本書第四編第三章）。

(12) 延喜兵部式勘籍補条・延喜馬寮式騎士条。『儀式』巻八、四月廿八日駒牽儀に「……次左兵衛陣北東建㆓両柱㆒、繋㆓着泛駕駒二疋㆒被㆑鞍択㆓馬寮騎士馬芸絶倫者㆒令㆑騎、……」とみえる。

(13) 延喜兵部式武官分条。

(14) 延喜馬寮式祭馬条・『本朝月令』四月上申杜本社、上西当宗両社祭事所引延喜九年七月七日太政官符・『儀式』巻一〇、飛駅儀など。

(15) 『類聚三代格』巻四、加減諸司官員并廃置事。

(16) 『日本後紀』延暦一六年二月己未条。

(17) 森田悌註(1)論文一九〇頁。

(18) 『令集解』職員令63左馬寮条所引弘仁四年三月一三日太政官符。

(19) 森田悌註(1)論文一九〇頁。
(20) 延喜兵部式府生条。
(21) 『河海抄』巻五、賢木、所引『本朝事始』。
(22) 山口英男註(3)論文二〇～二八頁。川尻秋生氏は牧監が牧経営の行き詰まりや唐風化政策に影響を受けて成立したと指摘されている（川尻秋生「御牧制の成立」『山梨県史研究』七、一九九九年。のち『古代東国史の基礎的研究』、塙書房、二〇〇三年に再録）。
(23) 延喜馬寮式庄田条。
(24) 『西宮記』巻五、八月信濃駒牽条。
(25) 西岡虎之助註(3)論文三四九頁。
(26) 加瀬文雄「平安時代における馬寮所管馬の充用」（佐伯有清編『日本古代中世の政治と文化』、吉川弘文館、一九九七年）。
(27) 岡田荘司「平安前期神社祭祀の公祭化」（二十二社研究会編『平安時代の神社と祭祀』、国書刊行会、一九八七年。のち『平安時代の国家と祭祀』、続群書類従完成会、一九九四年に再録）。
(28) 『儀式』によると、神馬が馬寮に戻されるとされた平野祭・園韓神祭では氏人からの貢馬が行われている。これも馬寮からの神馬を返還するという措置に関わるのかもしれない。
(29) 神道大系本はこの箇所の訓点を「皆焼㆓返印㆒」とする。
(30) 加瀬文雄註(26)論文二八二・二八三頁。加瀬氏は「焼㆓返印㆒」を「返印を焼け」と解して、馬寮に返却されたことを示す「返」と刻まれた焼印が馬に押されたと想定されている。この部分が「返」と刻まれた焼印と解せるかについていえば、私はそのように考える必要はないと考えている。官と刻まれた焼印を規定する養老廐牧令10駒犢条では「官字印」とある。また『政事要略』巻二三、年中行事下には「二十三日信乃国望月御馬事、延喜五年五月九日官符、左、牧字、廿、元卅」とある。他の駒牽の項にも焼印が記載されるが、いずれもその用例は「刻まれた文字」＋「字」＋「印」である。加瀬氏が想定される「返」と刻まれた焼印が押されたとするには、「焼㆓返字印㆒」とあるべきであろう。したがって私は「返」字の焼印を想定しない。焼印に関する指摘は西岡虎

之助註(3)論文（三二六頁）・山口英男註(3)論文（二八頁）にみえる。発掘調査に伴い出土した焼印について考察したものに、高島英之「古代の焼印についての覚書」（『古代史研究』一一、一九九二年。のち「古代の焼印」と改題して『古代出土文字資料の研究』、東京堂出版、二〇〇〇年に再録）がある。

ところで加瀬氏は本条を馬の返却に関する条文と理解されたが、そのようにみなされた要因の一つには国史大系本の鼇頭標目に「返却」とあるからであろう。しかし『延喜式』で良質の写本とされる内閣文庫所蔵本（紅葉山文庫旧蔵本）や国立歴史民俗博物館所蔵本（土御門家旧蔵本）の鼇頭標目では「返印」とする。却と印の字は似ているために後世誤読・誤写されたものと思われる。

(31)『類聚三代格』巻一七、文書并印事。
(32)馬寮が御馬を送った例に貞観一三年三月是月条がある。馬寮の名はないものの、夜行に赴く官人に官馬を賜った例が別にあるが、これも馬寮の馬であろう。
(33)川本龍市「王朝国家期の賑給」（坂本賞三編『王朝国家史の研究』、吉川弘文館、一九八七年）一九〇頁。『九条年中行事』によると、馬寮は五・六条を担当した。
(34)当時の京中警備については、庄司浩「検非違使追捕拡大過程の一考察」（立正大学史学会編『宗教社会史研究』Ⅱ、雄山閣、一九八五年）、山田充昭「検非違使成立期前後の京中警備の実態」（『日本史研究』四〇六、一九九六年）などを参照。
(35)笹山晴生「平安前期の左右近衛府に関する考察」（坂本太郎博士還暦記念会編『日本古代史論集』下、吉川弘文館、一九六二年。のち『日本古代衛府制度の研究』、東京大学出版会、一九八五年）二〇六・二〇七・二一一頁註(57)、下向井龍彦「書評　笹山晴生著『日本古代衛府制度の研究』」（『法制史研究』二七、一九八七年）一四八〜一五〇頁。
(36)『日本後紀』弘仁二年五月丙辰条。
(37)『日本三代実録』貞観一八年九月九日条。
(38)『類聚国史』天長三年五月丁卯朔条。
(39)『類聚国史』天長三年八月丁酉条。

（40）『新修鷹経』識語。
（41）馬寮官人の薨卒伝などで鷹との関わりが確認できるのは、①安倍男笠（左馬頭）②安倍雄能麻呂（左馬頭）③良峯安世（左右馬頭）④雄風王（左馬頭）⑤正行王（左馬頭）⑥坂上貞守（左馬頭・左右馬助）以上は六国史および『公卿補任』にみえる薨卒伝による。⑦藤原忠文（左馬助）→『今昔物語集』巻二九―三四、⑧源満仲（左馬助）→『今昔物語集』巻一七―四である。
（42）片野（交野）での宇多上皇が行った鷹狩の様子を伝えるのが、『昌泰元年歳次戊午十月廿日競狩記』である。
（43）森田悌註（1）論文一九八～二〇二頁。
（44）弥永貞三「仁和二年の内宴」（坂本太郎博士還暦記念会編『日本古代史論集』下、吉川弘文館、一九六二年。のち『日本古代の政治と史料』、高科書店、一九八八年に再録）八二～八六頁。
（45）吉川敏子註（3）論文四四頁。
（46）仁藤智子「諸司時服の再検討」（『お茶の水史学』三六、一九九二年。のち『平安初期の王権と官僚制』、吉川弘文館、二〇〇〇年に再録）二四三頁。

初出一覧

第一編　日本古代の牧制度

第一章　内廐寮と勅旨牧の成立について（『続日本紀研究』三六〇、二〇〇六年）

第二章　古代日本と唐の牧制度（新稿）

第二編　日本古代の焼印制度

第一章　駒牽の貢上数と焼印に関する一考察―『新撰年中行事』の記載を中心に―（『史泉』一〇二、二〇〇五年）

第二章　古代日本と唐の焼印制度（新稿）

第三編　日本古代の儀式と馬牛

第一章　四月駒牽の基礎的考察（『古代史の研究』一二、二〇〇五年）

第二章　八月駒牽について（『ヒストリア』二〇三、二〇〇八年）

第三章　古代日本の牛乳・乳製品の利用と貢進体制について（『関西大学東西学術研究所紀要』四五、二〇一二年）

第四編　日本古代の馬政官司

第一章　兵馬司の基礎的考察（『続日本紀研究』三三六、二〇〇二年）

第二章　馬寮御監に関する覚え書（『日本歴史』六七〇、二〇〇四年）

第三章　平安前期の左右馬寮に関する一考察（『ヒストリア』一八九、二〇〇四年）

あとがき

本書は平成一七年（二〇〇五）に関西大学大学院文学研究科に提出した学位論文に、その後発表した論考二本と新たに書き下ろした論考二本を加えたものである。

旧稿を読み直すと、その執筆目的は様々で関連する研究課題を継続して進めていくなかで問題意識が変化していった。そのため一書にまとめ直すにあたり、旧稿の体裁・記述は基本的に保ちつつも誤植・誤引用を訂正した。なお論旨の修正については、補記ではなく本文を書き改めて、現時点での私の考えを示すようにした。なお第四編などの馬政官司に関する論考には重複するところが少なくない。できる限り重複箇所を省くようにつとめたが、必要な箇所もあり重複箇所のすべては削除できていない。この点についてはご寛恕いただきたい。

それでは、本書に収録した論考の要旨をまとめておく。

第一編　日本古代の牧制度

第一章「内廐寮と勅旨牧の成立について」では内廐寮の設置と勅旨牧とを関連づけて論じた。牧は広大な土地を囲んで設定され、そこで馬を飼養する。先行研究は牧で馬が飼養されることに注目してきたが、本章では史料に「庄牧」として牧が庄園と並んで所領とされていることに注目した。天皇の命令の勅旨で設定される勅旨牧を勅旨田・勅旨庄と並ぶ天皇家の私領であったとし、勅旨田が官田と区別されて管理されたように勅旨牧が他の牧

と区別されて管理される必要があり、そのために内厩寮が設置されたと論じた。

第二章「古代日本と唐の牧制度」では唐と日本古代の牧制度を①職員の任用②職員の賞罰③帳簿の作成④牧馬の用途の四点から考察した。次に唐・日本の厩牧令の牧に関する条文の比較検討を行い、日本の牧制度の特質を考えた。その結果日本の牧制度が唐の監牧制などをもとにしつつも、日本の実態に即して作られたものであったと指摘した。

第二編　日本古代の焼印制度

第一章「駒牽の貢上数と焼印に関する一考察―『新撰年中行事』の記載を中心に―」では『新撰年中行事』の八月駒牽の記載をもとに八月駒牽の貢上数・焼印の文字（印文）を考察した。まず『新撰年中行事』にみえる勅旨牧の貢上数に関する記述（一元〇疋）の検討から、『弘仁式』に規定された貢上数を見出した。『新撰年中行事』の秩父牧の印文は「朱」で、それは勅旨牧に編入される以前に秩父牧を領有していた後院の朱雀院の「朱」を用いていたことが判明した。このことをふまえて、次に焼印の印文から諸牧が勅旨牧に編入される以前に領有していた機関（院）を検討した。

第二章「古代日本と唐の焼印制度」では日本・唐の焼印制度の比較を通じて日本の焼印制度の特質を論じた。唐の焼印制度では複数の焼印を組み合わせて雑畜の①所有②所属③能力④出身牧などを示すのに対して、日本の焼印制度では公的機関の焼印（官印）は「官」字印のみで、「官」字の焼印が押された雑畜が国家の所有物であることを示した。唐・日本の焼印制度を比較した結果、日本の焼印制度は唐の焼印制度をもとに導入されたが、「官」字の焼印を押した馬牛が国家の所有物であることを示すのを最大の目的にしたものであったと指摘した。

第三編　日本古代の儀式と馬牛

第一章「四月駒牽の基礎的考察」では四月二八日に行われた四月駒牽の儀式内容やその変遷などについて考察した。四月駒牽と次章で論じる八月駒牽との比較から、共通点・相違点を確認した。相違点から八月駒牽が四月駒牽より派生したとは考えにくいとし、共通点から「駒牽」とは天皇が馬を視ることを目的とする行事であったとした。また四月駒牽に供奉する国飼馬制との関わりから、四月駒牽が天平宝字元年（七五七）時点にはすでに行われていたとした。

第二章「八月駒牽について」では勅旨牧の貢上馬を朝廷に迎える儀式の八月駒牽の成立やその目的を考察した。先行研究が八月駒牽で臣下に馬を賜与することに注目するのに対して、本章ではすべての八月駒牽で馬が賜与されていないことにも注目し、八月駒牽の目的は天皇が勅旨牧から貢上される馬を視ることであったと指摘した。八月駒牽に関する弘仁馬寮式や奈良・平安時代の馬の貢進体制の連続性から、八月駒牽が奈良時代中期以前には成立していた可能性を論じた。

第三章「古代日本の牛乳・乳製品の利用と貢進体制について」では日本古代の牛乳・乳製品（酪・蘇・乳脯）の実態や奈良・平安時代の蘇の貢進体制を検討した。蘇の貢進体制については正倉院文書・木簡などから奈良時代の貢進体制を論じ、それが平安時代の蘇の貢進体制の基礎になっていると指摘した。平安時代の蘇の貢進体制についても、『新撰年中行事』所引の弘仁式逸文から当初は三年に一度蘇を貢進する三番制で、後に六年に一度蘇を貢進する六番制に移行したことを確認し、少なくとも仁和三年（八八七）までは三番制であったと論じた。

第四編　日本古代の馬政官司

第一章「兵馬司の基礎的考察」ではこれまで十分に検討されてこなかった兵馬司の機能などを考察した。兵馬

司が諸国から送付される馬牛帳という文書を通して、軍事や交通における馬牛の徴発に備えて官私の馬牛を管轄下に置いていたことを指摘した。八・九世紀の馬を必要とする軍事・交通体制の変化により兵馬司の役割は低下し、その結果兵馬司は大同三年（八〇八）正月の馬政官司再編時に廃止され、兵馬司の機能の多くが兵部省に移管されたことを論証した。

第二章「馬寮御監に関する覚え書」では近衛大将の兼任職であったため名誉職と評価された馬寮御監の職掌やその成立時期を考察した。右馬寮御監藤原実資の日記の『小右記』にみえる実資の御監としての活動や右馬寮との関わりから、馬寮御監が名誉職ではなく馬寮の最高長官であったと結論づけた。その成立時期は史料がなく不明であるが、弘仁馬寮式逸文や馬寮官人の補任状況から大同三年の馬政官司の再編以後とした。

第三章「平安前期の左右馬寮に関する一考察」では第四編第一章で兵馬司の側からみた大同三年の馬政官司再編の影響を左右馬寮の側から検討した。兵馬司の併合によって左右馬寮が軍事警察官司になったとする評価に対し、第四編第一章の兵馬司の考察からはしたがえず、平安時代前期の左右馬寮に関する史料の再検討を行った。その結果、左右馬寮は朝廷で使用される馬牛の飼養・調教を行うことを第一の職務とする官司であったと評価した。あわせて左右馬寮が朱雀朝以降に京中の治安に関与するようになっていたことがわかり、朱雀朝頃に馬寮の職務に変化がみられることを指摘した。

本書に収録した論考によって、八・九世紀の馬・牧・馬政官司の関わりを次のようにまとめる。国家は軍事・交通で使用する馬牛を生産するために公的牧を設置した。軍事・交通で馬の需要が高まれば牧は多くの馬を供給し、馬の需要が減れば牧は供給する量を減らすかもしくは廃止される。牧は広大な土地を囲い設定され、その維持管理には経費がかかる。そのため国家は経費のかかる牧を無駄に設置し続けるということはしないし、牧を廃

止して広大な土地の開墾を検討することになる。したがって牧は国家の方針に大きく左右されたと考えられる。
一方牧は牧を管理する馬政官司に影響を与える存在でもあり、勅旨牧を管理するために内廐寮を誕生させるほどであった。新たに設置された内廐寮は既存の左右馬寮を凌駕し、左右馬寮に左右を統合させた主馬寮への転換、兵馬司の存在意義を低下させた。内廐寮の設置は大同三年の馬政官司の再編につながり、馬政官司の枠組みに大きな影響を与えた。このように軍事・交通、牧、馬政官司は、相互に影響を与える存在であった。

その上で国家と牧制度について述べておきたい。例として平安時代の牧制度をあげる。平安時代の牧制度は、①勅旨牧②諸国牧③近都牧からなり、それぞれの機能を有した。まず②諸国牧は兵部省所管牧で、一八か国に三九牧置かれている。諸国牧が全国的に分布しているから、諸国牧が駅伝制を支えるための馬を生産する牧であったと考えられる。また諸国牧は年間馬一〇五疋・牛二二頭を貢上した。次に③近都牧は馬寮所管牧で、畿内近国の四か国に六牧置かれ、主に勅旨牧・諸国牧から貢上された馬牛を飼育し、必要に応じて馬牛を馬寮と近都牧の間で往来させた。同様な役割をもつ畿内近国八か国から牽送される国飼馬もいる。朝廷で大量の馬が必要になった場合に勅旨牧・諸国牧から馬を移動させたのでは時間を要し、直ちに対処できない。都の近辺に置かれた近都牧は、平時・有事を問わずにそのような場合に対処するために置かれた牧であったと考えられる。

①勅旨牧は馬寮の所管牧で、甲斐・武蔵・信濃・上野の四か国に三二牧置かれ、年間二四〇疋の馬を貢上した。勅旨牧の役割については中央への馬の貢上とされるが、はたしてそれだけであろうか。天長四年（八二七）の甲斐勅旨諸牧には一千余疋・貞観一七年（八七五）の信濃国勅旨諸牧には馬二二七四疋など、勅旨牧には数多くの馬がいたことがしられる。貢上の目的だけでこれだけの馬を飼養する必要があるのかという疑問がある。そこで勅旨牧が置かれた国の位置をみると、東山道（信濃・上野）、東海道（甲斐・武蔵）に二か国ずつ配置されてい

ることから、勅旨牧には次の役割もあったと想定する。もし東国（とくに東北地方）で有事が生じた場合、軍事活動に不可欠な馬を京から移動させたのでは時間・費用がかかる。しかしこの四か国に置かれた勅旨牧で飼養される馬を用いれば時間・費用を省け、早急に対応することができる。勅旨牧で多くの馬を飼養していたのは、このような事態に備えていたためと考えられる。したがって勅旨牧・諸国牧・近都牧はそれぞれに重要な役割を有していたと思われる。

国家は、明確な意図をもって勅旨牧・諸国牧・近都牧からなる牧制度を構築している。このことは奈良時代の牧制度にもいえよう。そのようにみた場合、奈良時代の牧制度から平安時代の牧制度への移行についても、従来指摘されてきた牧の運営の行き詰まりに加えて、馬を利用する交通・軍事体制の変化に即して奈良時代の牧制度を土台にして平安時代の牧制度が作られた可能性がある。今後の牧制度の研究は、①馬の利用実態②馬に関する政策（馬政）③馬を利用した軍事・交通体制④馬政・軍事・交通を定める国家を総合的に論じる必要があるように思われ、今後の私の研究課題としたい。

私は広島県福山市で生まれ、実家の近くに福山城・草戸千軒があり幼い頃から歴史に興味をもっていた。だが成長するにつれて、私の興味は歴史から離れて政策・行政機関に移っていった。そのため大学入試の際には第一志望を関西大学法学部、第二次志望を文学部とした。入試の結果は法学部が不合格で文学部が合格であった。第二志望の学部への進学に迷いがあったが、平成八年（一九九六）に関西大学文学部史学地理学科に入学した。いざ講義をうけると、第二志望であったことを忘れるほど楽しい時間がはじまった。

文学部の講義で最初に興味をもったのは、古代史ではなく考古学であった。夏休みに関西大学のある吹田市の

吹田市立博物館でアルバイトをすることができた。その後、発掘現場での外業作業・博物館内での遺物実測の内業作業を教えていただいた。そこで得られた経験・知識は、馬・牧・焼印に関する考古学の研究成果を理解する上で役立っている。同館の西本安秀氏・田中充徳氏・賀納章雄氏・堀口健弐氏・中岡宏美氏、いつも私に温かく接してくれていろいろとご心配くださる資料整理室の皆さんに感謝を申し上げたい。

大学・大学院時代には諸先生方にお教えいただいた。理解力の乏しい私に研究の楽しさ・奥深さを教えいただいた諸先生方にこの場を借りて御礼を申し上げる。諸先生のなかで私が研究をする上での基礎を作っていただいたのが井山温子先生である。井山先生の日本史基礎史料講読の講義は『令集解』医疾令の輪読で、毎週の予習は二回生の私にとって大変であったが、本講義を通して『大漢和辞典』・『国史大辞典』の使い方・論文の探し方などを教えていただいた。本書に収録した古代の焼印・乳製品に関する論考の端緒は井山先生に提出したレポートであり、その学恩に改めて感謝したい。

とりわけ大学・大学院時代を通してご指導を賜ったのが、指導教授の薗田香融先生・西本昌弘先生である。私は専攻をなかなか決められないまま、二回生時に薗田先生の講義を受講した。薗田先生の講義は『日本霊異記』をもとに行われ、講義を通して初めてしる古代史の面白さ、そして薗田ゼミの厳しくも温順な雰囲気を過ごし、私は専攻を古代史に決めた。ご迷惑だったと思うが、私は度々質問をしに薗田先生の研究室にお伺いした。薗田先生は私の些細な質問をお聞きくださり、調べ方・参考文献をお教えくださった。『日本霊異記』の影響もあり、私は古代の牛について勉強をしていたが、薗田先生から牛のことをしるには馬をしらなければならないとのご助言をいただいた。これに以前から興味のあった政策・官司と組み合わせて兵馬司を卒業論文でとりあげ官司研究をはじめた。

西本先生は薗田先生の退職後の四回生からお教えいただくようになり、私が研究をまとめる上で問題を抱えている時には柔軟な論理でご助言をくださった。西本先生は分け隔てなく学生に気さくに接してくださるが、当然のことながら指導は別で発表に対してそこまでおっしゃらなくてもと思ったり、発表に対する先生からのご批判に反論できず悔しく思ったりすることも多々あった。本書に収録した論考を読むとその頃の忸怩たる気持ちを思い出すと同時に、西本先生にご指摘いただいた点が論考をまとめる上で重要であり、西本先生がいかに情熱をもってご指導くださったのかがよくわかる。

両先生の教え子のなかでも出来のあまりよくなかった私が、これまで研究を続けられたのは偏に薗田先生・西本先生のお導きがあったからこそで、その学恩に深く謝意を示したい。大学院修了後も薗田先生・西本先生には薫陶を賜っている。薗田先生・西本先生の温厚な人柄・研究への厳しさ・教育者としての姿勢は私の目標である。

またこれまで私が研究を続けてきた上で、関西大学古代史研究会の諸氏と出会えたことも大きい。先輩に櫻木潤氏、同期に中里伸明氏、後輩に芳之内圭氏・大槻暢子氏・鴨野有佳梨氏などがいる。ゼミや研究会などでの諸氏の発表・学術雑誌に掲載された論文に接し、私は諸氏の活躍に触発されて研究を進めてきた。薗田先生・西本先生のもとで諸氏とともに切磋琢磨して研究を行えてきたことに感謝したい。

私はこのような恵まれた環境のなかで研究を行い論文を発表し、平成一七年に学位論文を関西大学に提出した。審査にあたってくださった西本先生・原田正俊先生・米田文孝先生に厚く御礼申し上げる。

実は私は学位論文を書きあげた頃から研究に迷いをもちはじめた。先に述べたように私は官司に興味をもち研究をはじめたが、研究対象が馬政官司から牧などに広がるにつれて官司研究から離れていくことに戸惑うようになり、このジレンマをうまく解消できずに次第に研究から距離をとるようになってしまった。

私が再び研究に取り組むようになったのは、東京大学史料編纂所の田島公先生を研究代表者とする学術創成研究費「目録学の構築と古典学の再生―天皇家・公家文庫の実態復原と伝統的知識体系の解明―」(二〇〇七〜二〇一一年度)で、二年間関西大学科研費研究員をさせていただいたことが大きい。研究員として主に『続日本紀』を中心とした史料収集を行ったが、本作業を通して久しぶりに古代の史料にふれることで、研究への意欲を取り戻すことができた。そのような機会を与えてくださった田島先生に御礼を申し上げたい。その作業で集めていた史料を利用して論考をまとめたいと思いつつもなかなか果たせなかったが、ようやく「『続日本後紀』掲載の僧侶の伝記について」(原田正俊編著『日本古代中世の仏教と東アジア』、関西大学出版部、二〇一四年)としてまとめることができた。

本書に収録した論考は書いた時期や問題意識も様々で一書にまとめるのは難しいと想像していた。実際にまとめようとすると想像以上に大変なもので何度も諦めそうになったが、その都度塙書房の寺島正行氏には叱咤激励していただき、なんとかまとめることができた。心より御礼申し上げる。

本書に収録した論考の多くが何らかの形で関西大学と関わっている。第一志望ではなかった学部であったために進学するか躊躇した大学・学部が、研究をはじめた、先生・先輩・親友・後輩に出会えたかけがえのない母校となった。不思議なものである。最後に、気持ちを切りかえて文学部に進むように勧めてくれ、最期の時まで研究をするように周囲から守ってくれた母佐藤文江に本書の刊行を伝えたい。

平成二八年一〇月

佐藤健太郎

研究者名索引

ひ

ふ

へ

ほ

ま

み

む

め

す

せ

そ

た

事項索引

佐藤健太郎（さとう　けんたろう）

略歴
1978年　広島県生まれ
2000年　関西大学文学部史学地理学科卒業
2002年　関西大学大学院文学研究科史学専攻博士課程前期課程修了
2007年　関西大学大学院文学研究科史学専攻博士課程後期課程修了
博士（文学）
現在　関西大学文学部非常勤講師

主要業績
「『続日本後紀』掲載の僧侶の伝記について」（原田正俊編著『日本古代中世の仏教と東アジア』関西大学出版部　2014年）
「日本古代の馬の飼育・管理体制について－平安時代の馬寮を中心にして－」（『古代学研究』、208号　2016年）

日本《に》《ほん》古代《こ》《だい》の牧《まき》と馬政《ば》《せい》官司《かん》《し》

2016年10月20日　第1版第1刷

著　者　佐藤健太郎
発行者　白石タイ
発行所　株式会社　塙書房
〒113-0033　東京都文京区本郷6丁目8-16
電話　03(3812)5821
FAX　03(3811)0617
振替　00100-6-8782

亜細亜印刷・弘伸製本

定価はケースに表示してあります。落丁本・乱丁本はお取替えいたします。
 ISBN978-4-8273-1284-3　C3021